Ukraine im Visier

Russlands Nachbar als Zielscheibe
geostrategischer Interessen

Selbrund Verlag

Bibliographische Informationen der Deutschen Bibliothek
Die Deutsche Bibliothek verzeichnet diese Publikation in der Deutschen Nationalbibliographie; detaillierte bibliographische Daten sind im Internet über http://dnb.ddb.de abrufbar.

Ronald Thoden | Sabine Schiffer (Hg.)
Ukraine im Visier
Russlands Nachbar als Zielscheibe geostrategischer Interessen

ISBN 978-3-9816963-0-1

Verlag Selbrund GmbH
Bockenheimer Landstr. 17/19
60325 Frankfurt am Main
E-Mail: info@selbrundverlag.de
www.selbrundverlag.de

Lektorat: Ulrich Gohlke, Kerstin Reimers-Schoengen, Christine Reith
Gestaltung & Satz: Markus Weiß | typogo, Berlin
Druckerei: DBM Druckhaus Berlin-Mitte GmbH

Printed in Germany 2014

Inhaltsverzeichnis

Eckart Spoo

Vorwort

Die *Bild*-Zeitung aus dem Springer-Konzern, das auflagenstärkste deutsche Tageblatt, fragt per Schlagzeile: „Wann stoppt die Welt endlich Putin?“ *Der Spiegel*, das größte deutsche Nachrichtenmagazin, betitelt seine nächste Ausgabe mit „Stoppt Putin jetzt!“ und erklärt den russischen Präsidenten zum „Paria der Weltgemeinschaft“. Andere Blätter nennen ihn „gefährlicher Schurke“ oder „Raubtier“. Die *Frankfurter Rundschau* bescheinigt ihm „Unverfrorenheit“ und „Skrupellosigkeit“ – dieser Mann könne „kein Partner mehr sein“. Das Publikum versteht: Wir befinden uns in äußerster Gefahr. Mit Putin ist nicht mehr zu reden, er muss beseitigt werden. Regime change. Was sonst?

Aber was hat sich Putin eigentlich zuschulden kommen lassen? Weswegen diese Panikmache? Etwa deswegen, weil der im Februar 2014 weggeputschte ukrainische Präsident Janukowitsch vor einer wirtschaftlichen und auch militärischen Assoziierung seines Landes an die Europäische Union zurückgeschreckt war, wofür er verständliche Gründe hatte?

Oder weil die Bevölkerung der Krim per Parlamentsbeschluss und Volksentscheid mit großer Mehrheit die Rückkehr ihrer autonomen Republik von der Ukraine nach Russland wünschte und weil das russische Parlament diesen Antrag annahm? War das alles Putins Werk?

Oder weil die überwiegend Russisch sprechende Bevölkerung der ukrainischen Ostregionen auf die Ankündigung der Kiewer Putschisten, Russisch nicht mehr als Amtssprache zu dulden, mit einem

Referendum antwortete, das eine starke Mehrheit für einen Autonomiestatus erbrachte? Alles von Putin ferngesteuert?

Oder weil die dortigen Aktivisten, ebenso wie zuvor die Kiewer Februar-Putschisten, Amtsgebäude besetzten, um ihrer Forderung Geltung zu verschaffen? War Putin auch dafür verantwortlich und auch – wie der von den Putschisten eingesetzte Ministerpräsident Jazenjuk behauptete – für den Brandanschlag auf das Gewerkschaftshaus in Odessa, in dem mehr als 40 gegen die Putschregierung Demonstrierende verbrannten oder erstickten?

Oder muss Putin und mit ihm ganz Russland etwa deswegen geächtet werden, weil er den in der westlichen und der mittleren Ukraine neu gewählten Präsidenten Poroschenko, der Truppen und Milizen mit Panzern und Kampfflugzeugen in die Ostukraine kommandiert hatte, sowie die Repräsentanten der sich gegen die Invasion wehrenden Autonomiebewegung immer wieder zu Verhandlungen aufforderte, worauf Poroschenko mit schroffer Ablehnung und Sprüchen wie „Wir kämpfen darum, unser Land von Schmutz und Parasiten zu befreien" reagierte?

Als dann über der Ostukraine ein Passagierflugzeug mit fast 300 Insassen abstürzte, suggerierten deutsche Medien unisono mit US-amerikanischen wiederum, Putin sei schuld. Beweise? Wozu? Wenn doch alle Medienkonzerne und die von Vertretern der regierenden Parteien dominierten öffentlich-rechtlichen Rundfunkanstalten unisono an dieser tagtäglichen Desinformation mitwirken – wer wagt dann noch zu zweifeln?

Dass unverhohlene Faschisten zu dem Putsch in Kiew entscheidend beigetragen haben und mit Schlüsselpositionen in der Regierung belohnt wurden, blieb dem Publikum verborgen. So konnten notwendige Diskussionen darüber gar nicht aufkommen – nicht über die Unterstützung Berlins für die Putschisten, nicht über den Zweck und die Verwendung der offiziell bekannt gegebenen fünf Milliarden Dollar aus Washington, nicht über die geopolitischen und ökonomischen Interessen hinter den immer blutigeren, immer zerstörerischeren Auseinandersetzungen in der Ukraine. Und da das Publikum auch über die Opfer fast nichts erfährt, nimmt es das Verbrechen dieses Krieges mitten in Europa bisher reglos hin.

„Was ich nicht weiß, macht mich nicht heiß", lautet eine alte Spießbürger-Regel. Aber spätestens, seitdem sich EU- und NATO-Staaten, auch Deutschland, auf möglichst schmerzhafte Sanktionen zur „Bestrafung" Russlands für Putins angebliche Missetaten geeinigt haben, wird das weltpolitische Klima immer heißer. Zur Abkühlung brauchen wir dringend verlässliche Informationen. Die Autoren dieses Buches liefern sie.

Eckart Spoo

geb. 1936, Studium in Berlin, Zürich, Hamburg und Frankfurt/Main, bis 1997 Redakteur der Frankfurter Rundschau, seither Mitherausgeber Zeitschrift Ossietzky, 1970–1986 Bundesvorsitzender der Deutschen Journalisten-Union, langjähriges Mitglied des Deutschen Presserates und als Vorstandsmitglied der Internationalen Journalisten-Förderation Herausgeber bzw. Mitherausgeber einiger Bücher über den Journalismus und dessen Verantwortung für Demokratie und Frieden, u.a. „Die Tabus der bundesdeutschen Presse", „Anspruch auf Wahrheit", „Unheimlich zu Diensten – Medienmißbrauch durch Geheimdienste", „Feindbilder – oder: Wie man Kriege vorbereitet".

Reinhard Lauterbach

Gegen Polen, Juden und Russen

Die Geschichte des ukrainischen Nationalismus

Als im Herbst 1918 die österreichisch-ungarische Monarchie an ihrer Niederlage im Ersten Weltkrieg auseinanderbrach, brachten sich um ihr „Kronland Galizien-Lodomerien" zwei Bewerber um die Nachfolge in Stellung: Polen und Ukraine. Das Land – der Nordabhang des Karpatenbogens von der böhmisch-mährischen Pforte im Westen bis nach Kolomija und Stanislau (heute Iwano-Frankiwsk) im Osten – war mit 78 000 km^2 etwas größer als das heutige Bundesland Bayern und hatte mit gut acht Millionen Einwohnern rund 40 % mehr Einwohner als das damalige Königreich Bayern[1]. Es war bei der ersten Teilung Polens 1772 Österreich zugeschlagen worden.

Beide Seiten hatten bewaffnete Formationen, die auf Seiten der österreichischen Armee gekämpft hatten. Sie lieferten sich im Winter 1918/19 einen kurzen, aber heftigen Krieg um die Kontrolle über Lemberg (Lwiw), den Polen gewann. Es hatte nicht nur die stärkeren Bataillone, sondern auch die besseren politischen Karten. Denn während die berühmten 14 Friedensbedingungen des amerikanischen Präsidenten Woodrow Wilson vom Januar 1918 für Polen explizit einen eigenen Staat, „der alle Gebiete einzubegreifen hätte, die von unbestritten polnischer Bevölkerung bewohnt sind"[2], mit eigenem Zugang zum Meer forderten, hieß es zu den übrigen Völkern der K.-u.-k.-Monarchie wesentlich lapidarer und unklarer, ihnen solle „die freieste Gelegenheit zu autonomer Entwicklung zugestanden werden"[3].

Doch nicht einmal autonome Entwicklung gewährte die 1918 gegründete Zweite Polnische Republik ihren ukrainischen Einwohnern, nach der Volkszählung von 1931 mit 3,2 Millionen oder 10 % der Bevölkerung[4] die größte Minderheit des neuen Staates. Nicht einmal der Status quo der österreichischen Zeit blieb erhalten: Die Zahl der ukrainischsprachigen Grundschulen ging von 2 400 auf 500 im Jahre 1937 zurück[5], die versprochene ukrainischsprachige Universität in Lemberg wurde nie gegründet.

Widerstand von ukrainischer Seite konnte da nicht ausbleiben. 1920 trafen sich in Prag Veteranen der diversen erst kurz zurückliegenden Bürgerkriege auf ukrainischem Boden. Unter dem Vorsitz von Jevgen Konowalec (1891–1938), einem ehemaligen Offizier der K.-u.-k.-Armee, gründeten sie die „Ukrainische Militärorganisation" (Ukrainska Vijskova Orhanizacija, kurz: UVO). Die Gruppe setzte sich den bewaffneten Kampf sowohl gegen Polen als auch gegen die Sowjetunion zum Ziel, konnte diese Pläne aber nur in Polen in die Praxis umsetzen. Sie verübte Anschläge auf Vertreter des polnischen Staates, sabotierte Eisenbahn- und Telegrafenlinien und zündete polnischen Bauern das Korn auf den Feldern an. Gern wurden zur Geldbeschaffung Postämter überfallen. Anschlagsziele waren aber auch ukrainische und polnische Politiker und Aktivisten, die sich für eine Aussöhnung der beiden Nationalitäten einsetzten.

Eine zweite Finanzquelle fand die UVO schnell in Deutschland, das schon im Ersten Weltkrieg begonnen hatte, die Karte des ukrainischen Nationalismus zu spielen. Deutschland war auch Rückzugsraum ukrainischer Militanter, die angesichts polizeilicher Repressionen Polen verließen, und die „Abwehr" verhalf der UVO zu militärischen Schulungen in Deutschland. Die Zusammenarbeit hatte ihre Konjunkturen, wurde aber nie ganz abgebrochen[6]. Ihr lag eine als gemeinsam wahrgenommene Interessenlage zugrunde. Sowohl die ukrainischen Nationalisten als auch die Weimarer Republik sahen sich als Opfer der politischen Nachkriegsordnung, wie sie im Versailler Friedensvertrag von 1919 und seinen Nachfolgeverträgen festgelegt worden war. In ihr war von der Ukraine zwar nicht eigentlich die Rede gewesen, aber der gemeinsame Gegner Polen verdankte seine Wiederbegründung genau diesem System[7]. Das reichte als Grundlage einer politischen und nachrichtendienstlichen Zusammenarbeit.

Die Terrorkampagne der UVO in Südostpolen lief sich innerhalb eines Jahres tot. Keines der politischen Ziele wurde erreicht, dafür waren zahlreiche Aktivisten verhaftet. Die Militärverschwörer von der UVO standen vor zwei Aufgaben: erstens eine Art politischer Massenorganisation zu schaffen, zweitens dieser ein inhaltliches Profil zu geben, zu definieren, wie der angestrebte ukrainische Staat denn eigentlich aussehen solle. Die erste Aufgabe wurde mit dem „Ukrainischen Nationalen Jugendverband" (SUNM) gelöst, der unter der ukrainischen Jugend der höheren Schulen in den galizischen Städten rasch Anhänger gewann; insbesondere in diesem Milieu – junge Leute aus meist „kleinen" Verhältnissen, Angehörige einer Minderheit, die kulturell und wirtschaftlich benachteiligt war – radikalisierte sich der Nationalismus rasch unter Anlehnung an zwei Quellen: den italienischen Faschismus und die Anwendung des italienischen Beispiels auf die Situation der Ukrainer in den Theorien des Publizisten Dimitro Donzow (1883–1973). Die Historikerin Franziska Bruder formulierte das Verhältnis der ukrainischen Nationalisten zum Faschismus so: „Im Prinzip nannten sich die ukrainischen Nationalisten nur deshalb nicht Faschisten, weil sie die ‚Originalität' des ukrainischen Nationalismus betonen wollten."[8]

Einer der jungen Leute, die diese Ideologien begierig einsogen, war der 1909 geborene Stepan Bandera, wie viele seiner Gesinnungsgenossen Sohn eines griechisch-katholischen Geistlichen.

Aus diesem Milieu mit seiner kulturellen Konstellation aus Nationalismus, Verschwörerromantik und Religiosität entstanden programmatische Texte wie die „Zehn Gebote des ukrainischen Nationalisten", die ein anderer dieser Priestersöhne, Stepan Lenkawski, verfasst hatte:

1. Du sollst den ukrainischen Staat erkämpfen oder im Kampf für ihn sterben.
2. Du sollst niemandem erlauben, Ruhm oder Ehre Deiner Nation zu beflecken…
7. Du sollst nicht zögern, schwerste Verbrechen zu begehen, wenn die Sache es erfordert.
8. Du sollst den Feinden Deiner Nation mit Hass und Heimtücke begegnen. …
10. Du sollst Kraft, Ruhm, Reichtum und Gebiet des ukrainischen Staats mehren, auch wenn dafür Ausländer unterdrückt werden müssen.[9]

1929 vereinten sich die vom deutschen oder tschechischen Exil aus operierende UVO mit dem in Galizien die Schuljugend rekrutierenden Jugendverband SUNM und einigen kleineren Gruppen zur „Organisation Ukrainischer Nationalisten" (OUN). 24 der 30 Teilnehmer des „Gründungstreffens" waren der polnischen Seite namentlich bekannt[10], die sechs Unbekannten hielt man für deutsche Militärs[11].

Die OUN verstand es in den dreißiger Jahren, die Hegemonie unter den ukrainischen Oberschülern und Studenten in Galizien zu erringen; da praktisch alle ukrainischen Studenten in Lemberg ihr Studium zumindest begannen und dort meist in einem einzigen ukrainischen Studentenheim wohnten, war die soziale Kontrolle des Milieus durch die Führung der Organisation einfach[12]. Schnell nahm die OUN die terroristischen Aktivitäten wieder auf. 1934 ermordete ein Kommando, an dem Stepan Bandera beteiligt war, den polnischen Innenminister Bronisław Pieracki.

Das Attentat auf Pieracki war wie die meisten Anschläge der OUN dilettantisch geplant; so wurden die Täter rasch gefasst und zu hohen

Haftstrafen verurteilt. Bandera erhielt lebenslänglich, erwarb aber große Popularität in den eigenen Reihen, weil er sich vor Gericht weigerte, auch nur ein Wort Polnisch zu sprechen. Die Haftstrafe endete nach etwas über fünf Jahren, als im September 1939 die polnischen Gefängniswärter angesichts der herannahenden Deutschen die Häftlinge laufen ließen. Bandera begab sich zunächst zu Fuß nach Lemberg, wo er aber nur von der polnischen Polizei zerschlagene Reste der OUN und überdies die sowjetische Besatzungsmacht vorfand. So zog er sich ins von Deutschland besetzte Krakau zurück.
Mit dem Angriff auf Polen hatte die „ukrainische Option" für Hitlerdeutschland wieder an Aktualität gewonnen. Bei einer Besprechung in Hitlers Sonderzug wurde am 12. September 1939 beschlossen, die Kontakte zu aktivieren, die einige Jahre lang – auch wegen der Ausschaltung der führenden OUN-Funktionäre nach dem Anschlag von 1934 – nur auf Sparflamme hatten gepflegt werden können. 1940 begann die Wehrmacht, aus polnischen Kriegsgefangenen ukrainischer Nationalität und OUN-Aktivisten zwei Bataillone Hilfstruppen aufzustellen. Sie bekamen die Decknamen „Nachtigall" und „Roland" und waren einer Spezialkräfteeinheit für Diversion hinter den feindlichen Linien zugeordnet. Bandera hatte Anfang 1940 die OUN gespalten und sich den militanten Mehrheitsflügel untergeordnet, der sich fortan OUN-B nannte. Die Minderheit blieb bei dem bisherigen Vorsitzenden Andrej Melnik und firmierte als OUN-M.

Als die deutsche Wehrmacht im Juni 1941 die Sowjetunion angriff, sahen Bandera und seine Genossen ihre Stunde gekommen. Die beiden ukrainischen Bataillone stießen auf Lemberg vor und erreichten die Stadt noch vor den ersten deutschen Einheiten. Sofort machten sie sich daran, Juden und Kommunisten zu „liquidieren". Am Abend des 30. Juni 1941 kam es zu einer gespenstischen Parallelaktion: Im Rathaus von Lemberg proklamierten OUN-Funktionäre einen „unabhängigen ukrainischen Staat", der „in engster Zusammenarbeit mit dem nationalsozialistischen Großdeutschland" an einer „neuen europäischen Ordnung" bauen wollte. Parallel hierzu organisierten die Basis der OUN und die beiden ukrainischen Bataillone ein Pogrom, dem mehrere tausend jüdische und polnische Lemberger sowie Kommunisten zum Opfer fielen[13].

Die Beteiligung der Ukrainer an der Ermordung von Juden und Kommunisten war aus Sicht der Deutschen ganz in Ordnung; schließlich waren „Selbstreinigungsaktionen" der örtlichen Bevölkerung Teil der Besatzungsstrategie[14]. Weniger gefiel in Berlin die Staatsproklamation. So fiel die OUN-B nach zwei Jahren der Zusammenarbeit in Berlin wieder in Ungnade. Bandera wurde vorgeladen und aufgefordert, die Proklamation zurückzunehmen. Als er sich weigerte, wurde er zunächst unter Hausarrest gestellt und anschließend ab dem Herbst 1941 für drei Jahre im Konzentrationslager Sachsenhausen inhaftiert. Auch mehrere tausend OUN-B-Aktivisten in der besetzten Ukraine wurden zumindest vorübergehend festgenommen; damit war die Phase der direkten Zusammenarbeit zwischen Banderas Leuten und den Deutschen zunächst beendet. Der 1940 von Bandera ausgebootete OUN-Flügel von Andrej Melnik dagegen war an der versuchten Staatsgründung nicht beteiligt gewesen und blieb von der Besatzungsmacht unbehelligt. Die Melnik-Anhänger traten massenhaft in den Dienst der von den Deutschen eingesetzten ukrainischen Hilfspolizei[15] und ab 1943 in die von der SS aufgestellte Freiwilligendivision „Galizien" ein. Auch wenn damit die in der tagespolitischen Auseinandersetzung vorgenommene Gleichsetzung von Bandera-Leuten und SS-Freiwilligen im strengen Sinne falsch ist: Unter dem Strich nahmen sich beide Flügel der OUN in ihrem Kollaborationswillen und ihrer Bereitschaft, sich an Verbrechen gegen vorgestellte Feinde der Ukraine zu beteiligen, wenig. Sie begingen sie zu verschiedenen Zeiten und unabhängig voneinander, aber auf einer gemeinsamen ideologischen Grundlage[16].

Als sich 1942 das Kriegsglück gegen Deutschland wendete, desertierten die meisten der ukrainischen Hilfspolizisten mit ihren Waffen in die Wälder[17]. Für die ukrainisch-nationalistischen Partisanen – inzwischen hatte die OUN-B eine „Ukrainische Aufstandsarmee“ (UPA) gegründet – stellt der Historiker Andreas Kappeler die Prioritäten so dar: „Gegner Nummer 1 waren die kommunistischen Partisanen und später die Rote Armee. Gegner Nummer 2 die hier ansässigen Polen… Erst in dritter Linie kämpfte die UPA auch gegen deutsche Behörden, Polizeikräfte und Truppen.“[18] Die erste Probe ihres „Könnens“ gab die UPA im Sommer 1943 mit der ethnischen Säuberung der Bezirke Galizien und Wolhynien von der polnischen Zivilbevölkerung. Polnische Gehöfte und Dörfer wurden umstellt und niedergebrannt, die Bewohner auf teilweise bestialische Weise mit Sensen und Äxten umgebracht. Die Zahl der polnischen Opfer wird auf mindestens 50 000 bis 100 000 geschätzt[19]. Politisches Ziel dieser Kampagne war es, den Traum von der „Ukraine der Ukrainer“ nach der Vernichtung der Juden auch gegenüber den Polen wahrzumachen: Sie sollten fliehen, sofern sie nicht vor Ort getötet werden konnten.

Wehrmachtssoldaten besichtigen die Folgen des Lemberger Pogroms und schießen Erinnerungsfotos. Quelle: Dokumentationsarchiv des Österreichischen Widerstandes http://www.doew.at/erinnern/fotos-und-dokumente/1938-1945/massenmorde-in-lemberg-juni-juli-1941

Die Festnahme Banderas und anderer Führer der OUN-B durch die Deutschen wird auf ukrainischer Seite gern angeführt, um die zeitlich vorher und nachher liegende Tatsache der Kollaboration der OUN zu leugnen. Verschwiegen wird dabei, dass Bandera in Sachsenhausen unter privilegierten Bedingungen gemeinsam mit anderen eventuell noch brauchbaren Politikern des deutsch besetzten Europas „zur weiteren Verwendung" festgehalten wurde. Er bekam Besuch von seiner Ehefrau und von politischen Weggefährten; Ende September 1944 wurde er freigelassen, weil Galizien nun wieder von der Sowjetarmee besetzt war und seine Untergrundkämpfer damit Nazideutschland nicht mehr gefährlich werden konnten. Nur eine Woche nach seiner Freilassung empfing ihn ein SS-Obersturmbannführer im Reichssicherheitshauptamt, um über eine eventuelle neuerliche Zusammenarbeit zu beraten[20]. Das Protokoll der Verhandlung zeugt von Argwohn auf beiden Seiten; der Deutsche, der es anfertigte, kennzeichnete Bandera abschließend als „zähen, fanatischen Slawen…, im Augenblick für uns unerhört wertvoll, später gefährlich."[21]

Bandera hatte nach wie vor einflussreiche Förderer im Reichsministerium für die besetzten Ostgebiete, das sich seit Beginn des Krieges gegen die Sowjetunion dafür ausgesprochen hatte, unter den nichtrussischen Nationalitäten der UdSSR Verbündete für Deutschland zu gewinnen. Der wichtigste war ein junger Professor der „Auslandskunde" namens Gerhard von Mende (1904–1963). Der Schreibtischtäter und Mitwisser des Holocaust (er nahm an mehreren Folgetreffen der Wannseekonferenz teil[22]) verschaffte Bandera Reisepapiere nach Westen, als Anfang 1945 die Situation in Berlin bedrohlich wurde. Bandera gelangte schließlich 1946 nach Bayern, wo sich in und um München ein Zentrum der ukrainischen Nationalisten im Exil herausbildete. Sein Förderer Gerhard von Mende war unterdessen in der britischen Besatzungszone gelandet, wo er sein Wissen über antikommunistische Bewegungen in Osteuropa mit dem Londoner Geheimdienst teilte. Er war es vermutlich, der Bandera an den MI6 vermittelte, mit dem er nach Aussage von Dokumenten des US-Geheimdienstes ab 1948 oder 1949 etliche Jahre zusammenarbeitete[23]. Die Zusammenarbeit soll 1954 geendet haben, als Bandera so viel Geld verlangte, dass die Briten ausstiegen.

An dieser Stelle kam Bandera sein alter Förderer Gerhard von Mende ein zweites Mal zu Hilfe. Er war inzwischen – wegen seiner notorischen Nazivergangenheit nur freiberuflicher – Mitarbeiter des Bundesamtes für Verfassungsschutz und betrieb in Düsseldorf ein „Büro für heimatlose Ausländer“, das sich de facto mit der Koordination und nachrichtendienstlichen Abschöpfung der nichtrussischen Emigrantenmilieus aus der Sowjetunion beschäftigte. Von Mende intervenierte nicht nur regelmäßig, wenn Bandera wegen der Benutzung falscher Ausweise oder des Verdachts anderer Straftaten wie Menschenraub, Falschmünzerei und Erpressung mit der bayerischen Polizei in Konflikt kam, und sorgte jedes Mal dafür, dass diese Ermittlungen eingestellt wurden. Er vermittelte auch den Kontakt zum neugegründeten Bundesnachrichtendienst, der Bandera trotz amerikanischer Warnungen als Quelle übernahm und über seine Organisation Agenten in die Ukraine zu schleusen suchte. Was Bandera dem BND erzählte, ist nicht in offenen Akten einsehbar; nach US-Ansicht waren seine Agentennetze vom KGB infiltriert und „tot“[24]. Tot war bald darauf auch Bandera. Er wurde am 15. Oktober 1959 in München von dem KGB-Agenten Bogdan Staschinski mit zerstäubtem Blausäuregas umgebracht. Hätte sich nicht Staschinski zwei Jahre später nach Westberlin abgesetzt und ausgepackt, wäre die Tat wahrscheinlich nie aufgeklärt worden.

Auch wenn die US-Geheimdienste ihre britischen und deutschen Kollegen von einer Zusammenarbeit mit Bandera abzuhalten suchten, verschmähten sie nicht die Zusammenarbeit mit seinen langjährigen Weggefährten. CIC und später die CIA stützten ihre eigene Arbeit mit ukrainischen Nationalisten auf zwei Funktionäre, die bei der

Staatsproklamation von 1941 – anders als Bandera – persönlich dabei gewesen waren: den ehemaligen Feldprediger des Bataillons „Nachtigall“, Ivan Hrynioch, und Mikola Lebed. Beide waren 1948 von Bandera bei einer weiteren Spaltung der OUN ausgeschlossen worden[25]. Die Zusammenarbeit mit Lebed dauerte, so Breitman/Goda, „den ganzen Kalten Krieg über“.

In der Ukraine selbst wurden die Nationalisten ab 1944 mit hohem militärischen und politischen Aufwand bekämpft. Der Großteil der UPA war zwar bis zum Frühjahr 1946 zerschlagen[26]; kleinere Partisaneneinheiten der UPA hielten sich in entlegenen Teilen der Karpaten bis in die fünfziger Jahre. Der allerletzte UPA-Partisan offenbarte sich 1991, als die Ukraine ihre Unabhängigkeit erklärt hatte.

Dagegen scheiterten die sowjetischen Behörden daran, die nationalistische Sozialisation der Bewohner der Westukraine zu brechen. Auch wenn sie wegen der Repressionen nicht mehr offen zutage getreten sein mag, manifestierte sich die nationalistische Grundhaltung der Westukrainer im Alltag noch lange nach der militärischen Niederschlagung des Untergrundes.

Wenn zum Schluss eine persönliche Erinnerung gestattet ist: Der Autor machte Ende der 1970er Jahre als Student in Kiew die Bekanntschaft eines „Filmemachers“, der ihm beim zweiten oder dritten Schnaps sagte, Deutschland und die Ukraine müssten zusammen gegen die „Moskowiter“ vorgehen; Hitler habe den Fehler gemacht, nicht genug Russen umzubringen.

Quellenhinweise im Anhang ab Seite 268

Reinhard Lauterbach

geb. 1955 in Essen, Historiker und Slawist. Nach langjähriger Tätigkeit im öffentlich-rechtlichen Rundfunk jetzt freier Osteuropakorrespondent, u.a. für die Tageszeitung junge Welt. Lebt in Polen.

Hannes Hofbauer

„Orange Revolution“

Kurswechsel Richtung Atlantik (2004–2005)

Als am 31. Oktober 2004 die ukrainischen Präsidentenwahlen mit dem denkbar knappen Resultat von 39,8 % gegen 39,3 % ein politisch gespaltenes Land präsentieren, ahnen nur wenige Beobachter, dass damit der Kampf um die geo- und wirtschaftspolitische Ausrichtung des Landes in eine neue, heiße Phase eingetreten ist. Mit einem halben Prozentpunkt Vorsprung ging der vom Westen unterstützte Viktor Juschtschenko gegen seinen von Moskau favorisierten Widersacher Viktor Janukowitsch in den zweiten Wahlgang. Bei der Stichwahl am 21. November 2004 hatte laut der zentralen Wahlkommission in Kiew Janukowitsch mit 49,5 % (gegenüber 46,6 % für Juschtschenko) die Nase vorn.

Noch vor der offiziellen Verlautbarung des Endergebnisses drängte sich der oberste US-Wahlbeobachter, der republikanische Senator Richard Lugar, vor die Kameras der internationalen TV-Stationen und sprach von „konzertiertem Betrug“. Die Kampagne zur Delegitimierung des Urnengangs war eröffnet.

Den Zuruf aus den USA verstanden zehntausende Unzufriedene als Aufruf zum Umsturz und besetzten den Maidan-Platz im Zentrum der ukrainischen Hauptstadt. Seitdem ist von der „Orangen Revolution“ die Rede, wenn von dem monatelangen Tauziehen um die Ausrichtung des zwischen EU-Europa und Russland gelegenen Grenzlandes mit seinen damals 47 Millionen Einwohnern die Rede ist. Medienberichte im Westen wie jener des *Guardian* vom 26. November 2004, der die Überschrift „US-Kampagne hinter dem Umsturz in der Ukraine“ trug, wurden von der politischen Klasse ignoriert.[1] Sie stellte sich auch dann keine selbstkritischen Fragen, als Anfang 2010 Janukowitsch den – diesmal von niemandem angezweifelten – Sieg bei den nächsten Präsidentenwahlen davontrug und man darüber hätte nachdenken können, ob das „Wahlbetrugs“-Geschrei im Winter 2004/05 eher die Interessen in Washington und Brüssel als die Wirklichkeit widerspiegelte.

Fälschung oder nicht, diese Frage kann auch zehn Jahre später niemand letztgültig beantworten; die Wut der orangen „Revolutionäre“ war jedenfalls echt. Und sie hatte nachvollziehbare Gründe. Denn seit der Unabhängigkeitserklärung des Jahres 1991 ist aus der Ukraine ein Land geworden, in dem die 1 000 Reichsten nicht mehr wissen, wo sie ihre Milliarden-Dollar anlegen sollen, die sie während der Phase der ursprünglichen Akkumulation dem Volksvermögen geraubt haben, während mehr als die Hälfte der Bevölkerung mit monatlich 100 Hriwnja auszukommen hatte (und hat), was im Jahr 2004 ungefähr 80 Euro entsprach. Die soziale Differenz war nirgendwo in Europa größer. Und die Schamlosigkeit, mit der Volksvermögen offen oligarchisiert wurde, trieb vor allem die junge, gebildete Generation auf die Straßen. Die Demonstranten wussten auch gut über die Grundlagen des „Systems Kutschma“ Bescheid, das aus einer unheiligen Dreieinigkeit von „Korruption, Überwachung und Kompromat“[2] bestand.

Freilich, mit der sogenannten Orangen Revolution haben sich nicht die Strukturen, sondern nur die Profiteure derselben geändert. Das politische Personal bot den Machtkämpfen über Ost- und Westorientierung zum Trotz eine erschreckend anmutende Kontinuität. Denn Juschtschenko kam keinesfalls als Oppositioneller aus dem Nichts, er war Ministerpräsident unter Leonid Kutschma gewesen, genauso, wie dieser denselben Posten unter seinem Vorgänger Leonid Krawtschuk einnahm und Krawtschuk wiederum im sowjetischen Apparat an der Seite Leonid Breschnews Karriere gemacht hatte. Neu war nach 2004, dass nun westliche Konzerne in der Person des Präsidenten einen direkten Fürsprecher hatten und hofften, sich damit in die Oligarchen-Ökonomie einreihen zu können. Nicht nur im Fall des größten ukrainischen Betriebes, des Stahlkombinates Kriworistal, dessen Neuvergabe unter Juschtschenko/Timoschenko den weltweit mächtigsten Konkurrenten, die auf den steuerschonenden Niederländischen Antillen beheimatete Mittal-Gruppe, zum Zuge kommen ließ, ist dies gelungen.

Umsturz nach Plan

Am 26. Dezember 2004 erfolgte eine über Massenaufläufe und Platzbesetzungen im Inneren sowie Druck aus dem Westen erzwungene Wiederholung der Stichwahl zwischen Janukowitsch und Juschtschenko. Letzterer zog daraufhin ins Präsidentenamt ein. Wieder sprachen sich über 90 % der Bewohner im Osten (Lugansk, Donezk und Charkow) sowie mehr als 75 % im Süden (Odessa, Krim) für Janukowitsch aus; mit dem neuen Gesamtscore von 51,8 % behielt Juschtschenko allerdings bei der Neuwahl die Oberhand.

Seinem Sieg war ein minutiös geplanter und großteils von US-Organisationen bezahlter Umsturzplan vorausgegangen. In den entscheidenden Monaten Oktober und November 2004 sollen es nach dem US-Fernsehsender *Fox News* 65 Millionen US-Dollar gewesen sein, die Juschtschenko und seiner Entourage über verschiedene staatlich dotierte Kanäle aus den USA zugeflossen sind.[3] Besonders spendierfreudig zeigte sich zudem die private „Renaissance Stiftung" des ungarisch-stämmigen Milliardärs George Soros, die für eine „Öffnung der Ukraine" eigene Büros vor Ort unterhielt und von dort aus Geld an willfährige Gruppen verteilte.[4] Vor allem die großen US-amerikanischen Fonds wie das 1983 von Präsident Ronald Reagan als überparteiliches Institut gegründete National Endowment for Democracy (NED), das von den Republikanern betriebene International Republican Institute (IRI) sowie sein Gegenstück der Demokraten, das National Democratic Institute for International Affairs (NDI), beteiligten sich an der finanziellen und logistischen Aufrüstung der Janukowitsch-Gegner. In den Vorständen der allesamt interventionistisch ausgerichteten Organisationen, die sich zur Aufgabe gestellt haben, der Welt außerhalb der USA Demokratie beizubringen, saßen militärisch gestählte und politisch geeichte Prominente, vom Jugoslawien-Krieger Wesley Clark (NED) bis zu den früheren Außenministern Lawrence Eagleburger (IRI) und Madeleine Albright (NDI). Daneben mischte noch die vom britischen Premier Tony Blair patronierte Westminster Stiftung mit, wenn es darum ging, zivilgesellschaftliche Truppen in Stellung zu bringen.

Die wichtigste dieser ukrainischen NGOs, die dem Begriff nach präziser als US-amerikanische GO bezeichnet werden sollten, war die Gruppe „Pora“, was auf Deutsch so viel heißt wie: „Es ist Zeit“. Gemeint waren Leonid Kutschma und Viktor Janukowitsch, denen damit entgegengerufen wurde: Es ist Zeit zum Abdanken.

„Pora“ verstand sich als Kaderorganisation zur Befreiung des Landes von der Oligarchen-Diktatur, wie sie es nannten.[5] Ihr Hauptquartier lag in jenen Tagen im Kiewer Bezirk Podol nahe der Metrostation Kontraktowa-Platz, die Atmosphäre darin glich der in einem besetzten Haus im Berlin-Kreuzberg der 1990er Jahre. Die Gruppe hatte sich im September 2001 aus der Fusion der Kiewer Internetplattform *Maidan* und einer Lemberger Jugendorganisation formiert, nachdem ein erstes Seminar mit der zivilen serbischen Kampftruppe Otpor stattgefunden hatte. Einige Kader der radikaloppositionellen Otpor – mit ihrem langjährigen Leiter Srđa Popović an der Spitze – wandten sich nach dem Sturz des jugoslawischen Präsidenten Slobodan Milošević im Oktober 2000, den sie mit ausländischer logistischer und finanzieller Hilfe jahrelang betrieben hatte, dem Know-how-Export in Sachen Revolution zu und trainierten in der Folge politisch ähnlich ausgerichtete Bewegungen in Georgien 2003 (Kmara), Albanien 2004 (MJAFT), Belarus 2001 (Subr) mit mehr oder weniger großem Erfolg. In der Ukraine Anfang der 2000er Jahre sollte Otpor ein Meisterstück gelingen. „Wir hielten etwa 20 Seminare mit Belgrader Otpor-Führern ab“, plauderte Pora-Aktivist Mihajlo Svistowitsch nach vollbrachtem Umsturz aus der Kaderschule. „Es waren tausende, die sich uns anschließen wollten, von denen wir die Besten für unsere Organisation auswählten. Die serbischen Freunde erzählten uns über ihre Erfahrungen beim Kampf gegen Milošević und wir lernten daraus.“ Lesefutter für die „Strategie der sanften Gewalt“ fanden die Aktivisten beim US-amerikanischen Politologen Gene Sharp, insbesondere bei seinem 1993 erschienenen, in mehr als 30 Sprachen übersetzen Buch *From Dictatorship to Democracy*. Von Otpor in Serbien (2000) über Pora in der Ukraine (2004) bis zum Kairoer Tahrir-Platz (2011) interpretierten die Führer der Bewegungen Sharps Thesen für eine gewaltfreie gesellschaftliche Umwälzung als Aufruf zum Staatsstreich.[6] Die ukrainische Gruppe Pora hatte dafür von Anfang an als Termin die Präsidentenwahlen 2004 im Visier und richtete ihre gesamte Kampagne darauf aus, wobei für die Gruppe schon ein Jahr zuvor feststand, dass die Wahlen gefälscht würden.

In der Nacht vom 27. auf den 28. März 2004 startete die Kampagne. Überall außer im Osten der Ukraine, wo Pora nicht Fuß fassen konnte, wurden Plakate ausgehängt, die die einfache Frage stellten: „Was ist Kutschismus?“ Darunter war die Internetadresse der Organisation abgedruckt, sonst nichts. Die zweite Etappe der Kampagne beantwortete die Frage und dekodierte damit den Kutschismus. Nun war die einfache Botschaft zu lesen: „Kutschismus ist Verbrechen“. Damit war der Durchbruch gelungen, das Image der Gruppe als revolutionär und furchtlos hergestellt. „Wer mit der Polizei in Kontakt kam, den zogen wir in die zweite Reihe zurück, was den Vorteil hatte, dass mehr und mehr Aktivisten Führungsqualitäten ausbilden konnten“, erzählt Svistowitsch, einer der Kampagnenführer, der auch einräumt, in den entscheidenden Wochen der Orangen Revolution mit technischem Equipment und finanzieller Hilfe von außen versorgt worden zu sein. „Das Geld für die ersten Plakate kam von der Westminster Foundation for Democracy.“

In der Zeltstadt am Maidan war Pora interessanterweise kaum vertreten, ihre Kader hatten Wichtigeres zu tun. Pora-Aktivisten besetzten die Generalstaatsanwaltschaft und das Bildungsministerium und waren vor allem auf den Bahnhöfen aktiv. Dort machten sie es sich zur Aufgabe, Janukowitsch-Anhänger, die aus Donezk, Lugansk, Charkow oder Dnjepropetrowsk anreisten, daran zu hindern, in die Kiewer Innenstadt zu gelangen. Auch Straßen, die von Osten in die Hauptstadt führten, wurden von Pora-Aktivisten blockiert. Während also tausende in Bussen aus Lemberg, Tschernowitz und Iwano-Frankiwsk nach Kiew kamen und hier das Rückgrat der Demonstranten auf dem Maidan bildeten, gab es ein generalstabsmäßig durchgezogenes Kommando unter Führung von Pora-Kadern, die die Hauptstadt von Janukowitsch-Anhängern, den sogenannten Blauen, frei hielt. Von ihrem martialischen Auftreten berichtet ein Pora-Aktivist noch Monate später voller Stolz: „Der Unterschied zwischen uns und ihnen bestand darin, dass wir bereit waren, für die Sache zu sterben.“

Am mit Zelten vollgestellten Unabhängigkeitsplatz von Kiew harrten mehrere tausend Aktivisten während der kalten Winterwochen 2004/05 bis zur Wahlwiederholung aus, die dann das ihnen gefällige Resultat erbrachte. Unterstützung kam nicht nur in Form logistischer und finanzieller Hilfe aus dem Westen, sondern auch in personeller Hinsicht. Vom polnischen Ex-Präsidenten Lech Wałesa über den damals amtierenden Präsidenten Aleksander Kwaśniewski und seinem litauischen Amtskollegen Valdas Adamkus bis zum Außenbeauftragten der EU, Javier Solana, machten sich viele prominente Politiker aus der Europäischen Union auf den Weg nach Kiew, um den gegen Janukowitsch Protestierenden moralischen Halt zu geben. Zehn Jahre später sollte sich dieses Szenario wiederholen.

Säuberung und Repression

Huldigung der neuen Machthaber oder Entlassung, lautete die einfache Alternative, vor die tausende Beamte Anfang 2005 gestellt wurden. Die von der orangen Führungsriege neu installierten Regionalgouverneure luden sämtliche Köpfe höherer Verwaltungsposten vor, um sie auf ihre politische Brauchbarkeit hin zu überprüfen. Vom Spitaladministrator bis zum Schuldirektor mussten alle Farbe bekennen, und die war Orange. Viele hatten bereits Übung im Wendehals-Spiel und nahmen das Angebot an, sich bei Juschtschenkos Sammelbewegung einschreiben zu lassen. Andere zögerten oder fühlten sich alten Seilschaften verpflichtet; jenen, die sich politisch zu stark für Kutschma und Janukowitsch engagiert hatten, ging es an den Kragen. So zum Beispiel dem Chef der Donezker Gebietsverwaltung und rechten Hand des Oligarchen Rinat Achmetow, Boris Kolesnikow. Nach drei Tagen intensiven Verhörs durch die nun orange eingefärbte Kiewer Staatsanwaltschaft wurde er am 8. April 2005 verhaftet. Die Anklage lautete auf Amtsmissbrauch und Veruntreuung, auch soll der Donbasser Führer der „Partei der Regionen“ Todesdrohungen gegen politische Gegner ausgesprochen haben. Nach einem knappen halben Jahr Untersuchungshaft kam Kolesnikow frei. Sein Fall stand für viele andere Janukowitsch-Getreue, die schikaniert, gemobbt und verhaftet wurden; nur den wenigsten konnten juristisch verwertbare Verfehlungen nachgewiesen werden. „Es gibt einen regelrechten Rachefeldzug (der Orangen)“, meinte der sozialdemokratische Parlamentsabgeordnete Wladimir Schepetin[7] und konstatierte ein Klima der Angst unter den politischen Gegnern Juschtschenkos. „Die Welle der Repression hat unmittelbar nach der Amtseinsetzung des neuen Präsidenten begonnen und wird von Tag zu Tag aggressiver.“ Geschätzte 30 % der Mitarbeiter in den diversen Ministerien verloren in den ersten Monaten des Jahres 2005 ihren Job. In Westeuropa und Nordamerika nahm man von der Säuberungswelle keine Notiz, mit den Gegnern und Kritikern Juschtschenkos wollte man ohnedies nichts zu tun haben. Erst als sich die Orangen untereinander in die Haare kriegten und aus dem ursprünglichen Traum-Duo Juschtschenko/Timoschenko erbitterte Feinde wurden, die einander auch über personalpolitische Interventionen bekämpften, wurde der rüde Ton der orangen Repression von Washington, Brüssel und Berlin wahrgenommen; und man begann, auf neue Gesichter zu setzen.

Das mit Pusteln übersäte, stark geschwollene Gesicht Juschtschenkos mag noch vielen in Erinnerung sein. Ihm selbst zufolge war sein entstelltes Äußeres die Folge einer von politischen Gegnern verursachten Dioxinvergiftung, die nach einem Abendessen mit dem Chef des ukrainischen Geheimdienstes, Igor Smeschko, am 5. September 2004 zu heftigen Schmerzattacken führte. Juschtschenko stellte sich sogleich als Opfer der Machenschaften des von Kutschma befehligten Geheimdienstes dar. Warum er ausgerechnet mit dessen Chef zu Abend aß, danach fragte kaum jemand. Im Wiener Privatspital Rudolfinerhaus, wohin sich ukrainische und russische Oligarchen gerne in Behandlung begeben, wollte Juschtschenko der Diagnose „Vergiftung“ höhere, westliche Weihen verleihen. Allein, er rechnete nicht mit der Seriosität des Spitalleiters Lothar Wicke. Als dieser Anfang Oktober 2004, während in der Ukraine der Wahlkampf tobte, in Hinblick auf die Vergiftungsdiagnose davor warnte, eine „medizinisch verfälschte Diagnose für Herrn Juschtschenko“ abzugeben, nahmen ihn Bodyguards des späteren ukrainischen Präsidenten in die Mangel und teilten ihm mit, er solle „über die Causa lieber nichts mehr sagen, denn sonst würden ‚andere Mittel gegen mich und das Haus ergriffen'“, wie Wicke in einer Presseerklärung[8] mitteilte. Mit dem eigenen Rücktritt kam der medizinische Leiter des Privatspitals, Lothar Wicke, drohenden ukrainischen Ereignissen zuvor, die sich bereits in einem Handgemenge zwischen österreichischen Polizisten und Juschtschenkos Sicherheitsleuten im Nobelkrankenhaus niedergeschlagen hatten. Am 11. Dezember hielt Juschtschenko dann die Diagnose „Vergiftung“ in Händen. Bis zur Erklärung seines Wahlsieges 14 Tage später führte er seine Opferrolle inner- und außerhalb der Ukraine geschickt ins Feld.

Mit Juschtschenko kam nicht nur ein den USA und EU-Europa genehmer Präsident an die Macht, der sich dem Westen als ökonomisch pflegeleicht und geopolitisch willfährig erwies. Juschtschenko war auch – weit mehr als Julia Timoschenko – die Identifikationsfigur der ukrainischen Rechten und Rechtsradikalen.

Bereits bei erster Betrachtung vor Ort im April 2005, nur vier Monate nach der orangen Machtübernahme, springt die Präsenz rechtsradikaler Gruppen in der Hauptstadt Kiew ins Auge. Vor dem Rathaus, in dem noch der Bürgermeister aus vor-orangen Zeiten residiert, schreien junge Männer ihren Hass auf den Amtsinhaber hinaus. Die Köpfe kahl rasiert, die schwarzen Jacken mit Juschtschenko-Aufnähern versehen, dazwischen Einzelne im Military-Look, huldigen sie dem Andenken an ihren Nationalhelden Stepan Bandera und erläutern auf Nachfrage, dass es nicht mehr lange dauern wird, bis eine „Ukrainische Nationalarmee“ neu formiert wird. Dann, so heißt es unverhohlen, werde es „den Russen“ an den Kragen gehen. Auch in der rechtsradikalen Partei Swoboda, die sich während der orangen „Revolution“ damit begnügt hat, Präsidenten- und Ministerämter zu blockieren[9], und am Unabhängigkeitsplatz selbst – anders als zehn Jahre später – kaum anwesend war, hat Viktor Juschtschenko politisch

Verbündete. Bereits seit 2001 unterstützt sie seine Wahlkämpfe. Er dankt es Swoboda auf mehrerlei Art, zum Beispiel, als er am „Tag der ukrainischen Einheit“, dem 22. Januar 2010, zum Ende seiner Amtszeit, ihr (und wohl auch sein eigenes) Idol Stepan Bandera in einem Staatsakt zum „Helden der Ukraine“ erklärt und daran mitwirkt, dass an vielen Plätzen im Westen des Landes Bandera-Denkmäler errichtet und Straßen nach ihm benannt werden. Für die ukrainische Rechte ist der von den Nazis 1939 aus einem polnischen Gefängnis befreite Bandera, der wegen der Ermordung des polnischen Innenministers Bronisław Pieracki eine lebenslange Strafe absitzen sollte, die Identifikationsfigur schlechthin. Sein Weltbild feiert aktuell wieder eine Auferstehung: antipolnisch, antirussisch – antikommunistisch sowieso. Bandera stand nur so lange im Dienste der Wehrmacht, bis ihn die Nazis wegen seines Versuches der Gründung eines ukrainischen Staates im Juli 1941, der in den Neuordnungsplänen Berlins nicht vorgesehen war, ins Konzentrationslager Sachsenhausen steckten, aus dem er erst dann wieder entlassen wurde, als es mit dem letzten Aufgebot (und erneut mit Bandera) gegen die Rote Armee ging. Juschtschenko erinnerte sich seiner mit entsprechender Andacht.

Auch ein weiteres identitätsbildendes Dekret geht auf die Initiative Juschtschenkos zurück. Und wieder wurde die Geschichte als Zeugin für die ukrainische Nation aufgerufen, diesmal in ihrer opferreichsten Rolle. Es war in seiner Amtszeit, als ein Gesetz der besonderen Art erlassen wurde, das den Holodomor[10], jenen katastrophalen Hungerwinter des Jahres 1932/33, betrifft, dem geschätzte sieben Millionen Menschen, davon 4,5 Millionen in der Ukraine, zum Opfer fielen.[11] Am 23. November 2006 beschloss die Werchowna Rada, das ukrainische Parlament, einen Gesinnungsparagrafen, der das Massensterben Anfang der 1930er Jahre als von Moskau gelenkten völkermörderischen Akt gegen die ukrainische Nation definierte und seine Leugnung nach dem Muster der Holocaust-Leugnung unter Strafe stellte.

Aus einer Hungerkatastrophe, die seriösen Historikern zufolge neben dem außergewöhnlich kalten Winter der überharten Stalin'schen Kollektivierungs- und Industrialisierungspolitik geschuldet war, machten die „Orangen“ im Handumdrehen eine Völkermordgeschichte und stellten andere Meinungen dazu unter Strafe.

Die geopolitische Dimension

Mit der Machtübernahme des orangen Tandems Juschtschenko/Timoschenko schien der Weg frei für die von beiden gewünschte Westorientierung der Ukraine. Die ersten Vorbereitungen dazu, auch als Dank für die vielfältige Unterstützung US-amerikanischer und EU-europäischer Provenienz gedacht, wurden in der ökonomischen Sphäre getroffen. Nur wenige Wochen nach ihrer Inthronisierung als Ministerpräsidentin verkündete die „Marianne der Orangen Revolution“, wie Timoschenko nicht nur wegen ihres (blonden) Haarkranzes tituliert wurde, die vollständige Überprüfung aller bisherigen Privatisierungen. „Mindestens 3 000 von ihnen sollen rückgängig gemacht werden“, ließ sie die ukrainische Öffentlichkeit – und vor allem die in ihren Startlöchern scharrenden westlichen Investoren – wissen. Unter Kutschma, so lautete die neue Devise, waren die Kernstücke der ukrainischen Wirtschaft schlicht in die falschen Hände geraten. Ein paar Dutzend Oligarchen-Clans hatten sich geschickt bereichert und hielten über die schiere ökonomische Macht ganze Regionen in ihren Händen. Die Diagnose stimmte und war für jeden offensichtlich; nicht zuletzt dieser unerträglichen Situation wegen waren ja die Leute auf den Maidan geströmt, um die alte Elite loszuwerden. Die orange Therapie allerdings hatte nicht die Änderung der Strukturen, sondern nur die der Eigentümer im Sinn. Nun sollten ausländische Konzerne zum Zuge kommen. Und es ging Schlag auf Schlag.

Schon am 17. Februar 2005, nicht einmal zwei Monate nach der

Verkündung Juschtschenkos zum Wahlsieger, war es so weit. Der erste richterliche Schiedsspruch zur Aufhebung einer den Orangen missliebigen Privatisierung zielte auf „Kriworistal“. Der größte Stahlkonzern der Ukraine zeichnete für 20 % der Landesexporte verantwortlich, sein Stellenwert war nicht nur aufgrund der Größe, sondern auch wegen des erzeugten Produktes – Stahl – ein strategischer. Ein knappes Jahr zuvor war Kriworistal unter Präsident Kutschma günstig an ein Konsortium verscherbelt worden, das aus den Oligarchen Rinat Achmetow und Viktor Pintschuk bestand. Letzterer konnte praktischerweise seine verwandtschaftlichen Beziehungen zum Präsidenten – er ist Kutschmas Schwiegersohn – in die Waagschale werfen. Die neue orange Regierung ließ die alte Privatisierung annullieren und verstaatlichte Kriworistal kurzfristig, um das Unternehmen seinem potenziell größten Konkurrenten im Westen zu verkaufen. Aus dem Bieterstreit zwischen U.S. Steel und Mittal Steel ging schließlich der niederländisch-indische Konzern als Sieger hervor; den Vorschlag Pintschuks, ein Angebot wie jenes des Höchstbieters zu platzieren und damit das Stahlkombinat neuerlich zu erwerben, schlug Timoschenko mit dem Argument aus, es ginge dabei um die Moral, als ob die Privatisierung des größten Kombinats im Lande eine ethische und keine wirtschaftliche bzw. geopolitische Frage wäre. Mittal Steel griff zu und dankte damit auf seine Weise der Orangen Revolution.

Der Fall „Kriworistal“ ist symptomatisch für die orangen Reprivatisierungen; darüber hinaus hatten sie eine geopolitische Dimension. Natalia Witrenko, eine Sozialwissenschaftlerin und damalige Vorsitzende der kleinen Sozialistischen Fortschrittspartei, brachte die Ausrichtung der orangen Wirtschaftspolitik auf den Punkt: „Es geht um die Neuverteilung des gestohlenen Volkseigentums.“[12]

Parallel zur ökonomischen Neuordnung arbeitete vor allem die Präsidentschaftskanzlei von Anbeginn an eifrig an einer militärischen Westintegration des Landes. Keine vier Monate im Amt, unterzeichnete

Juschtschenko im litauischen Vilnius, das sich für die Osterweiterung in Richtung postsowjetischer Republiken in der Folge noch besonders profilieren sollte, eine Vereinbarung mit NATO-Generalsekretär Jaap de Hoop Scheffer, mit der sich die zügige Aufnahme der Ukraine in den Nordatlantik-Pakt ankündigte. „Dieses Treffen hatte revolutionären Charakter“, meinte dazu hocherfreut Oleksandr Schnirkow[13] vom Institut für Internationale Beziehungen, einem westlich orientierten Kiewer Think-Tank. Und setzte nach: „Zum ersten Mal hat man anerkannt, dass die Ukraine ‚atlantisch‘ werden will und werden kann.“ Damit war Moskau herausgefordert. Seit der – peripheren – Integration der drei baltischen Republiken in die militärischen und wirtschaftlichen Strukturen der NATO und der EU (2004) war kein so manifester Schritt der Osterweiterung in Richtung ex-sowjetische Republiken unternommen worden. Zwar existierte mit der aus Georgien, der Ukraine, Usbekistan, Aserbaidschan und Moldawien bestehenden GUUAM – aus der Usbekistan im Übrigen Mitte Mai 2005 wieder austrat – ein antirussisches, von EU und USA unterstütztes Integrationsprojekt, es stand jedoch auf wackeligen Beinen. Die Ankündigung Juschtschenkos, die Ukraine in die NATO führen zu wollen, ließ in Moskau die Alarmglocken läuten. Das folgende Jahrzehnt war – teils hinter den Kulissen, teils offen vorgetragen – vom west-östlichen Ringen um Einfluss in dem Land an der Grenze – in der Ukraine – geprägt.

Quellenhinweise im Anhang ab Seite 269

Hannes Hofbauer

geb. 1955, hat Wirtschafts- und Sozialgeschichte an der Universität Wien studiert. Er arbeitet als Publizist und Verleger. Im Wiener Promedia Verlag sind von ihm u. a. erschienen: „EU-Osterweiterung. Historische Basis – ökonomische Triebkräfte – soziale Folgen“ (2007) und „Verordnete Wahrheit, bestrafte Gesinnung. Rechtsprechung als politisches Instrument“ (2011).

Thomas Immanuel Steinberg

Reiches Land – arme Menschen

Landwirtschaft, Rohstoffe und Industrie

Die Ukrainer sind arm. 2011 betrug das ukrainische Bruttoinlandsprodukt pro Einwohner weniger als ein Zwölftel des deutschen, und der Abstand dürfte sich inzwischen noch vergrößert haben. Dabei besitzt die Ukraine nicht nur besonders ertragreiche Böden, sondern auch Rohstoffe, vor allem Eisenerz und Kohle. Die natürlichen Voraussetzungen sowie der Bezug insbesondere von Erdgas aus Russland erlaubten der gut gebildeten Bevölkerung sowohl landwirtschaftliche Erträge als auch eine beachtliche Industrieproduktion. Allerdings winkt der Ukraine angesichts der jüngeren politischen Ereignisse keine rosige Zukunft.

Landwirtschaft

Während sich der Nordwesten des Landes mit dem angrenzenden Polen und Weißrussland die Prypjatsumpfgebiete teilt, die sich durch eher schlechte Böden auszeichnen, liegt süd- und südöstlich davon die sogenannte Waldsteppenzone, die heute nur noch teilweise bewaldet ist. Hier befinden sich ausgedehnte Lößebenen, in denen fruchtbare Schwarzerde entstanden ist. Diese Böden gehören zu den ertragreichsten der Welt. Bei mittleren Niederschlagsmengen und gemäßigten Sommertemperaturen weist das Gebiet sehr gute Bedingungen für eine landwirtschaftliche Nutzung aus. Insgesamt sind 56 % der ukrainischen Landesfläche von einer Schicht Schwarzerde bedeckt.

Allerdings hat deren Mächtigkeit in diesem Jahrhundert teilweise stark abgenommen, was auf Erosion zurückzuführen sein soll. „Durch übermäßige Beanspruchung und falsche Bewirtschaftung wird die Erde von Wind und Regen davongetragen und verschwindet in Flüssen und Meeren", meint die *Frankfurter Allgemeine Zeitung* am 10. März 2014.[1]

Darüber hinaus sind die Böden in Küstennähe auf der Halbinsel Krim fruchtbar, und ebenso in Bessarabien, dem ukrainischen Südwesten. Da das Klima passt, werden dort Obst und Wein angebaut. Die autonome Republik Krim hat sich allerdings – zusammen mit der Stadt Sewastopol – Mitte 2014 Russland angeschlossen.

Mit einer jährlichen Getreideproduktion von 60 Millionen Tonnen – hauptsächlich Weizen, Mais und Gerste – steht die Ukraine weltweit an siebter Stelle. Weitere Großflächen werden für den Anbau von Kartoffeln und Zuckerrüben genutzt, für Wein, Obst und Gemüse. Außerdem ist die Ukraine mit einem Marktanteil von etwa 60 % der weltgrößte Exporteur von Sonnenblumenöl. Das Land kam 2011 auf eine Gesamtproduktion von 120 Millionen Tonnen Feldfrüchte. 2011 trug der Agrarsektor über 8 % zum Bruttoinlandsprodukt bei, sein Anteil an der Ausfuhr lag 2013 bei 21,3 %.[2]

Land Grabbing

Wegen der niedrigen Bodenpreise haben offenbar zahlreiche ausländische Investoren nach der Auflösung der Sowjetunion ukrainischen Boden gepachtet. So verfügte der US-Investmentfonds New Century Holdings (NCH Capital) 2012 über 4 500 km^2 Agrarland in der Ukraine. Laut *Wirtschaftswoche* beteiligt sich auch China am sogenannten Land Grabbing: China wolle in der Ukraine bis zu 30 000 km^2, eine Fläche so groß wie Belgien, landwirtschaftlich ausbeuten – ob durch Pacht oder durch einen nach ukrainischer Rechtslage verbotenen Kauf, lässt die *Wirtschaftswoche* offen.[3]

Das Interesse ausländischer Investoren erklärt sich weniger aus dem Ertrag pro Anbaufläche, der bei Einsatz neuerer Technik durchaus gesteigert werden könnte, als vielmehr aus den niedrigen Löhnen in der Ukraine, insbesondere in der Landwirtschaft. Ob das Interesse allerdings weiter besteht, erscheint zumindest kurzfristig unwahrscheinlich. Ein Beispiel: Der wichtigste ausländische Absatzmarkt für ukrainischen Käse – das mit Abstand wichtigste Milchprodukt – war bisher Russland. Damit ist es jetzt vorbei, während die EU-Länder sich längst durch Lebensmittelvorschriften, Subventionen und Zölle gegen fremde Importe abgeschottet haben.

Russland boykottiert zudem seit September 2014 nicht nur ukrainische, sondern auch polnische und sonstige EU-Agrarprodukte. Die Folge: Lebensmittelketten wie Aldi senken neuerdings die Endverbraucherpreise und üben damit Druck auf die deutschen und übrigen EU-Erzeuger aus.[4] Da bleibt kein Spielraum mehr für Lebensmittel aus der Ukraine.

Stahl

Die Ukraine verfügt sowohl über Eisenerz als auch über Steinkohle – die erforderlichen Rohstoffe zur Produktion von Stahl. Das Land bezieht außerdem große Mengen Erdgas aus dem benachbarten Russland, das als Energieträger bei der Stahlerzeugung verwendet wird.

Das Eisenerzbecken bei Krywyj Rih, kurz Krywbass genannt, liegt überwiegend in einem der fünf östlichen Oblasts der Ukraine, im Oblast Dnjepropetrowsk. Es birgt das bedeutendste Eisenerzvorkommen Osteuropas.

Die ukrainische Kohle lagert im russisch-ukrainischen Donezbecken, kurz Donbass genannt, das sich auf ukrainischer Seite über zwei der fünf östlichen Oblasts erstreckt – Donezk und Lugansk – und westlich in den Osten des Oblast Dnjepropetrowsk hineinreicht.

In Donezk und Lugansk kämpfen russischsprachige Rebellen gegen Truppen der provisorischen Zentralregierung unter dem Schokoladen-Oligarchen Petro Poroschenko.

In den beiden benachbarten Becken wird Stahl hergestellt und zu Baumaterial, zu Maschinen und zu Fahrzeugen weiterverarbeitet.

Die Stahlproduktion der Ukraine lag 2011 auf Platz acht der Weltrangliste hinter Deutschland und vor Brasilien mit rund 35 Millionen Tonnen. Zum Vergleich: China produzierte im gleichen Jahr fast 700 Millionen Tonnen Stahl.[5] Rund 30 % des in der Ukraine produzierten Stahls werden exportiert, und davon wiederum gehen um die 28 % in die EU und 11 % nach Russland. Der Stahlmarkt ist stark konjunkturabhängig. 2012 gingen die erzielten Verkaufspreise und die Exporte zurück, und mit ihnen die Gewinne, während sie sich 2013 leicht erholten.

Größter Stahlproduzent in der Ukraine mit 6,4 Millionen Tonnen im Jahre 2013 war die ehemalige Firma Kriworistal im Oblast Dnjepropetrowsk. Sie hat etwa 50 000 Beschäftigte und heißt nun ArcelorMittal Kryviy Rih. Sie gehört zum indisch-luxemburgischen Konzern AcelorMittal. Weitere Produzenten sind Donezkstal Metsawod, das Metkombinat AsowStal und das Metinvest Stahlwerk Iljitsch des Oligarchen Rinat Achmetow in Mariupol. Alle drei liegen im Oblast Donezk und damit im bisherigen Kriegsgebiet.

Modernisierung

Durch Umstellung eines Drittels ihrer Hochöfen vom traditionellen Siemens-Martin-Verfahren auf Kohlenstaubinjektion konnte die ukrainische Stahlindustrie ihren Erdgasbedarf deutlich reduzieren. *Germany Trade & Invest* urteilte Anfang 2013:

> „Von der generellen Zuversicht der Branche über 2012 hinaus zeugt die Inbetriebnahme eines neuen Stahlwerks. Im Oktober

> 2012 wurde in Dnjepropetrowsk die elektrische Stahlschmelzanlage Interpipe Steel eröffnet. Es ist das erste völlig neu errichtete Stahlwerk und die größte private Investition seit der Unabhängigkeit der Ukraine. Das Investitionsvolumen betrug insgesamt 700 Mio. $. Bis 2014 soll die Hütte ihre beabsichtigte Kapazität erreichen und den Konzern mit Barren für die nahtlose Rohrproduktion versorgen. Die geplante Produktionskapazität von 1,3 Mio. t pro Jahr wird das neue Werk zu einem der größten seiner Art in Osteuropa machen.
> Das Werk verwendet neuartige Stahlschmelztechniken der italienischen Firma Danieli und konnte die obsolete Stahlproduktion nach dem Siemens-Martin-Verfahren einstellen. Unternehmensangaben zufolge soll die neue Technologie den Energieverbrauch pro Tonne Stahl um den Faktor 2,2 reduzieren, die Emissionen um das 2,5-Fache senken und den Erdgasverbrauch um 60 Mio. cbm zurückfahren."

Jede Einsparung von Erdgas vermindert die Abhängigkeit der Ukraine vom zugelieferten russischen Erdgas. Die Ukrainer müssen freilich die hochwertige Kokskohle, die für die Produktion von Kohlenstaub erforderlich ist, ebenfalls großenteils importieren. Trotz vermehrter Substitution von Gas durch Kohle würden Verbrauch und Einfuhren von Kokskohle nicht ansteigen, da die neuen Anlagen zu einer Reduzierung des Verbrauchs von Koks in den Hochöfen führten – sagt Anatoli Starowoit, Generaldirektor des Branchenverbandes Ukrkoks. Der Anteil der importierten Kokskohle am Gesamtverbrauch der Ukraine beträgt 37,5 %.[6]

Von 2007 bis 2013 hat die ukrainische Stahlindustrie laut OECD den Gasverbrauch von gut sieben Milliarden Kubikmetern Gas pro Jahr auf drei Milliarden Kubikmeter gesenkt.[7] Das österreichische *WirtschaftsBlatt* berichtete Anfang 2014 von einer Umrüstungswelle in der Stahlindustrie, von der auch Siemens VAI (vormals Teil von VOEST-Alpine) erheblich profitiert habe. Die Firma habe unter anderem ArcelorMittal Kryviy Rih mit einer Gussanlage beliefert, sowie den Konzern Metinvest des ukrainischen Oligarchen Rinat Achmetow.[8]

Die oben erwähnte Stahlschmelzanlage Interpipe Steel liegt in Dnjepropetrowsk, also außerhalb des Kriegsgebiets. Von dort werden keine Schäden berichtet. Die Stahlproduktion im Oblast Donezk dürfte hingegen beeinträchtigt sein, da offenbar viele seiner Bewohner, so wie die des Oblasts Lugansk, geflüchtet sind, sei es nach Westen, sei es nach Russland.

Lokomotiven – künftig für wen?

In der Stadt Lugansk, früher Woroschilowgrad, werden Schwermaschinen gebaut, insbesondere Diesel-Lokomotiven für den Güterverkehr der GUS-Staaten. Die Lugansker Diesellokomotivfabrik mit dem heutigen Namen OAO Luganskteplovoz ist die größte Lokomotivfabrik Europas. Sie hat 7 000 Beschäftigte. Da ein Einsatz von Diesellokomotiven nur auf nicht-elektrifizierten Strecken sinnvoll ist, dürften in Westeuropa eher wenige Absatzmöglichkeiten bestehen. Kommt es zum großen Bruch mit Russland, dann dürfte Lugansk, und mit ihm die Ukraine, auf große Umstellungsschwierigkeiten stoßen. Hinzu kommt, dass lange ungeklärt war, wem die Lokomotivfabrik überhaupt gehört:

2007 wurden in einer Auktion zur Privatisierung von Staatsbetrieben 76 % der Aktien von Luganskteplovoz der Maschinenfabrik Brjansk zugeschlagen, welche zur russischen Transmashholding gehört. Die Rechtskräftigkeit des Aktienkaufs wird aber von Kreisen, die der ukrainischen Regierung nahestehen, immer wieder angefochten.[9]

2008 wurde der Verkauf für ungültig erklärt. Daher habe der russische Investor nicht weiter in die Fabrik investiert. Im März 2010 wurde die Firma erneut zum Verkauf ausgeschrieben, offenbar zu einem weit niedrigeren Preis als dem geschätzten Marktwert von 127 Millionen Dollar. Der erneute Verkauf kam nicht zustande. Im Juli 2014 dementierte die sich offenbar als Eigentümerin betrachtende russische Transmashholding Gerüchte, wonach sie die Produktion in Lugansk eingestellt habe.[10]

Das Problem mit dem Erdgas

Die Ukraine ist Transitland sowohl für russisches Erdöl wie für russisches Erdgas. Das gibt dem Land im Prinzip eine starke Stellung, sowohl gegenüber den west- und südeuropäischen Beziehern dieses Energieträgers als auch gegenüber Russland, dessen staatliche und private Unternehmen auf die Verkaufserlöse angewiesen sind und dessen Staatsapparat aus Öl und Gas ebenfalls erhebliche Einnahmen erzielt. Die im Prinzip starke Stellung der Ukraine ist jedoch tatsächlich schwach: Das Land fördert zwar jährlich 20 Milliarden m^3 Erdgas auf dem eigenen Gebiet, es verbraucht aber 50 Milliarden m^3 Erdgas. Die fehlenden 30 Milliarden m^3 Erdgas muss es bis auf Weiteres aus Russland beziehen.

Zwar unternimmt die ukrainische Industrie, wie das Beispiel der modernen Kohlenstaubinjektion bei der Stahlherstellung zeigt, Anstrengungen zur Senkung des Energieverbrauchs. Aber im privaten Sektor lassen sich nur in kleinen Schritten Erfolge erzielen. Zum Beispiel werden zig Millionen Wohnungen zentral beheizt, und eine Wärmeregulierung ist in vielen Fällen immer noch, wie in sowjetischer Zeit, nur durch das Öffnen und Schließen der Fenster möglich. Die Wohnungen im Lande sind überdies generell in schlechtem Zustand, und oft fehlt es sogar an den Mitteln zur Beseitigung der allergrößten Mängel.

Der zweite Grund für die schwache Stellung der Ukraine in Sachen Erdgas: Die Haushalte zahlen entweder wenig für das bezogene Gas oder, recht häufig, gar nichts – sei es aus Gründen schlampiger Verwaltung, sei es, weil Korruption im Spiel ist. Zur Zeit leidet die ukrainische Währung unter einer Hyperinflation, und die tatsächliche Arbeitslosigkeit ist beträchtlich, so dass eine Gaspreiserhöhung beim Endverbraucher auf erheblichen Widerstand stieße.

Der dritte Grund: Die Ukraine hat einen Teil des aus Russland bezogenen Erdgases nicht bezahlt, und sie wäre wohl, selbst bei gutem Willen, dazu auch gar nicht in der Lage. Heiko Pleines von der Forschungsstelle Osteuropa der Universität Bremen hält die politischen Probleme zwischen der Ukraine und Russland mittelfristig für lösbar. Zur wirtschaftlichen Lage meint er dagegen:

> „Die Ukraine ist offensichtlich unter den derzeitigen Bedingungen nicht in der Lage, ihren Eigenbedarf an Erdgas nachhaltig zu finanzieren, weder zu russischen noch zu europäischen Preisen. Die Ukraine hat für ihre Erdgasimporte seit 2011 pro Jahr 12 bis 14 Mrd. US-Dollar bezahlt. Ein großer Teil dieser Kosten ist aufgrund von Subventionen für private Haushalte (Gasversorgung und Fernwärme) beim Staatshaushalt angefallen. Da die Preise für Erdgasimporte in US-Dollar bezahlt werden, während ukrainische Verbraucher in der einheimischen Währung bezahlen, bedeutet der Wertverlust der Griwna gegenüber dem US-Dollar, der seit Jahresbeginn fast 50 % beträgt, eine erhebliche Zusatzbelastung für den Staatshaushalt.
> Energiesparmaßnahmen, die Förderung alternativer Energiequellen, die Modernisierung der Leitungsnetze, die Verbesserung der Regulierung des Energiesektors und die soziale Abfederung der Erhöhung der Energiepreise für die Bevölkerung bedeuten einen umfangreichen Reformbedarf.“ [11]

Die wirtschaftliche Schwäche der Ukraine könnte somit in völlige Abhängigkeit vom Westen münden, mindestens mit den Folgen, die in Europa zum Beispiel bereits Griechenland erleidet. Eine Besonderheit kommt hinzu: Ausgerechnet der relativ besser gestellte Teil der Ukraine wehrt sich gegen den Anschluss an den Westen.

Seit 2013 unternimmt die Firma Shell Probebohrungen in einem Gebiet, in dem die Regierung der Ukraine über 100 Millionen m^3 Schiefergas vermutet. (Zum Vergleich: Die US-Reserven werden auf über drei Billionen geschätzt.) Derzeit ist zwar geplant, ab 2020 Schiefergas in der Ukraine zur Deckung des eigenen Bedarfs und für den Export zu fördern. Wie aussichtsreich das Vorhaben ist, kann jedoch im Moment noch nicht abgeschätzt werden.[12]

Lohnunterschiede – Auszehrung droht

Während das ukrainische Bruttoinlandsprodukt landesweit pro Kopf und Jahr rund 4 000 Euro beträgt, liegt es in und um die Hauptstadt Kiew und in den fünf östlichen Oblasts höher. So betragen die Löhne im übrigen Lande (mit Ausnahme von Kiew) teilweise nur zwei Drittel dessen, was in den industrialisierten Gebieten des Ostens gezahlt wird.[13] Dort aber befinden sich die Oblasts, die nach Autonomie von der Zentralregierung streben – ein Phänomen, das im Verhältnis des Baskenlandes zu Spanien oder der Po-Ebene zu Italien seine Entsprechung findet – mit einer Besonderheit: Die große Mehrheit im Oblast Donezk und im Oblast Lugansk spricht die Sprache des Nachbarn Russland und hat das Bild der Krim und Sewastopols vor Augen.

Würde der Osten der Ukraine dem Krim-Vorbild folgen, so wäre die wirtschaftliche Substanz der Ukraine dahin. Doch selbst wenn das nicht geschieht: Die Löhne in Russland sind sogar höher als in der Ost-Ukraine; offenbar verweilen viele Flüchtlinge aus der Ukraine bereits in Russland; und selbst ukrainischsprachige Ukrainer sprechen häufig die Mischsprache Surschik[14] oder Russisch. So droht Auszehrung durch Abwanderung, falls der Westen nicht mit hohem finanziellem Aufwand gegensteuert. Indes stellte der Wirtschaftsdelegierte des österreichischen AußenwirtschaftsCenters in Kiew, Gregor Postl, schon vor knapp zwei Jahren fest:

> „Qualifizierte Fach- und Führungskräfte, die über gute westliche Fremdsprachenkenntnisse verfügen, sind auf dem ukrainischen Arbeitsmarkt kaum verfügbar. Ausländische Firmen setzen trotzdem verstärkt in Schlüsselrollen und in den mittleren Management-, Vertriebs- und Produktionsstrukturen ukrainische Mitarbeiter, die westliche Fremdsprachenkenntnisse sowie Berufserfahrung in internationalen Unternehmen besitzen, ein. Angesichts des entsprechenden Angebotsmangels ist dies für Unternehmer mitunter sehr kostspielig...
> ... Die Standortwahl muss sehr gut durchdacht werden, da die Rekrutierung von einfachen Arbeitern sich mitunter sehr mühsam gestalten kann. Die Schwierigkeit besteht eben darin, dass viele ukrainische Bauarbeiter, Schweißer und andere Facharbeiter, vorwiegend aus der Westukraine, aufgrund höherer Gehälter bereits in die benachbarte Slowakei, Polen oder nach Westeuropa ausgewandert sind. Auch in Italien, Spanien und Portugal arbeiten viele ukrainische Handwerker und Arbeiter, ganz zu schweigen von Russland, wo ebenfalls viele Ukrainer am Arbeitsmarkt anzutreffen sind, da sie dort ein besseres Einkommen vorfinden als in der Heimat.“ [15]

Aktionismus

Die düsteren wirtschaftlichen Aussichten für eine Ukraine an der Seite des Westens haben das ukrainische Parlament nicht davon abgehalten, verbal um sich zu schlagen: Es hat am 14. August 2014 ein Gesetz angenommen, das mindestens 20 Sanktionen gegen Russland, darunter einen Transitstopp für russisches Gas nach Westen, ermöglicht.

Das Gesetz gestattet außerdem die Sperrung von Aktiva, die Beschränkung von Handelsgeschäften sowie die teilweise oder völlige

Einstellung von Flügen und sonstigem Verkehr über dem Territorium der Ukraine. Nunmehr gesetzlich erlaubt sind auch die Kündigung von Handelsabkommen, der Verzicht auf Kulturaustausch, die Absage offizieller Besuche und ein Verbot der Tätigkeit von Parteien, meldet *RIA Novosti.*[16]

Dem parlamentarischen Getöse dürften, zumindest was den außenpolitischen Teil anlangt, allerdings kaum Taten folgen. Sie würden, wenn umgesetzt, tatsächlich, wie ein Journalist recht aufgeregt schreibt[17], den wirtschaftlichen Selbstmord der Ukraine bedeuten.

Quellenhinweise im Anhang ab Seite 270

Thomas Immanuel Steinberg

geb. 1945 in Berlin, war Controller in drei Privatunternehmen und im Hamburger öffentlichen Dienst. Bis 2013 hat er die Internetseite www.steinbergrecherche.com betrieben und im Magazin konkret, der Wochenzeitung der Freitag sowie der Tageszeitung junge Welt gelegentlich zu geopolitischen Themen beigetragen.

Hannes Hofbauer

Die Krise hinter dem Krieg

Von Armut, sozialen Gegensätzen und vermeintlichen Auswegen

Es passiert weltgeschichtlich eher selten, dass sich einem Beobachter der Zusammenhang von sozialer Misere und ökonomischer Krise mit Krieg so offenkundig darstellt wie im Fall der Ukraine des Jahres 2014. Die ultima irratio zur vermeintlichen Lösung grundlegender sozioökonomischer Verwerfungen wird oft erst nach dem Ende einer gesellschaftlichen Katastrophe – nichts anderes ist jeder Krieg – als solche erkennbar. Die Ukraine bietet ein grausames Beispiel der Früherkennung.

In wohl keinem anderen Land Europas sind die sozialen Gegensätze so groß wie in der Ukraine, die parallel dazu auch ein kulturell extrem zerrissenes Land ist. Sprachlich-ethnische und religiös-kulturelle Differenzen wurzeln in historischen Tiefen. Vor diesem Hintergrund sind die unter äußerst fragwürdigen Bedingungen an die Macht gekommene Regierung von Arsenij Jazenjuk und der de facto unter Ausnahmezustand gewählte Präsident Petro Poroschenko dazu übergegangen, den Verteilungskampf mit Artilleriegranaten und Luftangriffen auf föderalistisch orientierte bzw. sezessionsbereite Kräfte im Osten zu betreiben; diese wiederum setzen auf das Diktum der Selbstbestimmung, mit dem bereits in den 1990er Jahren die drei osteuropäischen multiethnischen Staatsgebilde – die Sowjetunion, die Tschechoslowakei und Jugoslawien – teils äußerst blutig zerstört worden sind. Der die Krise zum Krieg dynamisierende externe Faktor in Gestalt der unheiligen Dreieinigkeit USA, EU und IWF, die allerdings im Fall der Ukraine auf ein ökonomisch (und geopolitisch) ebenso interessiertes Gegenüber trifft – die Russländische Föderation –, erwartet sich reiche Beute. Die von Washington und Brüssel geforderte Durchsetzung der vier kapitalistischen Freiheiten – das heißt des ungehinderten Verkehrs von Kapital, Waren, Dienstleistungen und Arbeitskräften – spielt den Konzernzentralen der westlichen Global Player in die Hände. Die entscheidenden Schritte in diese Richtung sind mit dem Ruf nach einem Strukturanpassungsprogramm des Internationalen Währungsfonds am 22. April 2014 eingeleitet worden. Doch der Reihe nach.

Europas Schlusslicht

Die Durchsicht der gängigen makroökonomischen Zahlenreihen veranschaulicht das Ausmaß der Krise am Vorabend der Machtergreifung durch US- und EU-kompatible Kreise in Kiew. Die Statistik weist der Ukraine – neben Moldawien – den letzten Platz in Europa zu. Ende April 2014 publizierte der *Economist*[1] eine Statistik, aus der hervorgeht, dass das ukrainische Bruttoinlandsprodukt – kaufkraftbereinigt – im Jahr 2013, wenn man es mit 1992, dem ersten Jahr der Unabhängigkeit, vergleicht, um mehr als die Hälfte geschrumpft ist. Indexiert man 1992 mit 100, dann erreicht das BIP im Jahr 2013 nicht einmal die Zahl 50. Auch eine Studie des Wiener Institutes für Internationale Wirtschaftsvergleiche (wiiw)[2] kommt zu einem ähnlich verheerenden Befund; demnach lag das indexierte Bruttoinlandsprodukt im Jahr 2013 um mehr als ein Drittel unter jenem aus 1991. Wer sich dann noch die katastrophale Situation des Jahres 1991 vor Augen hält, als die Sowjetunion und der Rat für gegenseitige Wirtschaftshilfe (RGW) zusammenbrachen, kann sich ein Bild von der aktuellen sozialen und ökonomischen Misere der Ukraine machen.

Ein Blick über die Grenze nach Weißrussland macht deutlich, dass es auch unter widrigen Umständen besser gehen kann. Die entsprechenden BIP-Indexzahlen für Belarus lauten 265 (1992 = 100), in Russland hat sich das Bruttoinlandsprodukt von 100 (für 1992) auf zumindest 130 (für 2013) leicht erhöht. Der seit 20 Jahren andauernde ukrainische Niedergang kommt auch in den aktuellen Einkommensvergleichen zum Ausdruck. Das Pro-Kopf-Einkommen – eine Größe, die zwar nichts über die soziale Verteilung aussagt, aber im Vergleich mit anderen Ländern eine gewisse Orientierung gibt – beträgt in der Ukraine 5 900 Euro pro Jahr. In Russland liegt es bei 14 000 Euro, im EU-Durchschnitt (EU-28) bei 25 000 Euro. Versieht man die EU-28 als Referenzgröße mit der Indexziffer 100, dann bildet die Ukraine mit 23 das europäische Schlusslicht, noch weit hinter Bulgarien (47), Rumänien (52) oder Russland (55).[3]

Dementsprechend verwundert es nicht, dass auch die aktuelle Industrieproduktion den Stand von 1991 bei Weitem nicht erreicht. Die ukrainische Soziologin und Vorsitzende der Progressiven Sozialistischen Partei, Natalia Witrenko, präsentierte anlässlich einer Pressekonferenz im Europäischen Parlament am 26. Februar 2014, zu der sie vom italienischen Abgeordneten Claudio Morganti eingeladen worden war, entsprechende Zahlen. So sanken die Produktionsziffern in der Stahlindustrie, der wichtigsten Branche des Landes, 2013 auf 43 % des Niveaus von 1991, die Stromproduktion auf 70 % und Forschungs- und Entwicklungsabteilungen haben zwei Drittel ihrer Kapazitäten eingebüßt.[4]

Die Ukraine hat sich auch mehr als zwanzig Jahre nach dem Ende der Sowjetunion nicht vom Schock des Zerfalls erholt. Allein die demografische Entwicklung macht die Misere deutlich. Seit 1990 verlor das Land ein Achtel seiner Bevölkerung. Lebten am Ende der Ära Gorbatschow noch 52 Millionen Menschen in der Ukraine, so sind es heute nur mehr 45,5 Millionen. Die Jungen und Flexiblen emigrieren.

Kein Wunder, wenn man sich die Situation auf dem Arbeitsmarkt ansieht. Der durchschnittliche Bruttolohn ist zusammen mit Moldawien der niedrigste in ganz Europa. Magere 295 Euro landen pro Monat auf dem Konto eines Beschäftigten. In Russland sind es immerhin brutto umgerechnet 667 Euro, und auch in Bulgarien verdient der statistische Durchschnittsbeschäftigte mit 397 Euro deutlich mehr. Anfang 2014, vor dem Ausbruch des Krieges, lagen ukrainischer Mindestlohn und Mindestrente bei umgerechnet 80 Euro monatlich. Seither hat sich die Situation weiter verschlechtert.

Im Würgegriff des IWF

Am 21. November 2013 setzte Ministerpräsident Mikola Asarow im Auftrag der Werchowna Rada das mit der Europäischen Union bereits ausgehandelte Assoziierungsabkommen aus.[5] Präsident Viktor Janukowitsch zog nach und verweigerte kurz darauf im litauischen Vilnius die Unterschrift unter den Vertrag; es war das erste *njet*, das die EU seit Anfang der 1990er Jahre auf ihre wirtschaftlichen Expansionspläne im Osten zu hören bekam. Das Abkommen, dessen ökonomische Teile dann nach dem Umsturz in Kiew von der westorientierten Regierung Jazenjuk im April 2014 unterzeichnet wurden – und welches in der Folge noch von den 28 EU-Ländern ratifiziert werden muss – beinhaltete nicht weniger als die wirtschaftliche Unterordnung des Landes unter die Interessen westeuropäischer und nordamerikanischer Investoren; im Sprachschatz der EU-Diplomatie „Etablierung einer funktionsfähigen Marktwirtschaft“[6] genannt.

Die Stehsätze der Übereinkunft könnten aus dem Lehrbuch für Wirtschaftsliberalismus stammen. Bereits im Vorbereitungspapier zum Assoziierungsabkommen wird Kiew aufgefordert, „die Erfahrung der EU und der Europäischen Zentralbank zu teilen, um den Geld-, Finanz- und Bankensektor (...) zu entwickeln und zu stärken“, wozu es in erster Linie „Reformen im Pensionssystem und im öffentlichen Sektor" brauche. Ohne jeden ironischen Unterton wird dann der Ukraine „die beste Expertise der EU und der EU-Mitgliedstaaten in Bezug auf Pensionsreformen" anempfohlen sowie die „Reduktion staatlicher Einmischung in die Preispolitik entlang der besten Praxis der Europäischen Union". In anderen Worten: Energie- und Lebensmittelsubventionen müssen abgeschafft werden, der staatlich regulierte Gaspreis muss einer Liberalisierung weichen. Auch „transparente Privatisierungsgesetze in Abstimmung mit der besten EU-Praxis" werden eingeklagt. Wie diese „beste EU-Praxis" bei den Privatisierungen ausgesehen hat, das kann man sich zwischen Rostock und Sofia ansehen. Es wirkt fast unglaubwürdig, dass Brüssel Ende 2013 noch mit dieser Vorgehensweise Druck zu entwickeln in der Lage war.

Die Autoren des Assoziierungsabkommens konnten aus einer Fülle bereits vorhandener, ähnlicher Markterweiterungsphrasen schöpfen. Viele Textteile waren bereits seit zehn, 15 Jahren im Umlauf, die meisten davon stammten aus den Rechnern der Washingtoner IWF-Büros. Dabei wird deutlich, wie stark EU-Kommission und IWF in wirtschaftlichen Fragen zusammenarbeiten. Die von der EU-Kommission betriebenen Assoziierungsabkommen fußen auf der seit 2009 offiziell betriebenen „Ostpartnerschaft", mit der die sechs ex-sowjetischen Republiken Georgien, Moldawien, Aserbaidschan, Armenien, Belarus und Ukraine peripher an die EU herangeführt werden sollen. Der IWF ergänzt dieses Vorhaben mit wirtschaftspolitischer Expertise und erzeugt über seine Vergaberichtlinien Druck gegenüber den um Kredite vorstellig werdenden Regierungen. Die von Brüssel euphemistisch „Ostpartnerschaft" genannte Initiative ist in Wahrheit ein Zusammenspiel zwischen EU-Kommission und IWF, um ökonomisch schwache Länder am östlichen Rand der EU für westliche Investoren zu öffnen und diese Investitionen juristisch und politisch abzusichern. Ohne Zustimmung der USA oder der Europäischen Union kann der IWF, dessen interne Verfasstheit eine Sperrminorität von 15 % plus einer Stimme vorsieht, nicht tätig werden.

Die Bettelbriefe an die internationale Finanzorganisation, mit der ukrainische Regierungen unterschiedlicher Couleur seit der Unabhängigkeit des Landes um Kredite vorstellig werden, gleichen einander. In diesen sogenannten *Letters of Inten*t wird versprochen, was der IWF als Hüter der Ideologie weltweit ungehinderter Kapitalakkumulation hören will: rigorose Marktöffnung, Erhöhung der Massensteuern und Senkung der Unternehmenssteuern sowie Sparen bei Sozialausgaben und gleichzeitige Garantie von Ordnung und Investitionssicherheit. Unter Präsident Kutschma las sich das im März 2004 folgendermaßen: „Das Hauptziel unserer (der Kiewer, Anm. d. Verf.) strukturellen Reform ist die Verbesserung des Investitionsklimas, (…) die Steuerreform bildet darin ein zentrales Element.“[7] Um den Washingtoner Kredithahn zum Sprudeln zu bringen, brüstete sich Kutschmas damaliger Ministerpräsident Janukowitsch mit bereits eingeleiteten Maßnahmen: „Am 1. Januar 2004 wurde die Körperschaftsteuer von 30 % auf 25 % gesenkt. (…) Gleichzeitig haben wir die Steuerbasis verbreitert. Priorität war dabei die Außerkraftsetzung von Ausnahmen, für die bislang keine Mehrwertsteuer bezahlt werden musste.“ Gemeint waren die Landwirtschaft, der medizinische Bereich und der bis dahin mehrwertsteuerbefreite Hausbau. Die Adressatin des Bettelbriefes, Anne Krueger vom IWF, war mit den angebotenen Austeritätsmaßnahmen dennoch nicht zufrieden. Ihr fehlten weitere Preisliberalisierungen für Grundnahrungsmittel und Energie sowie radikalere Einschnitte im Pensions- und Gesundheitswesen.

Gegen Ende der „orangen“ Jahre (2005–2010), die westlichen Investoren Tür und Tor ein großes Stück weit geöffnet hatten, kämpfte die Regierung mit den Auswirkungen dieser Marktöffnungspolitik, die nach der Weltwirtschaftskrise 2008 auch den zaghaft entstehenden Mittelstand heftig traf. Die Rede ist unter anderem vom Immobiliensektor, der zum Jahresende 2009/10 vollkommen einbrach. Dem war ein Kursverfall der Hriwnja-Währung vorausgegangen, der die soziale Lage dramatisch verschärfte. Zwischen September 2008 und September 2009 hat die ukrainische Währung gegenüber dem US-Dollar 80 % ihres Wertes verloren. Weil in der Ukraine Bankkredite auch für den kleinen Mann in US-Dollar vergeben worden waren, hat die Hriwnja-Abwertung hunderttausende ins finanzielle Debakel gestürzt. Dollarfinanzierte Kredite konnten nicht mehr bedient werden. Dies war im ukrainischen Immobiliensektor weit dramatischer als in anderen europäischen Ländern. Regierungschefin Timoschenko hat daraufhin – in Absprache mit den großen Banken – eine Art Moratorium erlassen und den Handel mit Pfandrechten zeitlich befristet eingefroren. Die Banken konnten deshalb mit in dieses schwankende Boot geholt werden, weil auch sie kein Interesse an einem Immobilienmarkt hatten, auf dem hunderttausende Häuser insolventer Eigentümer die Immobilienpreise, also ihre eigenen Sicherheiten, drückten.[8] Zwischen 20 % und 30 % der Kredite blieben dennoch uneinbringlich.

Im Juli 2010 sah sich der nun im zweiten Anlauf doch zum Präsidenten gewählte Viktor Janukowitsch neuerlich gezwungen, beim IWF vorstellig zu werden. Das Land benötigte einen Kredit in Höhe von 15 Milliarden US-Dollar. Wieder begann das gewohnte Spiel. Die Washingtoner Finanzorganisation forderte im Gegenzug zur Kreditvergabe „Strukturanpassungsmaßnahmen". Konkret ging es um die Erhöhung des Pensionsantrittsalters von 55 auf 60 Jahre, wobei zu beachten ist, dass die Lebenserwartung in der postsowjetischen Ukraine im Jahr 2012 mit durchschnittlich 70,5 Jahren um 10,5 Jahre unter der deutschen liegt, und – wie schon 2004 – um das Ende staatlicher Preispolitik für Grundnahrungsmittel und Energie. Offen mahnte der IWF eine Verdoppelung des Gaspreises für Endverbraucher an. Im Herbst 2013 drohte dem Land die Zahlungsunfähigkeit. Der IWF erhöhte daraufhin den Druck, forderte die Freigabe des Wechselkurses für die nationale Währung und einen exakten Zeitplan für die Erhöhung von Massensteuern und Gaspreis.[9] Janukowitsch zögerte. Die Angleichung der Energiepreise an ein marktübliches Niveau würde hunderttausende Haushalte ins Elend stürzen; eine Revolte von unten konnte er nicht gebrauchen, sie hätte nicht nur seine politische, sondern auch seine wirtschaftliche Stellung als Schutzherr einer der reichsten Familien des Landes gefährden können.

Der IWF blieb hart: Kredit gegen Austerität. Und die Europäische Union setzte nach. Wenn Janukowitsch das Strukturanpassungsprogramm des Weltwährungsfonds akzeptiert, so lautete die Botschaft, würde Brüssel 800 Millionen Dollar zusätzlich nachschießen. Gleichzeitig winkte die EU mit dem Assoziierungsabkommen. Eine mögliche Alternative dazu konnte nur Moskau bieten.

Bereits im Oktober 2011 hatte Janukowitsch – von Brüssel seit damals misstrauisch beäugt – in Sankt Peterburg im Rahmen der Gemeinschaft unabhängiger Staaten (GUS) ein Freihandelsabkommen unterzeichnet.[10] Damit sollte die seit Anfang der 1990er Jahre dahinsiechende Organisation belebt werden. Weil aber Moskau offensichtlich selbst nicht voll an eine Genesung der GUS glaubte, arbeitete der Kreml parallel dazu an einer höheren Integrationsstufe für seine näheren Nachbarländer. Daraus entwickelte sich die 2010 formierte „Zollunion", der neben Russland Belarus und Kasachstan beitraten und die am 29. Mai 2014 zur „Eurasischen Wirtschaftsunion" mutierte. Das „blaue" (gemäß der Farbe der „Partei der Regionen"), von Janukowitsch geführte Land lehnte den Beitritt zur „Zollunion" ab. Im Sommer 2013 pokerte Janukowitsch dann hoch, er wollte beides: Freihandel mit Russland, Belarus und Kasachstan und das Assoziierungsabkommen mit der EU. Das kam weder für Moskau noch für Brüssel infrage. Statt einer erhofften Brückenfunktion steckte Kiew zwischen den beiden Polen Russland und EU fest.

Zwischen Russland und der Europäischen Union

Der Kampf um die Ukraine tobte Ende 2013 immer heftiger. Moskau erließ Einfuhrverbote für ausgesuchte ukrainische Produkte, weil es zum Beispiel – angeblich – gesundheitsschädliche Keime in ukrainischen Süßwaren fand – es waren vor allem jene, die im Konzern Roshen des späteren Präsidenten Poroschenko produziert wurden – und Brüssel ließ Litauen damit drohen, die Transitrouten nach Kaliningrad zu blockieren, der westlich des Baltenstaates gelegenen russischen Exklave. Russland und die Europäische Union entsandten Sonderbeauftragte nach Kiew, um der dortigen Regierung das jeweilige Integrationsangebot schmackhaft zu machen. Mittlerweile war Moskau bereit, der so gut wie bankrotten Ukraine jene 15 Milliarden US-Dollar zu kreditieren, für die der IWF die harten Auflagen einforderte. Über die Bedingungen wurden sich Janukowitsch und Putin nicht rechtzeitig einig.

Das *njet* zum Assoziierungsabkommen war wirtschaftlich vernünftig. Denn kaum ein ukrainischer Betrieb hätte den Zugang zum EU-Markt nutzen können, während umgekehrt die westlichen Investoren gierig auf die Öffnung des ukrainischen Marktes warteten. Schon die Branchenstruktur zeigt, dass ukrainische Produkte auf den Westmärkten chancenlos sind. Ihre Maschinen sind für russische Abnehmer gedacht, sie würden im Westen an einer technologisch und vertriebsmäßig zu starken Konkurrenz scheitern. Rohstoffe und Halbfertigwaren wiederum weisen eine sehr niedrige Wertschöpfung auf, weshalb die Einschätzung von EU-Erweiterungskommissar Štefan Füle[11], wonach eine mit Brüssel assoziierte Ukraine mit einer Verdoppelung der Exporte in die EU und einem Anstieg des Bruttoinlandsproduktes um 12 % rechnen könne, eher im Reich der Fantasie als der Wirklichkeit anzusiedeln ist. Realistischer, wiewohl ebenfalls von äußeren, russischen Interessen getrieben, waren da schon die Warnungen von

Moskaus Sonderemissär Sergej Glasjew, das EU-Assoziierungsabkommen wäre „tödlich für die ukrainische Handelsbilanz“.[12]

Wie stark die Bande zwischen der Ukraine und Russland sind, lässt sich eindrucksvoll am Außenhandel ablesen.[13] Hauptsächlich im Osten des Landes stehen jene strategisch wichtigen Fabriken, die Maschinen, Flugzeugteile, Rüstungsgüter und Komponenten für die Weltraum- und Waffenindustrie nach Russland liefern. In der am Dnjepr liegenden Industriestadt Saporischja werden zum Beispiel Militärhubschrauber und Antriebssysteme für zahlreiche russische Flugzeuge gebaut, auch die wichtigste Luft-Luft-Rakete der russischen Kampfflieger, die R-27 Wympel, kommt aus der Ukraine.[14] Die Automobilindustrie wiederum baut teilweise in französischer (Renault) und südkoreanischer Lizenz sowie im Joint Venture mit dem weißrussischen Unternehmen Belkommunmasch PKW, LKW und Oberleitungsbusse. Sofern sie nicht für den heimischen Markt produzieren, finden die Kraftwagen nicht in Westeuropa, sondern in Russland, Belarus und Kasachstan Absatz.[15]

32 % der ukrainischen Exporte – gerechnet nach Warenwert – gehen in die besagte, von Moskau betriebene Zollunion, allein nach Russland sind es 25 %. Demgegenüber macht der Exportanteil in Richtung Europäische Union insgesamt 20 % aus, Italien und Deutschland nehmen je 3 % der Ausfuhren auf.[16] Bei den Importen ist die Abhängigkeit von Russland noch größer. 40 % der ukrainischen Einfuhren stammen aus dem Raum Russland-Belarus-Kasachstan, während 29 % aus den 28 EU-Ländern kommen; Russland allein ist – wegen des hohen Energiebedarfes, der im Land nicht gedeckt werden kann – für 32 % der ukrainischen Importe verantwortlich, Deutschland für 8 %. Interessant in Hinblick auf die hauptsächlich von Washington aus forcierte Sanktionspolitik gegen Russland ist der US-amerikanische Anteil am Außenhandel der Ukraine. Dieser beträgt gerade einmal 1,5 % der Ausfuhren und 3,4 % der Einfuhren des Landes. Da liegen bei den Aus-

führen die Türkei, Ägypten, Indien, Belarus, Polen, der Libanon oder Iran vor den USA; auch ukrainische Importe stammen – neben Russland – eher aus China, Deutschland, Belarus oder Polen denn aus den USA.

Wie gering die Bedeutung der USA – ökonomisch betrachtet – für den ex-sowjetischen Raum ist, offenbart auch ein Blick in die russische Außenhandelsstatistik.[17] Während die Länder der Europäischen Union 51 % der russischen Exporte abnehmen und 36 % der russischen Importe stellen, liegen die Vergleichszahlen für die USA bei 2,5 % und 4,8 %. China führt mit 15,4 % an den russischen Importen vor Deutschland mit 12 % und der Ukraine mit 5,7 % die Rangliste an, während die meisten russischen Exporte (14,5 %) in die Niederlande gehen. Vor diesem Hintergrund werden die in Washington vorangetriebenen Sanktionen gegen Russland verständlich. Die ersten russischen Gegenmaßnahmen zu dem von den USA mit ersten Einreiseverboten und Kontensperren am 17. März 2014 erklärten Wirtschaftskrieg haben knapp fünf Monate später, am 7. August, die Europäische Union (sowie die USA, Kanada und Australien) getroffen. Putins Dekret zum Importverbot von Lebensmitteln aus den westlichen Sanktionsstaaten – also auch der EU – stellt Länder wie Griechenland, Finnland oder Österreich vor schwerwiegende Probleme[18], EU-Kompensationszahlungen für verhinderte Exporte kommen teuer.

Die USA haben wirtschaftlich gesehen im Kampf um die Ukraine wenig zu verlieren und könnten sich auch ein vollständiges Embargo gegen Russland leisten.

Hinter der mutwillig und bewusst vom Zaun gebrochenen Staatskrise in Kiew und den politischen und ökonomischen Attacken gegen Moskau geht es auch um eine Auseinandersetzung zwischen Washington und Brüssel. Die ukrainische Krise schwächt die Europäische Union, während sie die USA kaum betrifft.

Der entscheidende ukrainische Budgetposten ist die Gasrechnung. Der Überschwang nationaler und liberaler Ideologie im Zuge der sogenannten Orangen Revolution 2004 hat dazu geführt, vor der Abhängigkeit von Gazprom die Augen zu verschließen und bar jeder Vernunft Politik zu machen. Julia Timoschenkos anschließende Verurteilung wegen Amtsmissbrauchs beim Aushandeln eines überteuerten Gaspreises bezeugt dies. Der Preisunterschied, den Minsk und Kiew für sibirisches Gas bezahlen, spricht Bände über die Politikfähigkeit der orangen und post-orangen Elite. Während Belarus in den Jahren 2012 bis Anfang 2014 konstant 169 US-Dollar für 1 000 m^3 überweist, verlangte Gazprom von der Ukraine je nach Verhandlungsphase zwischen 268 und 426 US-Dollar. Die Folge: Zahlungsausfall. Mitte 2014 ist Kiew mit 4,5 Milliarden US-Dollar nicht bezahlter Gazprom-Rechnungen im Rückstand.[19] Der Krieg gegen den Osten des Landes hat – auch – darin seine Ursache. Die westorientierte, rechtsradikal bis rechtsliberal eingestellte neue Führungsclique in Kiew versucht auf diese Weise – freilich vergeblich –, den ökonomischen Bankrott und die soziale Misere zu kompensieren.

In Washington hat man übrigens schnell auf den ukrainisch-russischen Gasstreit reagiert. Am 25. Juni 2014 beschloss das US-Repräsentantenhaus mit einer komfortablen Mehrheit von 266 gegen 150 Abgeordnete ein Gesetz, das den Export von Flüssiggas beschleunigt.[20] Die aus gefrackten Gasfeldern gewonnene Energie soll spätestens ab 2016 den europäischen Markt erobern. Der zügige Ausbau von Hafeneinrichtungen mit entsprechenden Gasverflüssigungsanlagen ist als direkte Konkurrenz zum sibirischen Energieträger gedacht.

Frieren für die Westintegration

In den Straßen von Kiew marodierten gerade rechtsradikale Schlägertrupps, in den Büros der Werchowna Rada wurden missliebige Abgeordnete von Vermummten des „Rechten Sektors" verdroschen, und das nach der Flucht von Viktor Janukowitsch vom Maidan ins Parlament übersiedelte Dreigespann aus Arsenij Jazenjuk, Vitali Klitschko und Oleg Tjagnibok hatte als Regierungsspitze von niemandem ein Mandat. Es war der ideale Moment für den IWF, einer Mannschaft ohne jede demokratische Legitimation ein Angebot vorzulegen. Formal war es – wie immer – umgekehrt. Die „Interimsregierung", wie sie in den Mainstream-Medien tituliert wurde, schickte den üblichen Bettelbrief des Schuldners – Letter of Intent[21] – auf den Weg. Seine Adressatin diesmal: Christine Lagarde vom IWF. Die Absender: Turtschinow (ukrainischer Interimspräsident), Jazenjuk sowie Schlapak (Finanzminister) und Kubiw (Nationalbankchef). Darin gibt die Interimsführung auf 42 Seiten ihren Willen zu Protokoll, für den dringend benötigten Kredit in Höhe von 17 Milliarden US-Dollar das Volk bluten lassen zu wollen. Versprochen wird gleich zuoberst, dafür zu sorgen, dass die Löhne in den kommenden 12 Monaten nicht steigen. Beim Mindestlohn, der im Frühjahr 2014 umgerechnet 74 Euro beträgt, und den tarifvertraglich gesicherten Löhnen soll das Einfrieren derselben auf dem Niveau vom 1. Januar 2014 ein Drittel aller geplanten Budgeteinsparungen bringen, weitere 25 % will sich die Koalition aus Liberalen, Konservativen und Rechtsradikalen durch die „Rationalisierung von Sozialausgaben" holen.

Einnahmenseitig versprechen die neuen Regierenden aus Kiew dem IWF, die Subventionierung des Gaspreises für Endverbraucher zu stoppen und den Preis per 1. Mai 2014 um 56 % zu erhöhen, was kurz darauf termingerecht passiert ist; zum 1. Mai 2015 wird der Gaspreis dann nochmals um 40 % angehoben. Ähnliche Tarifsteigerungen werden – penibel bis zum letzten Cent berechnet – auch für andere Energieformen ins Werk gesetzt. Im Letter of Intent an den IWF werden zudem Erhöhungen von Massensteuern wie der Mehrwertsteuer garantiert. Für bisher mehrwertsteuerfreie pharmazeutische und medizinische Produkte sollen 7 % an den Staat abgeführt werden, bereits bestehende Massensteuern auf Alkohol und Zigaretten werden um 25 %, auf Benzin und Diesel um 28 % und – das Volk wird dankbar sein ob solcher Gesundheitspolitik – auf Bier um gar 42,5 % erhöht. Dafür erwartet sich Kiew einen Kredit von 17 Milliarden US-Dollar, die der IWF über seine eigene „Währung" der Sonderziehungsrechte ausgibt; freilich nicht alles auf einmal, die Kontrolle über das Land will gewahrt bleiben. Eine Woche später, am 30. April, hat der IWF dann den Betrag zugestanden.[22] Der Kredit soll in neun Tranchen bis März 2016 vergeben werden. Eine erste Tranche war ursprünglich für die Begleichung der Schulden beim russischen Energieriesen Gazprom vorgesehen, der Krieg gegen die Aufständischen im Osten und die damit einhergehende Schuldzuweisung an Moskau hat die Begleichung der Gasrechnung jedoch in den Hintergrund treten lassen.

Quellenhinweise im Anhang ab Seite 272

Hannes Hofbauer

geb. 1955, hat Wirtschafts- und Sozialgeschichte an der Universität Wien studiert. Er arbeitet als Publizist und Verleger. Im Wiener Promedia Verlag sind von ihm u. a. erschienen: „EU-Osterweiterung. Historische Basis – ökonomische Triebkräfte – soziale Folgen" (2007) und „Verordnete Wahrheit, bestrafte Gesinnung. Rechtsprechung als politisches Instrument" (2011).

Jürgen Wagner

Der lange Arm der EU

Assoziierungsabkommen und Expansionspolitik

Der Europäischen Union wird häufig unterstellt, ihre Außenpolitik werde mehr schlecht als recht ad hoc zusammengezimmert – es fehle ihr an einer kohärenten Strategie, so der allenthalben ertönende Vorwurf. Demgegenüber wird in diesem Beitrag die Position vertreten, dass die Europäische Union durchaus eine gezielte, auf die Erweiterung des Einflussbereiches abzielende Geostrategie verfolgt. Ursächlich hierfür ist die tief verwurzelte Vorstellung, für den anvisierten Aufstieg zu einer „Weltmacht Europa" sei es erforderlich, die Kontrolle über einen imperialen Großraum zu erlangen, wie anhand der Publikationen der *Group on Grand Strategy* (GoGS) gezeigt werden soll. Dabei steht zunächst die Kontrolle des unmittelbaren Nachbarschaftsraums im Vordergrund, für die wiederum der Abschluss eines Assoziierungsabkommens zwischen einem Anrainer und der Europäischen Union das wichtigste Mittel darstellt. Und aus genau diesem Grund ist es auch beileibe kein Zufall, dass die Eskalation in der Ukraine unmittelbar nach der Entscheidung des damaligen Präsidenten Viktor Janukowitsch eintrat, das vorliegende Assoziierungsabkommen vorerst nicht zu unterzeichnen.

Weltmachtanspruch und Expansionsstrategie

Immer unverhohlener artikulieren einflussreiche Exponenten der europäischen Politik den Anspruch, im globalen Gerangel um Macht und Einfluss an vorderster Front mitspielen zu wollen. So schreibt etwa das sozialdemokratische EU-Aushängeschild Martin Schulz:

> „Europa ist, ob es will oder nicht, ein ‘global player‘. Die EU ist der größte und reichste Binnenmarkt der Welt, unsere Wirtschaftskraft macht ein Viertel des globalen Bruttosozialproduktes aus. Die EU ist der weltweit größte Handelsblock, der weltweit größte Geber von Entwicklungshilfe – die EU ist ein Wirtschaftsriese. Globale wirtschaftliche Macht geht Hand in Hand mit weltpolitischer Verantwortung – diesem Auftrag kann sich Europa nicht entziehen. Europas Partner erwarten – zu Recht – dass Europa sich dieser Verantwortung stellt und aus der Wirtschaftssupermacht auch eine weltpolitische Supermacht wird.“[1]

Für eine ernst zu nehmende „Weltmacht Europa“ ist allerdings aus Sicht der politischen Eliten die Kontrolle über den europäischen Nachbarschaftsraum zwingend erforderlich. Exemplarisch formulierte dies der polnische Außenminister Radek Sikorski folgendermaßen: „Wenn die EU eine Supermacht werden will – und Polen befürwortet dies –, dann benötigt sie die Kapazitäten, um Einfluss in der Nachbarschaft ausüben zu können.“[2]

Auch Thomas Renard, Beirat der GoGS, betont: „Selbstverständlich muss die EU sich als Macht in ihrer eigenen Region etablieren, wenn sie eine globale Macht werden will.“[3]

Gerade Mitglieder jener Group on Grand Strategy – ein zunehmend einflussreicher Zusammenschluss von EU-Geopolitikern[4] – fordern seit Jahren, die Europäische Union solle sich endlich offen zu einer Geostrategie bekennen, die auf die Expansion ihrer Einflusssphäre und die Etablierung eines imperialen Großraums abzielt. So schrieb GoGS-Co-Direktor James Rogers im Jahr 2011:

> „Das ultimative Ziel einer Geostrategie ist es, Geografie und Politik miteinander zu verknüpfen, um die Macht und die Einflusssphäre des heimischen Territoriums zu maximieren. [...] Ein solches Kon-

zept muss von einem subtilen, aber hervorragend aufgestellten Militär unterstützt werden, das darauf abzielt, das Auftauchen möglicher Rivalen zu vereiteln."[5]

Auf dieser Basis entwickelte Rogers Kriterien, mit denen er die Grenzen eines solchen Großraums – von ihm als „Grand Area" bezeichnet – absteckt und damit gleichsam eine Art Kartografie eines EU-Imperiums vorlegt. Es umfasst große Teile Afrikas, die ölreiche kaspische und zentralasiatische Region sowie den Mittleren Osten, reicht aber auch bis weit nach Ostasien, wo die Schifffahrtsrouten kontrolliert werden sollen (siehe Grafik). Konkret sollen Länder und Regionen in die „Grand Area" integriert werden, die folgendes „Anforderungsprofil" erfüllen:

„Aus einem geopolitischen Blickwinkel muss diese Zone fünf Kriterien genügen: Sie muss

1. über alle grundlegenden Ressourcen verfügen, die notwendig sind, um die europäische industrielle Produktion und künftige industrielle Bedürfnisse zu decken;
2. alle wesentlichen Handelsrouten, insbesondere Energie-Pipelines und maritime Schifffahrtsrouten aus anderen Regionen ins europäische Heimatland einschließen;
3. so wenig wie möglich geopolitische Problemfälle enthalten, die zu einer Desintegration der Region führen und damit die künftige wirtschaftliche Entwicklung Europas schädigen könnten;
4. die geringste Wahrscheinlichkeit einer relevanten Beanspruchung durch andere mächtige ausländische Akteure im Vergleich zu ihrer Bedeutung für die europäische Wirtschaft und ihre geopolitischen Interessen aufweisen;
5. eine Region sein, die die Europäische Union am kosteneffektivsten durch eine Ausweitung der Gemeinsamen Sicherheits- und Verteidigungspolitik verteidigen kann."

Ferner soll die „Grand Area" mit einem dichtmaschigen Netz aus europäischen Militärbasen überzogen und so unter Kontrolle gebracht

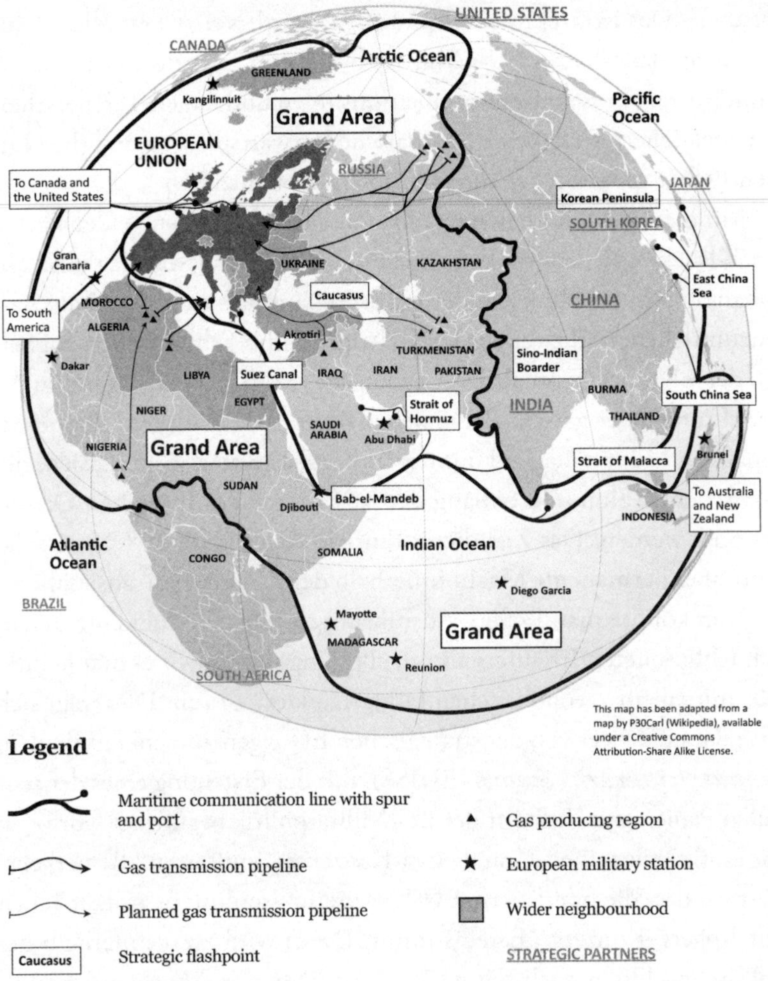

Quelle: Thomas Renard, James Rogers: Group on Grand Strategy, Strategic Snapshot No. 3, 13th December 2011 [6]

werden: „Das Konzept der ‚Grand Area' würde versuchen, diese Länder in ein dauerhaftes EU-geführtes System zu integrieren, das durch Militärbasen, bessere Kommunikationslinien und engere Partnerschaften abgesichert wird – eine europäische Vorwärtspräsenz, um die Notwendigkeit sporadischer Interventionen zu reduzieren."

Mit diesem Militärbasennetz soll vor allem folgenden beiden Zielen Nachdruck verliehen werden: „Erstens, ausländische Mächte davon abzuhalten, sich in Länder in der größeren europäischen Nachbarschaft einzumischen; und zweitens Halsstarrigkeit und Fehlverhalten auf Seiten der lokalen Machthaber vorzubeugen." Konkret wird daraufhin die Errichtung einer ganzen Reihe neuer Basen vorgeschlagen: „Neue europäische Militäranlagen könnten im Kaukasus und Zentralasien, der arktischen Region und entlang der Küstenlinie des Indischen Ozeans benötigt werden. Das Ziel dieser Einrichtungen wäre es, (...) eine latente aber permanente Macht innerhalb der ‚Grand Area' auszuüben."

Nun könnte man Rogers' Ausführungen ja als Produkt eines reichlich fehlgeleiteten Irrläufers abtun, allerdings haben wir es hier keinesfalls mit einem „geopolitischen Hinterbänkler" zu tun. Dies zeigt sich etwa daran, dass er von der strategischen EU-eigenen Denkfabrik, dem *Institute for Security Studies* (EUISS), mit der Erstellung eines der zentralen Papiere zur Zukunft der EU-Militärpolitik beauftragt wurde, in das große Teile seines „Grand-Area-Konzeptes" einflossen.[7] Bemerkenswert ist, dass die praktizierte EU-Erweiterungspolitik in großen Teilen mit Rogers' Konzept übereinstimmt. Dabei wird zwar innerhalb der politischen Eliten auch seit einiger Zeit über einen Ausbau der Militärpräsenz bis nach Ostasien debattiert[8] – und die Verabschiedung der „Europäischen Maritimen Sicherheitsstrategie" im Juni 2014 war hierfür ein wichtiger Zwischenschritt.[9] Es liegt aber auf der Hand, dass der Kontrolle des unmittelbaren Nachbarschaftsraums in absehbarer Zeit die größere Bedeutung beigemessen wird – und hiermit ist die Europäische Union in der Tat schon seit vielen Jahren beschäftigt.

Osterweiterung als Expansionsstrategie

Einer Einflusserweiterung in den Nachbarschaftsraum waren insbesondere durch die Existenz der Sowjetunion lange enge Grenzen gesetzt. Mit deren Untergang Anfang der 1990er Jahre öffnete sich der Europäischen Union dann aber ein riesiges Expansionsgebiet, das es zu „erobern" galt. Dies geschah sehr schnell in Form der sogenannten EU-Osterweiterung, die im Wesentlichen bereits mit der Verabschiedung der Kopenhagener Kriterien im Jahr 1993 beschlossen worden war. Um formell in die Europäische Union aufgenommen zu werden, mussten sich die Beitrittskandidaten einer neoliberalen Schocktherapie unterwerfen, die im Kern darauf hinauslief, auf sämtliche Schutzmaßnahmen der eigenen Wirtschaft zu verzichten und in einen „freien und fairen Wettbewerb" um Märkte und Aufträge mit der übermächtigen westeuropäischen Konkurrenz zu treten: „Die Osterweiterung der Europäischen Union dient vornehmlich dazu, den stärksten Kräften im Westen – den so genannten ‚Global Players' – neuen Marktraum zu erschließen und mit Hilfe des Regelwerks des ‚Acquis communautaire' abzusichern."[10]

Im Großen und Ganzen war diese Strategie überaus erfolgreich: Nachdem den Kandidaten in jahrelangen Verhandlungen weitreichende Zugeständnisse abverlangt worden waren, wurden 2004 und 2007 insgesamt 12 neue Länder, fast alle in Osteuropa gelegen, als untergeordnete Mitglieder in die EU-Einflusssphäre integriert. Seither kam allerdings mit Kroatien nur noch ein weiteres EU-Mitgliedsland hinzu – der Grund hierfür liegt darin, dass inzwischen die Stimmenverteilung im wichtigsten EU-Gremium, dem Rat der Staats- und Regierungschefs, die Einwohnerzahl eines EU-Landes viel stärker als zuvor berücksichtigt. Die Aufnahme neuer, insbesondere bevölkerungsreicher Staaten würde demzufolge die Machtverhältnisse massiv zuungunsten der EU-Großmächte verändern und steht deshalb derzeit nicht ernsthaft zur Debatte.[11]

Vor diesem Hintergrund war die – eigentlich ja erfolgreiche – „Expansion per Erweiterung“ nicht weiter anwendbar: „Schon vor dem Vollzug der Osterweiterung 2004 setzten in der EU-Kommission Überlegungen ein, wie es danach weitergehen sollte. (…) Die EU war an die Grenzen ihrer bisherigen Entwicklungsdynamik, der wechselseitigen Bestärkung von Integration und Erweiterung, gelangt. (…) Klar war aber auch, daß ein abruptes Ende der Expansionsdynamik nicht im Interesse der EU sein konnte, da es die Gefahr implizierte, die EU in einen schroffen Interessengegensatz zu ihrer Peripherie zu bringen. Es mußte also darum gehen, ein Konzept zu entwickeln, welches eine weitere Expansion der EU zuläßt, ohne daß diese Expansion die EU zu weiteren Erweiterungen zwingt. Wie ist Expansion ohne Erweiterung möglich?“ [12]

Imperiale Nachbarschaftspolitik

Die neue Expansionsstrategie wurde bereits im Jahr 2003 mit der Kommissionsmitteilung „Größeres Europa“ auf den Weg gebracht, die die Einführung der „Europäischen Nachbarschaftspolitik“ (ENP) ein Jahr später vorbereitete. Offiziell ist bei der ENP, die sich gegenwärtig auf 15 Staaten rund um die Europäische Union erstreckt [13], viel die Rede davon, es gehe um die Förderung von Demokratie und Wohlstand, faktisch werden mit ihr aber dieselben Ziele wie mit der Osterweiterung verfolgt. Nur in einem, allerdings wesentlichen Detail besteht ein Unterschied: Aus oben genannten Gründen war man nicht bereit, den ENP-Staaten eine Beitrittsperspektive in Aussicht zu stellen. Im Kommissionspapier „Größeres Europa“ heißt es hierzu lapidar: „Die durch Nähe und Nachbarschaft aufgeworfenen praktischen Fragen sind getrennt von der Frage der Aussicht auf einen EU-Beitritt zu beantworten.“ [14]

Ansonsten liegt die Priorität der Nachbarschaftspolitik eindeutig auf der Durchsetzung der neoliberalen Wirtschaftsagenda und der Integration weiterer Länder in den EU-Einflussbereich[15]:

> „Was nicht gesagt wird ist, dass das Hauptmotiv der wirtschaftlichen Integration darin besteht, die Wettbewerbsfähigkeit der Europäischen Union zu stärken, Ökonomien in die expandierende Wirtschaft des Imperiums (der EU) einzugliedern und Zugang zu natürlichen Ressourcen in der energiereichen Nachbarschaft zu erhalten. Die riesige Ansammlung von Wohlstand und wirtschaftlicher Macht hat der EU einen Hebel gegeben, um marktfreundliche Reformen einschließlich Privatisierung, Handelsliberalisierung und der Übernahme der EU-Regulationsmechanismen aufzuerlegen und gleichzeitig die weiterführenden Debatten in den peripheren Gesellschaften zu umgehen. Dabei riskiert sie allerdings, eher zur Schaffung politischer Destabilisierung denn zu Stabilität beizutragen und die wirtschaftlichen Ungleichheiten in der Nachbarschaft zu vertiefen."[16]

Des Lockmittels einer EU-Mitgliedschaft beraubt, sollen vor allem beträchtliche Geldmittel – allein für das „Europäische Nachbarschaftsinstrument" (ENI) wurden für den Haushalt 2014 bis 2020 fast 15,5 Milliarden Euro eingestellt – Politik und Gesellschaften der Nachbarländer von der Notwendigkeit neoliberaler Reformen „überzeugen".[17] Dabei werden dann die wesentlichen Bestimmungen und Regelungen, um sich als peripher eingegliedertes Absatz- und Investitionsgebiet für das EU-Zentrum zu empfehlen, durch den Abschluss eines Assoziationsabkommens mit der Europäischen Union bindend festgelegt. Somit stehen diese Vertragswerke im Zentrum der aktuellen EU-Expansionsstrategie und sind deshalb von enormer Bedeutung: „Die Assoziationsabkommen, welche die EU im postsowjetischen Raum vorantreibt, sind ein Schlüsselelement bei der Ausweitung der EU-Einflusssphäre nach Osten", urteilt auch Joachim Becker, Professor an der Wirtschaftsuniversität Wien.[18]

Neoliberales Assoziierungsabkommen

Die jahrelangen Verhandlungen um ein Assoziierungsabkommen mit der Ukraine mündeten 2012 in ein unterschriftsreif vorliegendes Dokument, das schlussendlich unverändert und vollständig am 27. Juni 2014 von den neuen ukrainischen Machthabern unterzeichnet wurde. Das „Assoziierungsabkommen zwischen der Europäischen Union und ihren Mitgliedstaaten einerseits und der Ukraine andererseits“ war lange Zeit nur in Teilen im Internet auffindbar, wurde aber schließlich am 29. Mai 2014 im Amtsblatt der Europäischen Union veröffentlicht.[19] Es besteht aus einem etwa 180-seitigen Hauptteil sowie weiteren ungefähr 2000 Seiten Anhängen und Protokollen, die überwiegend der Präzisierung der anvisierten Freihandelszone gewidmet sind.

Betrachtet man nun die konkreten Bestimmungen des Assoziierungsabkommens, so zeigt sich, dass diese unter wirtschaftspolitischen Gesichtspunkten für die Ukraine hochproblematisch sind, wobei drei Aspekte besonders hervorstechen: Erstens soll innerhalb von zehn Jahren eine Freihandelszone errichtet werden; zweitens sollen hierfür alle Zölle und anderen Maßnahmen zum Schutz der heimischen Wirtschaft fast komplett abgeschafft werden; und drittens wird im Assoziierungsabkommen die Einführung gemeinsamer – europäischer wohlgemerkt – Produktions- und Zertifizierungsstandards verbindlich festgeschrieben.

Geht man diese Punkte der Reihe nach durch, so stößt man zunächst auf das Kernanliegen: „Die Vertragsparteien errichten während einer Übergangszeit von höchstens zehn Jahren (...) schrittweise eine Freihandelszone.“ (Titel IV, Artikel 25) Für die Umsetzung dieses Zieles müssen unter anderem Zölle, mit denen ein Land zum Schutz seiner Wirtschaft Waren eines anderen Landes verteuern kann, nahezu komplett abgeschafft werden: „Jede Vertragspartei senkt oder beseitigt Zölle auf Ursprungswaren der anderen Vertragspartei im Einklang mit den Stufenplänen in Anhang I-A dieses Abkommens (im Folgenden ‚Stufenpläne'‚)." (Titel IV, Artikel 29, Absatz 1) Wer den hochgradig irritierenden Versuch unternimmt, nachzuvollziehen, was sich hinter Anhang I-A verbirgt, sieht sich mit einer etwa 1 500 Seiten langen Liste konfrontiert, in der Details zu den künftigen Zöllen für nahezu jedes erdenkliche Produkt festgelegt werden. Dankenswerterweise hat die Europäische Kommission selbst hier zur Klärung beigetragen, indem sie in einem Hintergrundpapier verdeutlichte, dass durch das Assoziierungsabkommen die Zölle um 99,1 % (Ukraine) bzw. 98,1 % (EU) abgesenkt werden.[20]

Damit dieser Prozess auch irreversibel ist, schreibt das Assoziierungsabkommen weiter vor, dass die Zölle zu einem späteren Zeitpunkt nicht wieder erhöht werden dürfen: „Bei Ursprungswaren aus dem Gebiet der einen Vertragspartei darf die andere Vertragspartei den geltenden Zoll nicht erhöhen und keine neuen Zölle einführen." (Titel IV, Artikel 30) Darüber hinaus werden auch so genannte nichttarifäre Handelshemmnisse – etwa Mengenbegrenzungen – faktisch verboten: „Die Vertragsparteien dürfen bei der Einfuhr einer Ware aus dem Gebiet der anderen Vertragspartei oder bei der Ausfuhr einer Ware oder dem Verkauf einer Ware zwecks Ausfuhr in das Gebiet der anderen Vertragspartei keine Verbote oder Beschränkungen oder Maßnahmen gleicher Wirkung erlassen oder beibehalten, es sei denn, dieses Abkommen oder Artikel XI GATT 1994 und die Anmerkungen zu seiner Auslegung sehen etwas anderes vor." (Titel IV, Artikel 35)

Eine weitere Passage mit erheblicher Tragweite verbirgt sich hinter der unscheinbaren Überschrift „Annäherung von technischen Vorschriften, Normen und Konformitätsbewertungen". Dort wird die Ukraine auf die Übernahme europäischer Produktions- und Zertifizierungsstandards verpflichtet: „Die Ukraine trifft die notwendigen Maßnahmen, um ihre Vorschriften schrittweise mit den technischen Vorschriften der EU und den europäischen Normungs-, Mess-, Akkreditierungs- und Konformitätsbewertungsverfahren und dem Marktaufsichtssystem in Einklang zu bringen und den in einschlägigen Beschlüssen und Verordnungen der EU (1) festgelegten Grundsätzen und Verfahren Rechnung zu tragen." (Titel IV, Artikel 56, Absatz 1)

Während die Europäische Union argumentiert, der mit dem Assoziierungsabkommen sehenden Auges verschärfte Wettbewerb werde in den ukrainischen Betrieben ungeahnte Effizienzsteigerungen zur Folge haben und im Land einen regelrechten Wirtschaftsboom auslösen, hält dem die russische Seite entgegen, das genaue Gegenteil werde der Fall sein. So schrieb etwa Sergej Glasjew, Präsident Wladimir Putins Berater für eurasische Integrationsfragen: „Wenn die Ukraine die Vereinbarung über die Assoziation mit der EU unterzeichnet und sich in diese nicht gleichberechtigte Freihandelszone begibt, so wird sie bis 2020 im Wirtschaftswachstum und in der Handelsbilanz ein Minus erhalten. Wir schätzen die Verluste auf etwa minus 1,5 Prozent des Bruttoinlandsprodukts pro Jahr. Bis 2020 wird eine Verdrängung ukrainischer Waren vom eigenen Markt, begleitet von einem Wirtschaftsrückgang und einer Verringerung der Entwicklungsmöglichkeiten erfolgen."[21]

Nun ist mit russischen Aussagen besonders in dieser Auseinandersetzung durchaus quellenkritisch umzugehen. Doch auch aus anderen Ecken wird argumentiert, dass die durch die Einführung teurer europäischer Produktstandards und Zertifizierungsprozesse ohnehin schwer belasteten ukrainischen Betriebe aufgrund der Abschaffung von Schutzzöllen und nicht-tarifären Handelshemmnissen der übermächtigen EU-Konkurrenz weitgehend schutzlos ausgeliefert werden. Selbst die deutsche Außenwirtschaftsagentur „Germany Trade & Invest" räumt dies ein:

„Die Übernahme von EU-Standards und das Bestehen im Freihandel mit der Europäischen Union erfordern allerdings bei den

> ukrainischen Unternehmen vielfach immense Modernisierungsanstrengungen. Insbesondere die Nahrungsmittelindustrie muss sich noch vielfach an die neuen Standards anpassen. Die Finanzierung stellt für ukrainische Unternehmen oft eine kaum zu nehmende Hürde dar."[22]

Zu einer ähnlichen Einschätzung gelangt auch der bereits zitierte Professor an der Wirtschaftsuniversität Wien, Joachim Becker:

> „Die geo-ökonomische und geo-politische Stoßrichtung der Abkommen wird im Fall der Ukraine besonders augenfällig. Weit über die Handelsliberalisierung hinausgehend, soll die Ukraine teilweise in den EU-Binnenmarkt integriert werden. Das würde bedeuten, dass die Ukraine substanzielle Teile der Wirtschaftsgesetzgebung der EU übernimmt. Die Ukraine würde nicht nur Möglichkeiten des Außenschutzes für die nationale Ökonomie verlieren, sondern auch Schlüsseloptionen für die nationalstaatliche Industriepolitik (z.B. über öffentliche Ausschreibungen). (…) Eine ‚tiefe und umfassende' Freihandelszone ist Kernbestandteil des Abkommens. Für die Ukraine dürfte ‚vertiefter' Freihandel und die Übernahme von Kernbestandteilen der EU-Wirtschaftsgesetzgebung allerdings auf eine Vertiefung der De-Industrialisierung und vertiefte Abhängigkeitsstrukturen hinauslaufen."[23]

Solche Bedenken scheinen auch innerhalb der Janukowitsch-Regierung eine wichtige Rolle gespielt zu haben, weshalb versucht wurde, diverse Schutzoptionen für heimische Unternehmen in das Abkommen hinein zu verhandeln. Dies wurde jedoch von der EU kategorisch abgelehnt. Als Russland darüber hinaus auch noch beträchtliche Vergünstigungen in Aussicht stellte (einen Preisnachlass auf Gaslieferungen von ca. drei Milliarden US-Dollar jährlich und den Aufkauf von Staatsanleihen in Höhe von 15 Milliarden US-Dollar, war es vollkommen vernünftig, dass die Janukowitsch-Regierung das Abkommen im November 2013 ablehnte. Dies wiederum setzte einen – seitens der

USA und der EU massiv unterstützten – Eskalationsprozess in Gang, der schließlich zum Sturz von Janukowitsch und der Etablierung einer durch nichts legitimierten „Übergangsregierung“ führte.

Militärisches Assoziierungsabkommen

Das Assoziierungsabkommen mit der Ukraine ist aber nicht nur von wirtschaftlicher, sondern noch mehr von geopolitischer Bedeutung. Dies rührt daher, dass es sich hierbei faktisch um eine Entscheidung für den Beitritt zu einem von zwei sich mittlerweile zunehmend feindlich gegenüberstehenden Bündnissen handelt. Denn ein Assoziierungsabkommen mit der Europäischen Union schließt dauerhaft einen Beitritt zur Zollunion, der Russland, Weißrussland, Kasachstan und bald wohl Armenien angehören, kategorisch aus (und umgekehrt).

Vor diesem Hintergrund ist ein mehr oder minder offen geführter Kampf um die Kontrolle der bislang noch nicht eindeutig dem ein oder anderen Block angehörenden Länder ausgebrochen. So schreibt GoGS-Co-Direktor James Rogers:

> „Osteuropa ist das Tor zwischen den riesigen Ressourcen Asiens und den dicht besiedelten und technisch fortgeschrittenen Bevölkerungen Europas. Das bedeutet, dass es entweder vom imperialen Despotismus Russlands oder der demokratischen Zivilisation Europas kontrolliert werden wird. Aufgrund seiner geographischen Lage wird derjenige, der den Zugang zu dieser wesentlichen Zone gewinnen wird, auch Einfluss über den gesamten eurasischen Superkontinent erhalten. Sollte Osteuropa von Moskau kontrolliert werden, werden die Europäer – und darüber auch die Nord-Amerikaner – Gefangene sein, wie sie es die meiste Zeit des Kalten Krieges waren. Sollte Osteuropa von Brüssel (und ebenso von London, Paris und Berlin) – und darüber auch von Washington – ge-

> formt werden, wird Russland geschwächt und relativ harmlos zurückgelassen, so wie es die meiste Zeit in den 1990ern und 2000ern war."[24]

Gerade mit Blick auf solche Aussagen sind die zwischen der EU und der Ukraine ausgehandelten und für ein Assoziierungsabkommen eher ungewöhnlichen Passagen zum Ausbau der Militärkooperation und der Integration in die EU-Militärpolitik zu verstehen:

> „Die Vertragsparteien (...) fördern die schrittweise Annäherung im Bereich der Außen- und Sicherheitspolitik, einschließlich der Gemeinsamen Sicherheits- und Verteidigungspolitik (GSVP). (...) Die Vertragsparteien intensivieren die praktische Zusammenarbeit bei Konfliktverhütung und Krisenbewältigung, insbesondere im Hinblick auf eine Verstärkung der Beteiligung der Ukraine an von der EU geleiteten zivilen und militärischen Krisenbewältigungsoperationen sowie an entsprechenden Übungen und Ausbildungsmaßnahmen, einschließlich derer, die im Rahmen der Gemeinsamen Sicherheits- und Verteidigungspolitik (GSVP) durchgeführt werden." (Titel II, Artikel 7 und 10)

Es sind solche Passagen, die sicher mit dazu beigetragen haben, dass Moskau sich inzwischen entschieden hat, die Konfrontation mit dem Westen zu suchen. Nicht zuletzt wohl auch deshalb, weil ihm nicht verborgen geblieben sein dürfte, dass die EU-Außenbeauftragte Catherine Ashton am 15. Oktober 2013 in einem zentralen Strategiepapier den gesamten Nachbarschaftsraum zum europäischen Interessens- und Interventionsgebiet erklärt hatte:

> „Das neue Augenmerk der USA für die asiatisch-pazifische Region ist eine logische Konsequenz der geostrategischen Entwicklungen (Anm. des Verf.: des Aufstiegs Chinas). Sie bedeutet auch, dass Europa mehr Verantwortung für seine eigene Sicherheit und die seiner Nachbarschaft übernehmen muss. (...) Die Union muss in

der Lage sein als Sicherheitsgarant – mit Partnern so möglich, autonom wenn nötig – in seiner Nachbarschaft entschieden zu handeln, dies schließt direkte Interventionen ein. Strategische Autonomie muss sich zuerst in der Nachbarschaft der Europäischen Union materialisieren."[25]

Quellenhinweise im Anhang ab Seite 273

Jürgen Wagner

geb. 1974, Politikwissenschaftler, ist Redaktionsmitglied der Zeitschrift Wissenschaft und Frieden sowie geschäftsführendes Vorstandsmitglied der Tübinger Informationsstelle Militarisierung (IMI) e.V.

Kurt Gritsch

Die Folgen der NATO-Entwicklung

Der Ukraine-Konflikt als Konsequenz der NATO-Wandlung vom Verteidigungs- zum Interventionsbündnis

Im vorliegenden Aufsatz wird die These vertreten, dass der 2014 offen ausgebrochene, aber schon Jahre zuvor schwelende Konflikt in der Ukraine die Folge des Kampfes zwischen den USA und der EU auf der einen und Russland auf der anderen Seite ist. Während Russland danach trachtet, den postsowjetischen Raum zurückzuerobern oder, von einer anderen Warte aus gesehen, nicht völlig die Kontrolle

Quelle: Socio Economics History Blogs 5.4.2014.[1]

darüber zu verlieren, haben die USA und ihre europäischen Verbündeten den Gegner des Kalten Krieges durch die Osterweiterung von EU und NATO inzwischen weit nach Osten zurückgedrängt. Dass die Einflussnahme auf den postsowjetischen Raum in teilweisem Gegensatz zwischen Washington und Brüssel geschieht, verleiht dem Konflikt in der Ukraine eine zusätzliche Dynamik.

Im Mittelpunkt der folgenden Seiten steht der Nordatlantikpakt. Kern des Aufsatzes ist die Entwicklung der NATO vom Verteidigungs- zum Interventionsbündnis und die daraus resultierenden Folgen für den Konflikt in der Ukraine. Die Motive der EU oder Russlands im Ukraine-Konflikt werden nur dann thematisiert, wenn sie in Bezug zur NATO stehen.

Die UdSSR und die Westerweiterung des Warschauer Pakts (WP) – ein Gedankenspiel

Um von der nur auf vermeintlicher moralischer Überlegenheit basierenden Vorstellung, Russland müsse die Westintegration der ehemaligen Warschauer-Pakt-Staaten reaktionslos hinnehmen, Abstand zu gewinnen und die Motive Moskaus im gegenwärtigen Kampf zu verstehen, bietet es sich an, sich in die Rolle des anderen zu versetzen: Ein kleines Gedankenspiel, in welchem die UdSSR den Kalten Krieg gewonnen hat, soll diesen Perspektivenwechsel illustrieren.

1991: Der Staatskapitalismus ist am Ende, die NATO löst sich auf, in der Sowjetunion feiert man die neue unipolare Weltordnung. Der Sezessionismus in Italien und Spanien führt bis Mitte der 1990er Jahre zu den neuen Staaten Veneto, Padanien, Sizilien, Sardinien und Rest-Italien (später Italien) sowie Katalonien. Im Zuge der deutschen Wiedervereinigung sichert Gorbatschow den Amerikanern nach US-Angaben zu, der Warschauer Pakt (WP) werde nach der vollen Integration der BRD keine weiteren ehemaligen NATO-Mitglieder aufnehmen. 1997 wird der Warschauer-Pakt-USA-Rat gegründet, Großbritannien tritt der „Partnerschaft für den Fortschritt" bei. Zugleich beginnt die Westerweiterung – Frankreich, Dänemark und Norwegen treten als erste ehemalige NATO-Mitglieder dem WP bei. Versprechen, das Militärbündnis nicht zu erweitern, so hohe Politiker im Kreml, habe man 1990 bei der deutschen Wiedervereinigung nicht gegeben, das Thema sei ja gar nicht Teil der Verhandlungen gewesen.

1999 greift der von Moskau dominierte WP, der schon Mitte der 1990er während der italienischen Zerfallskriege unter UN-Fahne aktiv geworden war, erstmals ohne Mandat des Sicherheitsrats in Europa ein: In der humanitären Intervention zum Schutz der deutschsprachigen Südtiroler vor der Unterdrückung durch Rom bombardiert der stärkste Militärpakt der Welt „aus humanitären Gründen" Rest-Italien. Anschließend erfolgt die Umwandlung vom Verteidigungs- zum global agierenden Interventionsbündnis. In der nächsten Runde der Westerweiterung treten 2004 Island, die Benelux-Staaten und die drei ex-italienischen Republiken Veneto, Sardinien und Sizilien dem Warschauer Pakt bei. 2009 folgen noch Padanien und Katalonien. Gespräche über einen Beitritt Großbritanniens zum WP werden ab 2007 geführt.

Ende 2013 legt Großbritannien das geplante Assoziierungsabkommen mit der Sowjetunion auf Eis, worauf heftige Proteste gegen Premierminister Cameron beginnen. Sowjetische Politiker sprechen in London vor der aufgebrachten Menge und fordern den Rücktritt „des ‚korrupten Diktators' Cameron", der „auf sein eigenes Volk schießen" lasse. Die Organisation für Sicherheit und Zusammenarbeit in Europa (OSZE) hatte dessen Wahl wenige Jahre zuvor noch als „vorbildlich" bezeichnet. Nach mehrwöchigen Protesten setzen sich die englischen Oppositionellen, in deren Reihen auch Rechtsradikale sind, durch und verhelfen „dem Fortschritt und der Modernisierung" zum Durchbruch. Moskau beziffert inzwischen die Unterstützung der englischen

Opposition seit 1991 mit 180 Milliarden Rubel (5 Milliarden Dollar). Während die neue englische Regierung ihre Verhandlungen mit der UdSSR wieder aufnimmt, besetzen die USA die strategisch wichtigen Äußeren Hebriden, deren Bewohner sich per Referendum von London lossagen. Zugleich entbrennt im Norden Großbritanniens ein Bürgerkrieg, weil pro-amerikanische Sezessionisten und Terroristen zu den Waffen greifen. Sowjetische und europäische Medien machen den amerikanischen Diktator Obama, den „machtbesessenen Wahnsinnigen", für die Eskalation verantwortlich. Einwände, wonach es sich bei Großbritannien um die Wiege der amerikanischen Kultur handele, lehnt Moskau als „Versuche einer Renaissance eines untergegangenen Riesenreichs" ab und kontert, in der aktuellen Krise zeige sich, dass Obama immer noch im 19. Jahrhundert lebe.

Das skizzierte Gedankenspiel hakt natürlich an einigen Stellen – aber in einem Punkt ist es geeignet, den Ukraine-Konflikt besser zu verstehen, nämlich hinsichtlich der Geopolitik. Wenn man versucht, die NATO-Osterweiterung aus der Perspektive Moskaus zu sehen, indem man den Spieß umdreht und sich eine Westerweiterung des Warschauer Pakts und die Reaktionen der USA darauf vorstellt, wird klar, dass die Hauptverantwortung für die Eskalation in der Ukraine nicht in Moskau liegt, auch wenn der Kreml ebenso versucht (hat), das Land auf seine Seite zu ziehen, so wie der Westen umgekehrt. Theo Sommer im März 2014 zur NATO-Osterweiterung:

> „Die Russen nahmen dies im Falle Polens und der baltischen Republiken zähneknirschend hin, aber als die Amerikaner 2008 auch auf die Aufnahme Moldawiens und Georgiens drängten und sogar mit dem Beitritt der Ukraine liebäugelten, reagierten sie mit Gewalt – der Georgien-Krieg vom August 2008 war die Antwort."[2]

Wobei noch zu ergänzen wäre, dass sich zu Kriegsbeginn 150 US-Militärberater in Georgien befanden[3] und die im Auftrag der EU tätige *Independent International Fact-Finding Mission on the Conflict in*

Georgia (IIFFMCG) in ihrem Bericht zum Kaukasus-Konflikt im September 2009 trotz Kritik an der Unverhältnismäßigkeit der russischen Reaktion zum Schluss kam, dass Georgien den Konflikt ausgelöst habe.[4]

Die NATO-Osterweiterung nach dem Ende des Kalten Krieges

Um die Motivation der Strategen in Washington und Brüssel, dennoch derart hartnäckig an der Ukraine festzuhalten, zu verstehen, empfiehlt sich ein Blick zurück in die Geschichte der NATO:

Nachdem Michail Gorbatschows Politik von Glasnost und Perestroika indirekt zum Fall der Berliner Mauer 1989 und zur Selbstauflösung des Warschauer Pakts 1991 geführt hatte, schien der Westen den Kampf gewonnen zu haben und die unipolare Welt mit Kapitalismus, Marktwirtschaft und Demokratie Wirklichkeit zu werden. „Die westlichen Eliten machten sich daran, die Welt im Rahmen der Globalisierung und eines deregulierten Finanzmarktes für den ungehinderten Kapital- und Warenverkehr zu erobern."[5]

Washington und seine Verbündeten handelten, noch im Schema jahrzehntelanger Konfrontationspolitik gefangen, umgehend: Anstatt ihrerseits auf Deeskalation und Abrüstung zu setzen, brach die NATO zu neuen Ufern auf, indem sie einerseits neue Mitglieder aufnahm und andererseits ihr Aufgabengebiet von Verteidigung auf Intervention umstellte. Damit trat sie auch Kritikern in den Mitgliedsstaaten entgegen, denn immerhin waren im Westen zu Beginn der 1990er Jahre Stimmen laut geworden, welche die Existenz der NATO nach dem Wegfall des klassischen Bedrohungsszenarios durch das Ende des WP in Frage gestellt sahen.

1994 wurde das Programm „Partnerschaft für den Frieden" gegründet, das zum maßgeblichen Instrument der NATO-Osterweiterung und der Einkreisung Russlands wurde.[6] Die westlichen Kalten Krieger vergrößerten angesichts der außenpolitischen Schwächephase Russlands ihr Bündnis in mehreren Schritten: Auf dem NATO-Gipfel in Madrid vom 8./9. Juli 1997 wurden Beitrittsverhandlungen mit Polen, Tschechien und Ungarn angeboten, am 12. März 1999 traten diese drei Länder als erste ehemalige Warschauer-Pakt-Staaten der Transatlantischen Allianz bei. Im Prager Gipfeltreffen am 21./22. November 2002 wurden Beitrittsverhandlungen mit Bulgarien, Rumänien, Slowenien, der Slowakei, Estland, Lettland und Litauen beschlossen, der Beitritt erfolgte am 29. März 2004. 2004 bzw. 2007 wurde die West-Integration all dieser Staaten durch ihre Aufnahme in die EU auch wirtschaftlich und politisch vertieft. Beim NATO-Treffen in Bukarest, vom 2. bis 4. April 2008, wurde schließlich noch der Beitritt von Albanien und Kroatien beschlossen, der zum 1. April 2009 vollzogen wurde.

Von besonderer Bedeutung waren zudem die Verträge, die mit den beiden größten Staaten im Osten geschlossen wurden: Die Grundakte über gegenseitige Beziehungen, Zusammenarbeit und Sicherheit zwischen der NATO und der Russischen Föderation, die am 27. Mai 1997 in Paris unterzeichnet und in deren Kontext der „NATO-Russland-Rat" als Konsultationsforum geschaffen wurde, sowie der Abschluss des militärischen Partnerschaftsvertrages mit der Ukraine, der eine Beteiligung ukrainischer Streitkräfte im Rahmen einer NATO-geführten Combined Joint Task Force (CJTF) vorsieht, sofern ein Mandat des UN-Sicherheitsrats oder der OSZE vorliegt. Den Testfall erlebte dieses Abkommen mit der Beteiligung von immerhin 1300 ukrainischen Soldaten an der KFOR-Truppe im Kosovo nach Kriegsende 1999. Zudem kooperiert die Ukraine im Bereich der militärischen Zusammenarbeit im Rahmen der vom Euro-Atlantischen Partnerschaftsrat (EAPC) koordinierten Partnerschaft für den Frieden (PfP) mit der NATO.

Russland protestierte wiederholt gegen die Osterweiterung und berief sich darauf, dass es eine Zusage gegeben habe, keine Mitglieder des WP in die NATO aufzunehmen. Doch existiert eine solche Zusage überhaupt?[7] Mark Kramer, Leiter des Cold-War-Studies-Projekts in Harvard und Senior Fellow des Harvard's Davis Center for Russian and Eurasian Studies, verneint dies. Kramers Argument klingt einleuchtend: Da sich diese Frage 1990 noch nicht gestellt habe und daher weder westliche noch sowjetische Politiker bei den Gesprächen zur Wiedervereinigung Deutschlands daran gedacht hätten, habe man in den Zwei-plus-Vier-Gesprächen erst gar nicht über die Option möglicher NATO-Beitritte osteuropäischer Staaten gesprochen.[8] Archivmaterial, das entgegengesetzte Behauptungen nachweisen könnte, fand Kramer bei seinen Recherchen nicht.

Was allerdings existiert, sind mündliche Aussagen russischer und westlicher Politiker, wonach der damalige US-Verteidigungsminister James A. Baker Michail Gorbatschow am 8. Februar 1990 in einem privaten Gespräch im Kontext der deutschen Wiedervereinigung als Gegenleistung für den Verbleib Deutschlands in der NATO[9] zugesichert haben soll: „There would be no extension of NATO's current jurisdiction eastward".[10] Bestätigt wird dies vom Koordinator der Bundesregierung für die deutsch-russischen Beziehungen, Gernot Erler,[11] dem russischen Botschafter in London, Anatoli Adamischin (er war 1990 stellvertretender Außenminister der Sowjetunion),[12] dem damaligen US-Botschafter in Moskau Jack F. Matlock Jr.[13] sowie vom ehemaligen US-Verteidigungsminister Robert McNamara.[14]

Jenseits der Frage einer verbindlichen Zusage an Moskau, die NATO nicht nach Osten zu erweitern, lässt sich, wie im eingangs dargestellten Gedankenspiel, jedoch nachvollziehen, was selbst ein dezidierter Kritiker der russischen Ukraine-Politik wie der österreichische Brigadier Walter Feichtinger von der Landesverteidigungsakademie anerkennt:

„Gerade im sicherheitspolitischen Bereich fühlte sich Russland aufgrund der NATO-Erweiterungen und des Aufbaus eines Raketenabwehrsystems zunehmend isoliert, bedroht und auch ‚betrogen'".[15]

Die Umwandlung vom Verteidigungs- zum Interventionsbündnis

„1989 sind der NATO als Verteidigungsbündnis faktisch die Feinde abhanden gekommen. Die Reaktion war eine Neudefinition des Auftrags. Der wurde, wie es manchmal so schön heißt, an die Herausforderungen einer multipolaren Welt ‚angepasst'."[16]
Dazu gehörten insbesondere der internationale Terrorismus, der Atomwaffenhandel (Nukleare Proliferation), „failing states" (nach westlicher Definition), die Bedrohung wirtschaftlicher Interessen, globale Destabilisierungen und Migrationsbewegungen (als Folge davon) sowie die weltweite Versorgung mit Energie und Rohstoffen, wobei die Bindung an ein UN-Mandat zwar weiterhin erwünscht, jedoch keine unabdingbare Voraussetzung mehr bleiben sollte.[17] Nachdem sich die Möglichkeit zu Out-of-Area-Einsätzen bereits in der „Rom-Erklärung" im November 1991 herauskristallisierte,[18] schufen die Strategen in Washington und Brüssel den dazugehörigen Präzedenzfall schließlich mit dem sogenannten Kosovo-Krieg. Als das Transatlantische Bündnis am 24. März 1999 mit der Bombardierung Jugoslawiens begann, stellte dies nämlich eine Zäsur in der Nachkriegsgeschichte, aber auch in der Geschichte der NATO dar: Die sich abzeichnenden Out-of-Area-Einsätze wurden mit rund 35 000 Luftangriffen als „humanitäre Intervention" ohne UNO-Mandat zur militärischen und politischen Realität, wobei sich das Bündnis entgegen den Fakten darauf berief, die Kosovo-Albaner vor dem „drohenden Völkermord" durch Serbien zu schützen. Mitten im Krieg gab man sich dann angesichts des 50. Geburtstages in Washington auch formal ein neues

strategisches Konzept, dessen Handlungsspielraum prinzipiell global ist.[19]

Diese Selbstmandatierung war allerdings, folgt man Andreas Buro und Martin Singe, „keineswegs ein ‚Sonderfall', sondern ein gewaltiger Schritt in Richtung auf die planmäßige Zerstörung internationalen Rechts."[20] Die zentrale Ursache für die Gründung des Militärbündnisses erblicken die Autoren nämlich in der militärischen Durchsetzung und Absicherung kapitalistischer Expansion, da die NATO auch eine Konsequenz aus der Weltwirtschaftskrise von 1929 war – denn die wirtschaftliche Stagnation in den USA konnte erst durch die riesige, staatlich finanzierte Aufrüstung während des Zweiten Weltkriegs überwunden werden.[21] Nach 1945 sah die US-amerikanische Außenpolitik deshalb, Hand in Hand gehend mit den auch ideologisch determinierten Doktrinen von Containment und Roll Back, eine ihrer zentralen Aufgaben darin, jegliche Möglichkeit für eine Ausdehnung der Märkte zu verfolgen, um eine Krise wie 1929 zukünftig zu verhindern.[22]

Die „neue NATO" ist demzufolge ein Bündnis „zur weltweiten offensiven militärischen Absicherung ‚vitaler' westlicher Interessen bzw. der neoliberalen Globalisierung",[23] was aber keine „Fehlentwicklung", sondern „die konsequente Fortschreibung der Gründungsratio"[24] sei.

Im Kosovo-Konflikt wurde die Verbindung zwischen der neoliberalen Wirtschaftsideologie und Krieg offensichtlich: Dass hinter der militärischen Logik wirtschaftliche Interessen stehen, zeigt die Tatsache, dass die nach dem Sturz Miloševićs realisierte Öffnung Jugoslawiens nach den Regeln des neoliberalen Marktes schon vor Kriegsbeginn im Rambouillet-Vertrag festgeschrieben worden war.[25] Artikel I fordert die „freie Marktwirtschaft", Artikel II die Privatisierung sämtlichen Staatsbesitzes.[26] Vor diesem Hintergrund erscheint die hohe Anzahl an Bombentreffern wirtschaftlicher Ziele (rund 380 Industrieanlagen) im Luftkrieg in einem anderen Licht, zumal ausländische oder private Firmen kaum betroffen waren.[27] Vielmehr geht es in Form von NATO, EU und IWF um die „Fortsetzung des Krieges mit politischen Mitteln“.[28] Treibende Kraft hierfür ist die neoliberale Globalisierung, welche einerseits zum Krieg führt, andererseits durch Kriege weiter befördert wird und werden soll.[29] Was Staatsverschuldung und die Verträge des IWF mit ihren Strukturanpassungsprogrammen (SAP) begonnen hatten, vollendeten der Krieg, die Zerstörung und der „Wiederaufbau“, indem sie ganz (Rest-)Jugoslawien und auch angrenzende Länder wie Mazedonien in Protektorate oder „neue Kolonien“ des Westens verwandelten.[30] Dazu passend wurde das neue strategische Konzept des Nordatlantikpakts auf dem Gipfel in Washington am 23. und 24. April 1999 verabschiedet.[31]

Letztlich setzte die NATO auch nach 1991 konsequent ihre aus der Zeit des Kalten Krieges stammende Politik der militärischen Eskalationsdominanz und der atomaren Abschreckungspolitik fort. In diesem Sinne kündigten die USA am 13. Dezember 2001 auch ein wesentliches Vertragswerk der Politik der Rüstungskontrolle, den ABM-Vertrag zur Begrenzung von Raketenabwehrsystemen.

„Die geplante Einrichtung eines US-Raketenabwehrschildes in Tschechien und Polen bedroht die nukleare Abschreckungsfähigkeit Russlands – und Moskau weiß, dass maßgebliche Kräfte in den USA sich um eine atomare Erstschlagfähigkeit bemühen. Es ist also nicht verwunderlich, dass sich Russland mehr und mehr militärisch eingekreist und bedroht sieht.“[32]

Folgen der NATO-Wandlung von der Verteidigung zur Intervention

Der Stilisierung Wladimir Putins zur Gefahr für den Weltfrieden[33] zum Trotz war es der Westen, der nach 1991 durch seine „humanitären Interventionen“ für Freiheit und Demokratie zur Hauptbedrohung der globalen Sicherheit wurde (1999 Kosovo, 2001 Afghanistan, 2003 Irak, 2011 Libyen). Dass Russland in all diesen Konflikten eine deeskalierende Position vertrat, war und ist dem Umstand geschuldet, dass die durch die NATO erzwungenen Regimewechsel für den Kreml stets neuen Einflussverlust mit sich brachten. Zugleich reagierte Moskau auch fallweise mit militärischer Gewalt, nämlich immer dann, wenn es seine vitalen Sicherheitsinteressen gefährdet sah (Tschetschenien 1994–1996 und 1999–2009, Kaukasus-Konflikt 2008, Krim 2014).

Dabei hatte es 1991 eine realistische Chance auf eine Aussöhnung zwischen Ost und West gegeben: das von Michail Gorbatschow angestrebte „Haus Europa". Doch dies hätte eine „tiefgreifende Erneuerung der westlichen Strukturen, Institutionen und Denkweisen erfordert".[34] Angebote der Sowjetunion zu Abrüstung und Partnerschaft – weniger aus Idealismus als aufgrund ihrer politischen und wirtschaftlichen Schwierigkeiten zustande gekommen – wurden in Brüssel und insbesondere in Washington jedoch, sieht man von der Umwandlung der KSZE in die OSZE ab, kaum angenommen, im Gegenteil: Durch „Triumphalismus ohnegleichen und reine Siegermentalität"[35] trugen USA und EU maßgeblich zur außenpolitischen Demütigung Russlands (z.B. im Kosovo 1999) und damit letztendlich zum Aufstieg des Machtmenschen Wladimir Putin bei, der „nach dem politischen Ausverkauf und der ökonomisch-politischen Anarchie der Jelzin-Jahre"[36] Russlands unbedeutender gewordene Rolle in der Weltpolitik wieder stärkte.

Anstatt diesen Wandel zu berücksichtigen, hat „der Westen" Russland auch hinsichtlich der Ukraine wiederholt provoziert. Dabei gab und gibt es auch im westlichen Bündnis durchaus Interessensdifferenzen, die sich jenseits der allgemeinen wirtschaftlichen Rivalität zwischen EU und USA in der Ukraine z. B. an der Frage der Härte der Sanktionen oder der Zusammenstellung der Übergangsregierung entzündet haben.[37] So lehnte die US-Europa-Beauftrage Victoria Nuland einem abgehörten Telefonat zufolge eine Vizepräsidentschaft Vitali Klitschkos hinter Premier Arsenij Jazenjuk mit den Worten „Fuck the EU“[38] ab. Hinsichtlich Russland einigen den Westen trotz interner Spannungen ähnliche Interessen, was sich durch finanzielle Unterstützung der ukrainischen Opposition ebenso zeigte wie durch diplomatischen Affront Kiews, indem führende Politiker die Proteste auf dem Maidan durch ihren Besuch unterstützten, wie der damalige deutsche Außenminister Guido Westerwelle, die Hohe Vertreterin der EU für Außen- und Sicherheitspolitik Catherine Ashton oder die US-Europa-Beauftragte Nuland. Letztere bezifferte das finanzielle Ausmaß der US-Unterstützung für den Regime-Change in Kiew seit 1991 mit über fünf Milliarden US-Dollar,[39] von EU-Seite kam noch alleine zwischen 2007 und 2013 fast eine Milliarde Euro für die Implementierung des Assoziierungsabkommens hinzu.[40]

Zugleich offenbarte der Westen ein fragwürdiges Demokratieverständnis. Weder Nuland noch der US-Abgeordnete John McCain noch Bundesaußenminister Frank-Walter Steinmeier hatten ein Problem damit, sich mit dem Vorsitzenden der rechtsradikalen Partei Swoboda, Oleg Tjagnibok, fotografieren zu lassen.[41] Während man auf der einen Seite also eine in Teilen gewaltbereite und von neofaschistischen Kreisen unterstützte Opposition unterstützte, stilisierte man andererseits Janukowitsch, den Gewinner der von der OSZE als „eindrucksvolle Darstellung demokratischer Wahlen“[42] bezeichneten Präsidentschaftswahl von 2010, zum Diktator.

Russische Interessen und ukrainisches Dilemma

Während die USA ein geostrategisches Interesse an der Ukraine besitzen und die EU vor allem von Marktüberlegungen geleitet ist, geht es für Moskau um mehr, jedenfalls um mehr als um die Bedeutung der Krim für die russische Schwarzmeerflotte. Die Ukraine ist nicht

Polen oder einer der baltischen Staaten – sie wird von Russland als kulturelle Wiege betrachtet, da der Kiewer Rus, das Reich von Kiew, zwischen 980 und 1240 das erste ostslawische christliche Großreich war.[43] Neben historischen und kulturellen Verbindungen weist die Ukraine aber auch einen nicht unbeträchtlichen russischen Bevölkerungsanteil auf (rund acht Millionen Menschen).[44] Daneben verfolgt Russland, das der größte Handelspartner der Ukraine ist, zahlreiche wirtschaftliche Interessen. Von besonderer Bedeutung sollte Kiew für Putins Prestigeprojekt, die Eurasische Union, sein. Dass Viktor Janukowitsch im November 2013 die nahezu ausgehandelten Assoziierungsverträge mit der EU noch platzen ließ, hatte aber nicht nur mit dem Schwenk Richtung Freihandelszone im Osten zu tun, sondern lag auch an den selbst von Janukowitschs politischem Gegner Viktor Juschtschenko und vom ehemaligen EU-Erweiterungskommissar Günter Verheugen kritisierten fehlenden Perspektiven für das Land.[45] Hinzu kam, dass die ukrainische Wirtschaft bei einem Beitritt zur Freihandelszone mit Russland sowohl hinsichtlich der Kreditvergabe als auch der Exporte bessere Karten gehabt hätte, da die Wertschöpfung der in den Westen gelieferten Waren – hauptsächlich Rohstoffe wie Kohle und Stahl – weit unter jener liegt, die nach Russland gehen (Maschinen, Fahrzeuge, Flugzeuge und Lebensmittel).[46] Der Wiener Wirtschaftshistoriker Hannes Hofbauer bringt die Situation des Landes, dessen Bruttoinlandsprodukt immer noch deutlich tiefer als 1991 ist, als „äußerst misslich" auf den Punkt, „eingezwängt zwischen dem Assoziierungsangebot der Europäischen Union, das eine wirtschaftliche Unterwerfung mit großer sozialer Sprengkraft vorsieht, und der Abhängigkeit von russischen Energieimporten, die hohes Erpresserpotenzial bergen".[47] So sorgte sich die Regierung Janukowitsch, dass mit dem EU-Abkommen aufgrund der verpflichtenden Übernahme der EU-Standards und -Kriterien die ukrainische Wirtschaft nicht konkurrenzfähig gewesen wäre, während gleichzeitig erhöhte Zölle zu

Russland dem Ost-Export zusätzlichen Druck gemacht hätten und hunderte Firmen hätten schließen müssen.[48] Und der vom Westen im Rahmen des Assoziierungsabkommens, das vom neuen Präsidenten, dem Schokoladen-Milliardär Petro Poroschenko, am 27. Juni 2014 unterzeichnet wurde, geforderte Privatisierungskurs gewährt nun z.B. internationalen Agrarkonzernen den Zugriff auf die fruchtbare ukrainische Schwarzerde.[49] Die sozialen Auswirkungen der Privatisierungen zeigten sich bereits bei der Übernahme des ehemals größten sowjetischen und später ukrainischen Stahlerzeugers Kriworistal durch den weltgrößten Stahlkonzern Mittal Steel mit Sitz in den Niederlanden im Jahr 2005.[50] Seither haben von den rund 55 000 Arbeitern 18 000 ihre Stelle verloren.[51]

Russland wiederum bot in der Vergangenheit Zuckerbrot und Peitsche: Erst reagierte es im März 2013 auf die einseitige ukrainische Erhöhung der Einfuhrzölle für Autos mit einem Import-Verbot von Poroschenkos Roshen-Schokolade, dann verhängte es im Sommer 2013 weitere Wirtschaftsblockaden.[52] Am meisten Druck übte Moskau aber über den meist überhöhten Gaspreis auf die Ukraine aus – zwischen 2012 und Anfang 2014 schwankte dieser zwischen 268 und 426 US-Dollar pro 1 000 Kubikmeter (im Vergleich dazu zahlen EU-Staaten 305–325 US-Dollar, Weißrussland als Mitglied der eurasischen Zollunion gar nur 168 US-Dollar).[53] Russland bot der Ukraine angesichts ausstehender Zahlungen seit November 2013 in Höhe von 4,4 Milliarden US-Dollar verbilligte Gaslieferungen (um drei Milliarden US-Dollar pro Jahr) an, ergänzt um den Ankauf von Staatsanleihen um 15 Milliarden US-Dollar. Der Westen wiederum blieb gegenüber der hoch verschuldeten Ukraine hart und forderte für den 13 Milliarden-Kredit des IWF die altbekannten Strukturanpassungsprogramme (SAP), wobei das Einfrieren der Löhne auf dem Niveau vom 1. Januar 2014 und die Kürzung der Sozialausgaben um eine Erhöhung der Gaspreise um 56 % ergänzt wurde.[54]

Geostrategische und geopolitische Überlegungen

Das wichtigste Argument im Kampf um die Ukraine dürfte sowohl auf westlicher wie auf russischer Seite in geostrategischen und geopolitischen Überlegungen bestehen: Bei einer Westintegration der Ukraine rückt die NATO bis auf 300 km an Moskau heran. Was ein solches Vorgehen umgekehrt in Washington ausgelöst hat, konnte 1962 in der sogenannten Kuba-Krise beobachtet werden. Dass die NATO nicht bereit ist, von ihrem als Raketenabwehrschild getarnten Angriffspotenzial gegenüber Russland abzulassen, zeigt, dass die Bedenken Moskaus nicht unbegründet sind. Auch westliche Sicherheitsexperten wie George Friedman, Chef des privaten Nachrichtendienstes Strategic Forecast[55], oder der bekannte Geostratege Zbigniew Brzeziński sprechen der Ukraine eine Schlüsselrolle sowohl im Zugriff auf Rohstoffe und Märkte Asiens als auch in verteidigungspolitischer Hinsicht für Russland zu.[56] Aus russischer Sicht besonders besorgniserregend muss dabei sein, dass die Ukraine nur als Zwischenschritt für die Einverleibung des gesamten postsowjetischen Raums betrachtet wird, wie Lilia Shevtsova vom Carnegie Endowment for International Peace[57] oder James Rogers, Co-Direktor der Group on Grand Strategy monierten.[58]

In diesem Sinne hat der republikanische US-Senator John McCain als Sprachrohr der Neuen Kalten Krieger schon 2007 den Ausschluss Russlands aus der G8 gefordert.[59] Im Sommer 2011 während des NATO-Krieges gegen Libyen deutete er dann an, dass nach dem Sturz Muammar al-Gaddafis der mit Russland verbündete syrische Machthaber Baschar al-Assad der nächste sein sollte – jeder Diktator sei nun in Gefahr, und die Reihe käme auch noch an Russland und China,[60] denn es gebe „gewisse universelle Werte, die wir alle hochhalten“.[61]

Subtext: USA und NATO wollen durch ihre Unterstützung prowestlicher Kräfte auch dort einen Systemwandel herbeiführen, um die beiden Großmächte in Abhängigkeit und deren Rohstoffe und Märkte unter westliche Kontrolle zu bringen. So förderten die USA mittels der United States Agency for International Development (USAID) – die Behörde für Entwicklungszusammenarbeit wird vom US-Außenministerium kontrolliert – in Russland bis zur Ausweisung der USAID-Mitarbeiter am 1. Oktober 2012 ein großes Netzwerk an Organisationen, Stiftungen und NGOs mit dem Ziel, einen Regierungswechsel in Moskau zu erreichen. Diese Politik des Regime-Change hatte die CIA bereits im Kalten Krieg an vielen Orten der Welt verfolgt.[62] Die emeritierte Politikwissenschaftlerin Mária Huber kritisierte in einem Interview 2012, dass die USA zudem über das vom National Endowment for Democracy (NED) mitfinanzierte, in der westlichen Presse gerne als unabhängiges Sozialwissenschaftliches Institut dargestelltes Juri Lewada Analytical Centre über Umfragen und Forschungen Agenda Setting betrieben.[63] Und in der Ukraine schließlich förderte USAID regierungskritische Medien und westlich orientierte Parteien seit 1992 mit 3 bis 5 Milliarden US-Dollar.[64] Demokratieförderung ist in der US-amerikanischen Außenpolitik (wie auch in anderen westlichen Staaten) aber kein Selbstzweck, sondern dient geopolitischen und ökonomischen Interessen.[65] Zugleich wird sie als einer der billigsten und effizientesten Wege angesehen, die eigenen Wirtschaftsinteressen durchzusetzen, da es, wie der US-Botschafter in Moskau, Michael McFaul, einräumt, „eine genuine Korrelation zwischen den demokratischen Normen weltweit und dem Machtzuwachs der USA“[66] gibt.

Die Wandlung der NATO seit 1991 wirkt krisenverschärfend

Mit dem Ende des Warschauer Pakts hätte es mehrere Möglichkeiten gegeben, Sicherheit und Frieden in Europa zu stärken: Die erste war die Auflösung des Transatlantischen Bündnisses analog zu seinem östlichen Pendant. Diese Option war die unrealistischste, nicht zuletzt deshalb, weil die NATO das wichtigste Instrument der US-amerikanischen Europa-Politik ist und es den USA ermöglicht, ihre Verbündeten ein Stück weit unter Kontrolle zu halten.[67] Die Frage der NATO-Erweiterung ist damit auch eine des ungleichen Machtkampfs innerhalb des Militärpakts.

Option Nummer zwei zur Stärkung von Frieden und Sicherheit in Europa nach 1991 war jene, die ehemaligen Warschauer-Pakt-Staaten als zumindest militärisch neutrale Pufferstaaten zwischen dem NATO-dominierten Westen und Russland im Osten zu belassen. Diese Möglichkeit wurde deshalb nicht umgesetzt, weil sowohl einige Eliten dieser Staaten wie auch jene des Transatlantischen Bündnisses die kurzfristige Schwächephase Russlands dazu nutzten, eigene Ziele ohne große Weitsicht kompromisslos umzusetzen. Wie der Direktor des Österreichischen Instituts für Internationale Politik Heinz Gärtner darlegt, wäre es inzwischen höchste Zeit, diese Option wieder aufzunehmen und die Ukraine, falls sie EU-Mitglied würde, als Kompromiss mit militärischer Neutralität auszustatten, um einen neuen Kalten Krieg, der freilich nur eine Karikatur des alten wäre und der allen Seiten schaden würde, zu verhindern.[68]

Möglichkeit Nummer drei, die tatsächlich auch eine Zeit lang mit abwechselnder Intensität und Ernsthaftigkeit verfolgt wurde, bestand darin, Russland im Rahmen wirtschaftlicher und sicherheitspolitischer Themen durch gemeinsame Institutionen (z. B. G8, Balkan-Kontaktgruppe, NATO-Russland-Rat) mit dem Westen zu verbinden. Die Konfrontation mit Russland über die versuchte Einbindung Georgiens in die NATO ebenso wie den Antrag auf NATO-Mitgliedschaft durch die Ukraine 2008 (der von der Mehrheit der Bevölkerung nicht gewünscht war), aber auch die westliche Haltung im Ukraine-Konflikt 2014, deuten darauf hin, dass diese dritte Möglichkeit in den Hintergrund getreten ist.

Dabei ist eine Wandlung der NATO weg von Konfrontation und ständiger Erweiterung hin zu echten Kooperationsangeboten an Russland und China dringender denn je. Denn die geänderte Rolle des Bündnisses birgt, wie der Herausgeber der Zeitschrift International in Wien, Fritz Edlinger, zutreffend schreibt, „die eminente Gefahr in sich, das transatlantische Militärbündnis von einem vermeintlichen Sicherheitsgaranten zu einem absoluten Sicherheitsrisiko – zumindest für die europäischen Bündnispartner – werden zu lassen.“[69]

Quellenhinweise im Anhang ab Seite 276

Kurt Gritsch

geb. 1976, ist Historiker und Konfliktforscher. Studium der Neueren Geschichte in Innsbruck (A) und Promotion in Hildesheim. Forschungsschwerpunkte: Neuere Geschichte, Konfliktforschung, Medien- und Rezeptionsgeschichte. Zahlreiche Veröffentlichungen, u.a. zum Jugoslawien-Krieg, zum Kosovo-Konflikt (vgl. Inszenierung eines gerechten Krieges? Intellektuelle, Medien und der „Kosovo-Krieg“ 1999, Hildesheim, Olms-Verlag, 2010) und zu den arabischen Revolutionen.

Jochen Scholz

Worum es geht

Die Ukraine-Krise und die geopolitische Konstante auf dem eurasischen Kontinent

Die „Vierte Gewalt“ macht es den Bürgern schwer, das Geschehen in der Ukraine und die damit zusammenhängende Krise in den Beziehungen zu Russland einzuordnen. Unsere Leitmedien, die beiden öffentlich-rechtlichen Rundfunk- und Fernsehanstalten sowie die führenden Tages- und Wochenzeitungen, scheinen aus der Vorgeschichte des Ersten Weltkrieges trotz des runden Jahrestages nichts gelernt zu haben. Berichterstattung und Kommentierung sind so manichäisch, wie von Rosa Luxemburg 1916 für die damalige Presse beschrieben.[1] Die Gründe für diese reine Propaganda hier zu vertiefen, ist nicht erforderlich. Uwe Krüger hat sie in seiner Dissertation[2] überzeugend herausgearbeitet. Max Uthoff hat mit seinem Team den Kern von Krügers Arbeit in der ZDF-Sendung *Die Anstalt* mit den Mitteln dieses Formates in einer siebenminütigen Sequenz in genialer Weise einem breiten Publikum in verdichteter Form nahegebracht.[3] Wie sehr er damit ins Schwarze getroffen hat, lässt sich an der Reaktion der betroffenen Journalisten ablesen, die juristisch gegen das ZDF vorgehen.[4]

Mit der transatlantischen Ausrichtung und Prägung unserer führenden außenpolitischen Journalisten und ihrer Verlage seit nunmehr zwei Generationen ist jedoch die Frage noch nicht beantwortet, warum sie gerade beim Thema Ukraine/Russland mit einer derartigen Penetranz und Hartnäckigkeit das Bild vom guten Westen und einem neoimperialistischen[5] Russland zeichnen, das angeblich kurz davor steht, bis zum Atlantik vorzustoßen und nun auch noch das Projekt „Galileo" sabotiert.[6] Selbst die fundierte Stellungnahme des renommierten Rechtsgelehrten Reinhard Merkel hindert die Presse nicht, weiterhin von einer „Annexion" der Krim durch Russland zu sprechen[7], woraus dann eine militärische Bedrohung für die europäischen NATO-Staaten abgeleitet wird.[8]

Der Antwort kann sich nur nähern, wer die Wirkung reflektiert, die von der Jahrzehnte nach dem Zweiten Weltkrieg ausgeübten globalen Dominanz der westlichen Führungsmacht USA ausging sowie von dem daraus resultierenden westzentriert verzerrten Weltbild. Nach 1945 waren die USA die absolut führende Wirtschaftsmacht, der globale Technologieführer, die stärkste Militärmacht, der größte Gläubiger der Welt und beherrschten mit dem Dollar als Weltleit- und Reservewährung das internationale Finanzsystem. Nach jahrelanger Vorbereitung im Rahmen der *War and Peace Studies*[9] legte die Konferenz von Bretton Woods im Jahr 1944 hierfür die Grundlage; andere Konzepte, wie die von John Maynard Keynes, vermochten sich nicht durchzusetzen.[10] Unter diesen für die USA auch stets mit missionarischem Anspruch unterlegten günstigen Rahmenbedingungen setzten sich zudem der „American Way of Life" und die amerikanische Pop-Kultur in weiten Teilen der Welt durch und strahlten selbst in das „Sozialistische Lager" aus. Künftige Historiker dürften jedoch zu dem Schluss kommen, dass die US-Machteliten[11] von dieser Überlegenheit keinen weisen Gebrauch machten.

Bereits 1971 waren die USA nicht mehr in der Lage, die wichtigste Bedingung für das Vertrauen in den Dollar aufrechtzuerhalten. Präsident Nixon war gezwungen, die Verpflichtung zur Goldeinlösung einseitig aufzukündigen, weil der aufgrund der Geldpolitik der US-Notenbank entstandene globale Dollarüberhang durch die amerikanischen Goldreserven nicht mehr gedeckt war.[12] Das Jahr 1971 markiert insofern den Beginn des relativen Abstiegs der einst unangefochtenen Supermacht. Der noch bis 1989/90 bestehende Ost-West-Konflikt verschleierte diese Realität noch weitere 20 Jahre, obwohl die nach Nixons Entschluss durchgesetzten finanz- und handelspolitischen Maßnahmen heute als Katalysator für den weiteren Abstieg der USA angesehen werden müssen.

Um die weltweite Dollarnachfrage nicht einbrechen zu lassen, wurden zwei Strategien entwickelt. Die erste basierte auf der Bindung des internationalen Ölhandels an den Dollar. Nach den Recherchen von William Engdahl entwickelte eine hochrangig besetzte Konferenz auf der schwedischen Insel Saltsjöbaden zwischen dem 11. und 13. Mai 1973 einen Plan zur massiven Erhöhung des Ölpreises.[13] Das Provozieren eines Krieges zwischen Ägypten und Israel („Yom-Kippur-Kriege“ 1973) war ein entscheidender Teil des Planes. Der Krieg sollte zu einer Reaktion der OPEC führen, und sie kam. Die Organisation verhängte ein Ölembargo und erhöhte die Preise sukzessive um 400 %. Engdahls Recherche wird gestützt durch einen Leserbrief des ehemaligen Leiters des Planungsstabes im BMVg, Hans Rühle, in der *FAZ* vom 14.6.2013 mit dem Titel „Zauberkünstler Kissinger?“. Rühle schreibt, dass Kissinger den ägyptischen Präsidenten al-Sadat geradezu zum Krieg drängte, indem er ihn als Therapie für die Wiederherstellung der ägyptischen Selbstachtung zur Revanche für den Sechs-Tage-Krieg von 1967 empfahl.

Die zweite Strategie entwickelte der amerikanische Notenbankchef Paul A. Volcker. Unter dem Vorwand der Inflationsbekämpfung hob er ab1979 den Leitzins in kurzer Zeit um 300 % auf teilweise über 20 % an. Was in- und ausländische Spekulanten erfreute und den Dollar stabilisierte, war ein vernichtender Schlag gegen die amerikanische Industrie und das verarbeitende Gewerbe. Investitionen, die sich erst über längere Zeiträume amortisieren, waren mit derartig hohen Zinssätzen nicht mehr möglich. Daraus zogen Unternehmen massenhaft die Konsequenzen und verlegten die Produktion in andere Länder, vorzugsweise nach Asien.[14] Die mit diesen monetären Maßnahmen verbundenen massiven Haushaltskürzungen führten auch zu erheblichen Reduzierungen bei Investitionen in die staatliche Infrastruktur. Heute ist sie in einem entsprechenden Zustand.[15]

Die Verlagerung der Produktion – das sogenannte „Outsourcing" – in großem Umfang ist die Hauptursache[16], dass die US-Wirtschaft heute zu 70 % zu einer Konsumwirtschaft degeneriert ist und die USA weithin deindustrialisiert sind. Beispielhaft hierfür steht der Niedergang der einstigen Industriemetropole Detroit, die sich seit 2013 im Insolvenzverfahren nach Chapter 9 der US-Insolvenzordnung befindet. Aus dem größten Gläubiger von 1945 ist der größte Schuldner der Welt mit einem riesigen Handelsbilanzdefizit geworden.[17] Hier zeigt sich nun eine fatale Folge der Entscheidungen von Bretton Woods, jedenfalls für die Welt außerhalb der USA. Das enorme Handelsbilanzdefizit über Jahre hinweg beizubehalten ist nur möglich, weil die USA das einzige Land sind, das sich in der eigenen Währung verschulden kann. Zu diesem Thema gibt es eine Fülle von Artikeln. Aussagekräftig sind die Website des ehemaligen stellvertretenden US-Finanzministers Paul Craig Roberts[18], der letzte Aufsatz des Ökonomen und Wirtschaftshistorikers Andre Gunder Frank (Sohn des Schriftstellers Leonhard Frank) vor seinem Tod, „Meet Uncle Sam Without Clothes Parading Around China and the World"[19] sowie „America's Suicidal Statecraft" des australischen Politikers James Cumes.[20] Ihre Bestätigung finden die genannten Autoren bei Richard Haass, dem Direktor des Council on Foreign Relations. In einem Memorandum an den kommenden Präsidenten schrieb er im November 2008: „Wir müssen andere dazu ermutigen, ihre (durch die Exporte in die USA und aus dem Ölgeschäft erworbenen, Anm. des Verf.) Dollars hier zu recyceln – auch durch Käufe und Investitionen in amerikanische Firmen. Wir benötigen zwei Milliarden Dollar pro Tag, nur um uns über Wasser halten zu können."[21] Wegen der Restriktionen für ausländische Investoren wandern die verdienten Dollars jedoch überwiegend in US-Schuldverschreibungen. Damit entsteht die paradoxe Situation, dass die Gläubiger der USA, an erster Stelle China, dem American Empire[22] dessen militärische Machtprojektion finanzieren, die gegebenenfalls gegen sie selbst gerichtet ist. Mit der Gründung einer eigenen Entwicklungsbank und einem „Contingent Reserve Arrangement (CRA)"[23] hat die BRICS-Staatengruppe im Juli 2014 in Brasilien ein unüberhörbares Zeichen gesetzt. Wenn die Dollar-Dominanz gebrochen werden kann, wird auch die letzte Säule amerikanischer Hegemonie mangels Finanzierbarkeit bröckeln, das US-Militär und seine weltweit an die 1 000 militärischen Stützpunkte.[24]

Dies ist die Lage, in der sich die USA angesichts einer Verschiebung des globalen ökonomischen Schwerpunkts weg vom sogenannten Westen befinden und gleichwohl nicht bereit sind, ihren Führungsanspruch aufzugeben[25]. Dass diese Schwerpunktverlagerung unwiderruflich ist, hat Andre Gunder Frank mit *ReOrient* überzeugend dargelegt.[26] Chalmers Johnson warnte sein Land im Jahr 2000 vor den Konsequenzen im 21. Jahrhundert als Folge der US-Machtüberdehnung im 20. Jahrhundert.[27] Die oben geschilderten finanz- und wirtschaftspolitischen Maßnahmen zur Stabilisierung des Dollars haben diese ohnehin vorhandene Tendenz massiv beschleunigt, denn sie führten nach den Reformen von Deng Xiaoping zum raschen wirtschaftlichen Aufstieg Chinas, das den amerikanischen Konsumenten-Markt eroberte. Die vermeintliche Symbiose oder Win-Win-Situation stellte sich spätestens seit dem Finanz-Tsunami von 2007 als Chimäre heraus[28].

In der Krise um die Ukraine kommt nun eine anglo-amerikanische außenpolitische Konstante ins Spiel, die der Mehrzahl der deutschen Politiker, Journalisten und außenpolitischen Experten unbekannt ist.

Der Passauer Neuhistoriker Hans-Christof Kraus schrieb 2012 in der *Frankfurter Allgemeinen Zeitung* zum Syrienkonflikt unter der Überschrift „Und ihr denkt, es geht um einen Diktator“:

> „Vor allem in Deutschland scheint die Unkenntnis, mit der diese Auseinandersetzung derzeit diskutiert wird, grenzenlos zu sein... Die Konfliktlinien verlaufen dort, wo sie von fast allen deutschen Beobachtern nicht einmal mehr wahrgenommen werden, und zwar vor allem deshalb, weil man in unserem Land verlernt hat, in weltpolitischen und geostrategischen Kategorien zu denken.“[29]

Über Jahrhunderte hatte England auf dem europäischen Kontinent eine Politik betrieben, die als „Balance of Power“ bekannt ist. Sie hatte zum Ziel, die jeweils stärkste Macht oder das stärkste Bündnis durch Bündnisse mit der jeweils zweitstärksten Macht so zu begrenzen, dass kein Staat auf dem Kontinent eine Vormachtstellung erringen konnte. Durch die Reichsgründung und den raschen Aufstieg des mit Habsburg verbündeten kaiserlichen Deutschlands zur wissenschaftlichen und wirtschaftlichen Großmacht hatte sich seit der Mitte des 19. Jahrhunderts die Lage auf dem Kontinent aus englischer Sicht qualitativ verändert. Die bis dahin unangefochtene Weltmacht und Herrscherin über die Weltmeere musste der Möglichkeit ins Auge sehen, dass ihre Dominanz herausgefordert werden könnte. Der englische Geograf, Politiker, Mitinitiator der London School of Economics, spätere Gründer des Royal Institute of International Affairs („Chatham House“) und hochrangige Berater der englischen Delegation bei der Pariser Friedenskonferenz (1919 – 1920), Halford Mackinder, reagierte darauf mit dem Strategiepapier „The Geographical Pivot of History“[30], das 1904 im *Geographical Journal* in London erstmals veröffentlicht wurde. In seinem zur Pariser Konferenz erschienen Buch *Democratic Ideals and Reality*[31] vertiefte er die geopolitischen Gedanken dieses Aufsatzes, die als „Herzlandtheorie“ bezeichnet werden.

Wie Hans-Christof Kraus zu Recht schreibt, spielt diese besonders in Deutschland in den strategischen Diskursen, bei Historikern und bei den außenpolitischen Instituten keine Rolle, mehr noch, sie ist nahezu unbekannt. Mackinder selbst hat seine Theorie in drei kurzen Sätzen zusammengefasst:

„Wer über Osteuropa herrscht, beherrscht das Herzland (Pivot Area).
Wer über das Herzland herrscht, beherrscht die Weltinsel (Eurasien).
Wer über die Weltinsel herrscht, beherrscht die Welt.“[32]

Dabei ging er davon aus, dass die eurasisch-afrikanische Landmasse den Großteil der Weltbevölkerung stellt und mit den größten Rohstoffvorkommen gesegnet ist. Der niederländisch-amerikanische Geostratege Nicholas J. Spykman modifizierte Mackinders Theorie, indem er der US-Politik empfahl, das Hauptaugenmerk zur Erhaltung der globalen Dominanz auf die Küstenstreifen (Rimland) des eurasischen Kontinents zu richten.[33] Mackinders Kurzfassung der Herzlandtheorie passte er entsprechend an:

„Wer Rimland kontrolliert, beherrscht Eurasien.
Wer Eurasien beherrscht, bestimmt das Schicksal der Welt.“

Die Politikwissenschaft hat sich, wenn sie sich überhaupt mit Mackinder oder Spykman auseinandersetzt, weitgehend damit beschäftigt, deren Grundannahmen und historisches Verständnis vom Verhältnis Seemacht versus Landmacht kritisch unter die Lupe zu nehmen. Das ist zweifellos dafür geeignet, Studenten in Seminaren zu beschäftigen, geht jedoch am Kern der Sache vorbei. Die entscheidende Frage ist vielmehr, ob ihre Ideen die anglo-amerikanische Außenpolitik beeinflusst und geprägt haben. Ihr nachzugehen, sprengt den Rahmen dieses Beitrags, sie ist einem in Arbeit befindlichen Buch vorbehalten.

Die Ergebnisse der Pariser Konferenz 1919 in Bezug auf die Neuordnung Mitteleuropas und den Balkan sowie die Konsolidierung der – aus US-Perspektive – europäischen Gegenküste als eurasischer Brückenkopf nach 1945 mögen an dieser Stelle als Hinweise genügen.[34]

Im Unterschied zu Politikern denken Strategen in Jahrzehnten. Sie sind den Zwängen der Tagespolitik nicht unterworfen. Sie sind somit in der Lage, in entsprechenden Positionen auf die Einhaltung nur langfristig erreichbarer Ziele hinzuwirken. Von einer direkten Staffelstabübergabe kann man zwar nicht sprechen, jedoch ist einer der – neben Henry Kissinger – einflussreichsten Geopolitiker der USA, der polnischstämmige Zbigniew Brzeziński, maßgeblich vom Denken Mackinders und Spykmans geprägt. Als Hochschullehrer hat er Generationen von Studenten der Internationalen Beziehungen geformt und als Mitglied des Council on Foreign Relations[35] die Außenpolitik der USA mitformuliert. Sein bekanntestes Buch, *The Grand Chessboard. American Primacy and Its Geostrategic Imperatives*[36], lässt bereits mit dem Titel keinen Zweifel am globalen Dominanzanspruch der USA aufkommen. Ohne seine beiden Vorbilder zu erwähnen oder zu zitieren, stellt er Eurasien in den Mittelpunkt seiner Überlegungen, die noch stark von der Euphorie geprägt sind, die in den USA nach der Auflösung der Sowjetunion herrschte.[37] Die folgenden Zitate aus der deutschen Ausgabe zeigen die konkreten Ausformungen der Herzlandtheorie in Verbindung mit dem amerikanischen Führungsanspruch.

> „Seit den Anfängen der Kontinente übergreifenden politischen Beziehungen vor etwa fünfhundert Jahren ist Eurasien stets das Machtzentrum der Welt gewesen (…). Im letzten Jahrzehnt des 20. Jahrhunderts hat sich die Weltlage tiefgreifend verändert. Zum ersten Mal in der Geschichte trat ein außereurasischer Staat nicht nur als der Schiedsrichter eurasischer Machtverhältnisse, sondern

als die überragende Weltmacht schlechthin hervor. Mit dem Scheitern und dem Zusammenbruch der Sowjetunion stieg ein Land der westlichen Hemisphäre, nämlich die Vereinigten Staaten, zur einzigen und im Grunde ersten wirklichen Weltmacht auf. Eurasien hat jedoch dadurch seine geopolitische Bedeutung keineswegs verloren. In seiner westlichen Randzone – Europa – ballt sich noch immer ein Großteil der politischen und wirtschaftlichen Macht der Erde zusammen; der Osten des Kontinents – also Asien – ist seit einiger Zeit zu einem wichtigen Zentrum wirtschaftlichen Wachstums geworden und gewinnt zunehmend politischen Einfluss. Inwieweit die USA ihre globale Vormachtstellung geltend machen können, hängt aber davon ab, wie ein weltweit engagiertes Amerika mit den komplexen Machtverhältnissen auf dem eurasischen Kontinent fertig wird – und ob es dort das Aufkommen einer dominierenden, gegnerischen Macht verhindern kann. Folglich muss die amerikanische Außenpolitik den geopolitischen Aspekt der neu entstandenen Lage im Auge behalten und ihren Einfluss in Eurasien so einsetzen, dass ein stabiles kontinentales Gleichgewicht mit den Vereinigten Staaten als politischem Schiedsrichter entsteht. Eurasien ist somit das Schachbrett, auf dem sich auch in Zukunft der Kampf um die globale Vorherrschaft abspielen wird (…). Aber bis es soweit ist (eine kooperative Weltgemeinschaft, JS), lautet das Gebot, keinen eurasischen Herausforderer aufkommen zu lassen, der den eurasischen Kontinent unter seine Herrschaft bringen und damit auch für Amerika eine Bedrohung darstellen könnte (…). Bedient man sich einer Terminologie, die an das brutalere Zeitalter der alten Weltreiche gemahnt, so lauten die drei großen Imperative imperialer Geostrategie: Absprachen zwischen den Vasallen zu verhindern und ihre Abhängigkeit in Fragen der Sicherheit zu bewahren, die tributpflichtigen Staaten fügsam zu halten und zu schützen und dafür zu sorgen, daß die ‚Barbaren‘völker sich nicht zusammenschließen (...). Als langfristige Aufgabe jedoch bleibt das Problem zu lösen, wie man Rußlands Demokratisierung und wirtschaftliche Erholung unterstützen und dabei das erneute Entstehen eines eurasischen Imperiums vermeiden kann, das Amerika an der Verwirklichung seines geostrategischen Ziels hindern könnte, ein größeres euroatlantisches System zu entwerfen, in welches sich dann Rußland dauerhaft und sicher einbeziehen lässt.“

Zur Ukraine

„Die Ukraine, ein neuer und wichtiger Raum auf dem eurasischen Schachbrett, ist ein geopolitischer Dreh- und Angelpunkt, weil ihre bloße Existenz als unabhängiger Staat zur Umwandlung Rußlands beiträgt. Ohne die Ukraine ist Rußland kein eurasisches Reich mehr (...). Am wichtigsten allerdings ist die Ukraine. Da die EU und die NATO sich nach Osten ausdehnen, wird die Ukraine schließlich vor der Wahl stehen, ob sie Teil einer dieser Organisationen werden möchte (...). Obwohl dies Zeit brauchen wird, kann der Westen – während er seine Sicherheits- und Wirtschaftskontakte mit Kiew weiter ausbaut – schon jetzt das Jahrzehnt zwischen 2005 und 2015 als Zeitrahmen für eine sukzessive Eingliederung der Ukraine ins Auge fassen (...).“

Die Aussagen Brzezińskis müssen vor dem Hintergrund gesehen werden, dass die Umwandlung der sowjetischen Planwirtschaft mit der bereits in Chile nach dem Sturz Allendes erprobten Schockmethode[38]der Chicago Boys unter Führung des US-Ökonomen Jeffrey Sachs Russland an den Rand des wirtschaftlichen und politischen Ruins geführt hatte und Putin in den 15 Jahren seines politischen Wirkens Russland auf beiden Feldern wieder Stabilität verliehen hat.[39]

Die anglo-amerikanische geopolitische Konstante der Fokussierung auf Eurasien wird immer wieder durch die Analysen des in Austin/Texas ansässigen privaten Nachrichtendienstes *Strategic Forecast (STRATFOR)* bestätigt. 110 Jahre nach Mackinders Aufsatz und knapp 70 Jahre nach Ausrufung der Politik der Eindämmung der Sowjetunion durch Präsident Truman plädiert *STRATFOR*s Direktor George Friedman für ein „New Containment".[40] Der Verweis auf die in die Anmerkung aufgenommene Karte ist insofern aufschlussreich, als die als Riegel gegen Russland vorgesehenen Staaten auffällig mit denjenigen übereinstimmen, die hochrangigen osteuropäischen Politikern im Rahmen einer im Jahr 2000 vom US-Außenministerium in Bratislava organisierten Konferenz über die strategischen Vorstellungen der USA für Europa präsentiert worden waren.

Als damals noch amtierender Vizepräsident der Parlamentarischen Versammlung der OSZE war der CDU-Politiker Willy Wimmer eingeladen. Seine Eindrücke fasste er in einem Brief an Bundeskanzler Schröder zusammen, der als Anhang zu einem Artikel in den *NachDenkSeiten* online verfügbar ist.[41] In einer weiteren Analyse von *STRATFOR* vom April 2014 plädiert Friedman für das Schüren von Spannungen zwischen den Staaten des eurasischen Kontinents mit dem Ziel, die globale Seeherrschaft der USA aufrechtzuerhalten. Hierfür müssten die eurasischen Staaten davon abgehalten werden, diese durch den Ausbau ihrer Flotten herauszufordern: „The ideal path for this is to ensure continued tensions within Eurasia so that resources are spent defending against land threats rather than building fleets."[42]

All diese Überlegungen, Analysen und Handlungsempfehlungen atmen die strategischen Vorstellungen der geopolitischen (Mackinder-Spykman-)Brzeziński-Schule. Im Kern geht es darum, auf dem eurasischen Kontinent keine Allianzen entstehen zu lassen, die geeignet wären, den US-amerikanischen globalen Führungsanspruch infrage zu stellen. Die berechtigten Proteste der Menschen auf dem Maidan in Kiew gegen oligarchische Strukturen und mangelnde demokratische Mitsprache wurden nach langer Vorbereitungszeit – einer letztlich gescheiterten „Orangen Revolution“ 2004 mit Hilfe des „Open Society Institute(s)“ von George Soros und offiziell fünf Milliarden US-Dollar Investitionen für den USA genehme politische Verhältnisse in der Ukraine[43] – als Chance gesehen, die Entwicklung aus dem Hintergrund zu steuern. Das Anfang Februar 2014 abgehörte Telefongespräch der für eurasische Angelegenheiten zuständigen Abteilungsleiterin im US-Außenministerium, Victoria Nuland[44] („Fuck the EU“), hat dies für alle Welt sichtbar gemacht. Dass es bei amerikanischen Interventionen nicht um Demokratie und Recht geht, hat die offiziöse Vatikanzeitschrift *Civilità Cattolica* in einem Beitrag vom 18. Januar 2003 zum bevorstehenden Irakkrieg mit sorgfältig gewählten Worten so ausgedrückt[45]:

> „Die Vereinigten Staaten führen als Motiv die Bedrohung an, die der Irak mit seinen Massenvernichtungswaffen für die gesamte Welt darstellt: Waffen, über die er entgegen allen UNO-Resolutionen keinerlei Informationen preisgab, da er den UN-Inspekteuren den Zutritt zu den geheimen Aufbewahrungsorten verwehrte, die er aber auch nicht vernichten ließ, da er sie ja selbst hatte bauen lassen, womit er wiederum gegen die Abrüstungsklauseln verstieß, die ihm die UNO nach Ende des Golfkriegs (1991) auferlegt und an die er sich nicht gehalten hatte.
>
> Allerdings scheint das vielen eine schwache Begründung für einen militärischen Angriff gegen den Irak. Zwar hat der Irak viele Male gegen die Resolutionen der Vereinten Nationen verstoßen, doch wurde errechnet, dass insgesamt 91 Verstöße gegen UNO-Resolutionen vorliegen, von denen 59 von Bündnispartnern der Vereinigten Staaten begangen wurden, nämlich von Israel und der Türkei. Israel widersetzte sich 32 Resolutionen des UN-Sicherheitsrats: Mit der letzten – Nr. 1435 aus 2002 – wurden ein ‚ra-

scher Abzug der israelischen Besatzungstruppen aus den palästinensischen Städten und ihr Rückzug auf die vor September 2000 gehaltenen Positionen' gefordert. Doch ebenso wie die vorherigen Resolutionen blieb auch diese ohne Folgen. Die Türkei verstieß gegen alle 24 Resolutionen des Sicherheitsrates der Vereinten Nationen zu Zypern, das im Norden von türkischen Truppen besetzt gehalten wird, deren Abzug die UNO vergeblich forderte. Marokko wiederum missachtete 16 UNO-Resolutionen zur Westsahara. Nun haben die Vereinten Nationen wegen eines einzigen dieser Verstöße interveniert."

Wie oben beschrieben, befinden sich die USA in einem relativen Niedergang, der aller Voraussicht nach mit friedlichen Mitteln nicht abzuwenden ist. Gleichwohl hat die „unverzichtbare Nation" ihren Anspruch nicht aufgegeben, dem Rest der Welt die Bedingungen für das Zusammenleben auf unserem Planeten zu diktieren. Präsident Obama hat ihn kürzlich an der Militärakademie West Point ausdrücklich bekräftigt.[46] Da das entscheidende geopolitische Schachbrett für die anglo-amerikanischen Interessen in den Augen der US-Strategen Eurasien ist, kommt es aus ihrer Sicht darauf an, erneut die „Eurasische Umarmung"[47] zu verhindern, wie sie in Konzepten vom „Gemeinsamen Haus Europa" oder einem gemeinsamen Wirtschaftsraum von Lissabon bis Wladiwostok ihren konkreten Ausdruck findet. Diese Gefahr für die Stellung der deindustrialisierten USA ist wesentlich größer, als sie für den führenden Industriestaat England vor dem Ersten Weltkrieg war. Auch, weil heute nicht nur ein deutsch-russisches Zusammengehen verhindert werden soll, sondern auch eine kooperative Partnerschaft zwischen der Europäischen Union und der vom russischen Präsidenten angestrebten Eurasischen Union. Diese wäre in der Tat das Ende der US-Kontrolle über die europäische Gegenküste und damit das Ende des globalen US-Führungsanspruchs,

für den Amerika sich an zwei Weltkriegen beteiligt hat.[48] Das vereinigte Deutschland mit der größten Volkswirtschaft der EU steht deswegen, wegen seiner geografischen Lage und seiner bisherigen partnerschaftlichen Politik mit Russland sozusagen, unter verschärfter Beobachtung.
Die Rede Präsident Putins[49] am 25. September 2001 im Deutschen Bundestag dürfte das erste Alarmzeichen für Washington gewesen sein:

> „Niemand bezweifelt den großen Wert der Beziehungen Europas zu den Vereinigten Staaten. Aber ich bin der Meinung, dass Europa seinen Ruf als mächtiger und selbstständger Mittelpunkt der Weltpolitik langfristig nur festigen wird, wenn es seine eigenen Möglichkeiten mit den russischen menschlichen, territorialen und Naturressourcen sowie mit den Wirtschafts-, Kultur- und Verteidigungspotenzialen Russlands vereinigen wird."

Danach kamen die Weigerung Deutschlands 2003, sich aktiv am Irakkrieg zu beteiligen, das Veto Deutschlands (und Frankreichs) 2008 gegen eine Aufnahmeperspektive Georgiens und der Ukraine in die NATO sowie die Enthaltung Deutschlands 2011 gemeinsam mit den BRICS-Staaten im UNO-Sicherheitsrat bei der Libyen-Resolution 1973. In Washington hat dieses Verhalten mehr als nur Stirnrunzeln hervorgerufen. Dies wurde kurz vor dem NATO-Gipfel in Chicago im Jahr 2012 sichtbar. Der vom ehemaligen US-Botschafter Nicholas Burns in Deutschland verfasste Bericht „Anchoring the Alliance"[50] geht über 40 Mal auf Deutschland und seine Pflichten gegenüber dem Bündnis ein. Noch deutlicher wird Robert Kaplan, geopolitischer Chefanalyst von *STRATFOR*:

> "NATO is also relevant concerning the future geopolitical direction of Germany. As long as NATO exists and Germany is a member, playing a substantial political if not military role, then

the chances of Germany pivoting toward an alliance with Russia in future years is lessened."[51]

Die Beschlüsse vom NATO-Gipfel 2014, die den Aufbau einsatzbereiter, multinationaler und schnell verlegbarer Verbände aus Heeres-, Marine- und Luftwaffenkomponenten mit hohem Bereitschaftsgrad vorsehen, dienen diesem Ziel und drohen zugleich, mit dem deutschen Verfassungsrecht in Konflikt zu geraten. Denn bei einer deutschen Beteiligung steht Ad-hoc-Entscheidungen der Parlamentsvorbehalt für Auslandseinsätze der Bundeswehr entgegen.[52] Die Große Koalition hat eine Kommission eingesetzt, deren Vorschläge darauf hinauslaufen werden, dieses lästige Hindernis für „Bündnisverpflichtungen" aus dem Weg zu räumen[53] und durch ein „Rückholrecht" des Bundestages zu ersetzen. Dafür garantiert schon der Vorsitzende, der eingefleischte Transatlantiker und frühere Verteidigungsminister (1992 bis 1998) Volker Rühe, der mit seinem späteren Nachfolger Rudolf Scharping seit 1998 hinter dem Rücken von Bundeskanzler Helmut Kohl das Terrain für die deutsche Beteiligung am geplanten Krieg gegen die Bundesrepublik Jugoslawien bereitete.[54] Sollte es so kommen, wäre die Brandmauer Grundgesetz massiv beschädigt, dem „tributpflichtigen" (Brzeziński) Partner Deutschland eine weitere Fußfessel angelegt und die Entscheidung über einen Einsatz deutscher Streitkräfte faktisch nach Brüssel abgegeben.[55]

Auch das derzeit verhandelte Freihandelsabkommen zwischen der EU und den USA (TTIP) dient primär dazu, zentrifugale Tendenzen im Bündnis zu stoppen, Deutschland und die EU wieder enger an die USA zu binden, den gemeinsamen Wirtschaftsraum von Lissabon bis Wladiwostok zu verhindern und die EU für nationale Interessen der USA zu instrumentalisieren. Dazu zwei Zitate, eines von Brzeziński: "In the context of China's growing power, he said the creation of an EU-US free trade zone could revive trans-Atlantic relations and create a new geopolitical balance."[56] Das zweite vom US-Botschafter bei der EU, Anthony L. Gardner:

> "There are critical geostrategic reasons to get this deal done. Every day since my arrival, I am reminded of the global context of why we are negotiating TTIP. Just look at what is happening in the Middle East, or Russia's behaviour in Ukraine. We need this deal to help solidify further the transatlantic alliance, to provide an economic equivalent to NATO, and to set the rules of world trade before others do it for us. There are many reasons why this agreement is not only important, it is vital."[57]

Pierre Vimont, der bisherige Geschäftsführende Generalsekretär des Europäischen Auswärtigen Dienstes, beklagte im März 2014, dass sich die den USA hörigen Kräfte in der EU-Kommission durchgesetzt hatten, die hinsichtlich des Assoziierungsabkommens mit der Ukraine eine trilaterale Vorgehensweise unter Einbindung Russlands hintertrieben:

> "What strikes me is that we had our whole bureaucracy saying we should not do things that way (...). The trilateral meetings were rejected by EU officials who believe Russia should not be offered a veto right on the Union's relations with an 'Eastern neighbourhood' country. But the French diplomat said fresh ideas were now needed, like development of a trans-European area from Lisbon to Vladivostok."[58]

Inzwischen ist die Saat aufgegangen. Russland ist für die NATO wieder zum Gegner geworden und die neue EU-Außenbeauftragte Frederica Mogherini äußert öffentlich, Russland sei für die EU kein strategischer Partner mehr. Die treibende mediale Kraft hinter diesem Konfrontationskurs in Deutschland, die *Frankfurter Allgemeine Zeitung*, platzierte diese Aussage wie eine Trophäe auf der Seite Eins.[59]

„Zeitung für Deutschland", wie die *FAZ* sich selbst versteht? Wohl kaum.

Jedem einigermaßen vernunftbegabten Europäer müsste klar sein, dass die einstige, weitgehende Übereinstimmung der Interessen zwischen den USA und Westeuropa seit dem Ende des System-Antagonismus nicht mehr existiert. Die Zukunft Europas, zu dem Russland selbstverständlich gehört, kann nur in einer friedlichen, kooperativen Partnerschaft aller Staaten auf dem eurasischen Kontinent liegen, in der die jeweiligen Interessen und unterschiedlichen Auffassungen zum Ausgleich gebracht werden. Das politische Instrument dazu wurde mit der Organisation für Sicherheit und Zusammenarbeit in Europa (OSZE) geschaffen. Dieses Instrument gilt es weiterzuentwickeln, auch mit Blick auf die von China und Russland ins Leben gerufene Shanghaier Organisation für Zusammenarbeit (SOZ).[60] Vorläufig haben sich jedoch die Kräfte in der EU in Politik, Medien und Wirtschaft durchgesetzt, die objektiv die Zukunft Europas aufs Spiel setzen, weil sie entweder nicht strategisch denken können, oder weil sie sich aus den unterschiedlichsten Gründen in ihrem Status als „Vasallen"[61] eingerichtet haben. Aufgabe der europäischen Politik wäre es hingegen, dem amerikanischen Verbündeten in dessen ureigenem Interesse nahezulegen, von seinem alleinigen Führungsanspruch Abschied zu nehmen und in einen Dialog mit den neuen, aufstrebenden Akteuren auf der Weltbühne einzutreten über den Aufbau globaler Strukturen, die den Weltfrieden sichern könnten. Die USA könnten sich auf diese Weise aus ihrer Verhinderungsstrategie lösen, die seit ihrem ökonomischen Niedergang nur noch destruktive Handlungsoptionen zulässt und weltweit zu chaotischen Zuständen führt.[62] Deutschland und Frankreich wären hier von europäischer Seite in erster Linie gefordert. Angesichts des ständig nachlassenden, hinhaltenden Widerstands der Bundesregierung gegen den von den USA diktierten Kurs in der Ukraine-Krise ist dies jedoch leider derzeit keine realistische Option. Zu welchem Irrsinn sich Politiker stattdessen versteigen, wird aus einem Interview deutlich, das offensichtlich Anleihen bei Diktaturen nimmt:

„Zum Beispiel aus meiner Sicht sollte man in den Bereich der persönlichen Sanktionen, die wir ja schon etwas länger eingeführt haben, die Personen zum Beispiel im Bereich der, wie nennt man die, Kulturschaffenden mit einbeziehen, die sich besonders in der Propaganda mit hervorgetan haben, die sich also haben einspannen lassen. Oder Journalisten, die in unsäglicher Weise die Wahrheit verdrehen, ihr Berufsethos verletzen. Alle haben den gesehen, der mitgelaufen ist bei der Liveübertragung dieses schändlichen Umzugs der gefangenen ukrainischen Soldaten in Donezk. Solche konkreten Personen, die auch in Russland überall bekannt sind, die sollten aus meiner Sicht auf so eine Liste, aber auch europäische oder amerikanische Staatsbürger, die für Russia Today arbeiten. Den Amerikanern könnte man auch die Einreise nach Europa verweigern, und den Europäern vielleicht, die in Amerika, damit man auch bei uns deutlich macht, wer sich zu so etwas herablässt oder dafür bezahlen lässt, der wird auch persönlich sanktioniert."[63]

Spiegelbildlich zum Einknicken der Politik verhalten sich auch die deutschen Wirtschaftsverbände, die wie die verzagten Mäuschen das Sanktionsregime der westlichen Vormacht mittragen und darüber hinaus völlig unfähig sind zu erkennen, dass der europäischen Wirtschaft aus amerikanischen strategischen Überlegungen mit dem Freihandelsabkommen ein zweiter Strick um den Hals gelegt werden soll. Der Appell von Johannes Reich in der *Metzler-Kolumne* aus dem Jahr 2003 hat offensichtlich keinerlei Resonanz gefunden:

„Es ist stattdessen höchste Zeit, dass sich Politik und Wirtschaft in Europa, insbesondere aber die Krisen- und Planungsstäbe der europäischen Unternehmen selbst, proaktiv strategisch und taktisch mit der ‚neuen Weltordnung' auseinandersetzen. Sonst werden sie nicht angemessen umgehen können mit den aus dieser neuen Ordnung entstandenen neuen Unternehmensrisiken."[64]

Der australische Historiker Christopher Clark hat die Akteure vor Beginn des Ersten Weltkrieges als Schlafwandler bezeichnet. Die heutigen Akteure in den USA und der EU können diese Erklärung für ihr Handeln nicht in Anspruch nehmen. Sie wissen, was sie tun. Als Treibende oder als vermeintlich Getriebene. Sie werden dafür zur Rechenschaft gezogen werden, auch wenn sie nur „Gefangene der eigenen Rhetorik" geworden sind, wie dies der englische Historiker Antony Beevor ausdrücken würde.

Quellenhinweise im Anhang ab Seite 280

Jochen Scholz

geb. 1943 in Kassel, Berufsoffizier in der Luftwaffe von 1962 bis 2000, Studium der Geschichte und Politikwissenschaft 1974 bis 1979. Wichtige Laufbahnstationen waren sechs Jahre Dienst in multinationalen NATO-Stäben, sechs Jahre Bundesministerium der Verteidigung, 12 Jahre deutscher Vertreter in politischen NATO-Gremien. Themenschwerpunkte sind die Geopolitik in Bezug auf Eurasien sowie die globale Schwerpunktverlagerung.

Matthias Rude

Die gekaufte Revolution

Einflussnahme von Geheimdiensten, NGOs und Stiftungen

Am 1. Januar 2015 soll die Eurasische Wirtschaftsgemeinschaft, bestehend aus Russland, Weißrussland, Kasachstan, Kirgisistan und Tadschikistan, nach dem Vorbild der EU in eine Eurasische Union transformiert werden. Obschon Wladimir Putin im Oktober 2011, kurz nachdem er diesen Vorschlag vorgelegt hatte, erklärte, ihm sei „jegliche Art Wiederbelebung der Sowjetunion“[1] fern, warf die damalige US-Außenministerin Hillary Clinton ihm im Dezember 2012 genau das vor und drohte: „Wir sind uns dessen bewusst, was das Ziel ist, und wir versuchen, eine effektive Methode zur Verlangsamung oder Verhinderung dieses Prozesses zu finden.“[2] In diesem geopolitischen Machtkampf, der zu einer Neuauflage des Ost-West-Konfliktes auszuarten droht, spielt die Ukraine eine besondere Rolle: Vonseiten Russlands wurde das Land umworben, sich der bestehenden Zollunion und der sich bildenden Eurasischen Union anzuschließen, während vom Westen her versucht wurde, es in Richtung eines EU- und NATO-Beitritts zu bewegen. Als im November 2013 das geplante Assoziierungsabkommen mit der EU, das für die Ukraine einen freien Marktzugang für europäische Unternehmen bedeutet hätte, ausgesetzt wurde und die Regierung unter Janukowitsch ankündigte, die Kooperation mit den GUS-Staaten zu intensivieren, bildete dies den Startschuss für die nach dem Platz der Unabhängigkeit in Kiew und der prowestlichen Haltung der Protagonisten „Euromaidan“ genannten

Proteste. Der Aufruhr, der zu einem Staatsstreich führte, im Zuge dessen eine prowestliche Regierung installiert wurde, ist von westlichen Interessengruppen vorbereitet, finanziert und protegiert worden.

Die Gelder aus dem Westen flossen offen

Operationen, welche die Destabilisierung unliebsamer Regierungen zum Ziel haben, werden längst nicht mehr nur von Geheimdiensten durchgeführt, die Gelder dafür fließen offen. Die US-Stiftung *National Endowment for Democracy* (*NED*) etwa, einst unter Reagan als antikommunistisches Instrument gegründet, führt schon seit 1983 frühere CIA-Aktivitäten fort, indem sie weltweit oppositionelle Bewegungen unterstützt; auf diese Weise flossen Millionen US-Dollar in die sogenannten Farbrevolutionen.[3] 2012 wurden über die Stiftung 3,5 Millionen Dollar an knapp unter 60 verschiedene „Nichtregierungsorganisationen" in die Ukraine geleitet.[4] Im Januar 2013 wurde, analog zum US-Vorbild NED, die Stiftung *European Endowment for Democracy* (*EED*) gegründet, die seither ebenfalls prowestlich orientierte Kräfte in Staaten außerhalb der EU finanziert.[5] Der Stiftungsrat wird vom CDU-Politiker Elmar Brok geleitet, den selbst das Springer-Blatt Bild als „Brüssels heimliche[n] Strippenzieher in Kiew" bezeichnet.[6] Brok forderte schon vor dem Ende der Sowjetunion, im Jahr 1989, eine Europäische Union, welcher die Ostblock-Staaten einverleibt werden sollten.[7] Im Februar 2014 stellte die Stiftung 150 000 Euro „emergency support" in der Ukraine zur Verfügung.[8] Dort ist die Ablehnung eines NATO-Beitritts des Landes in der Bevölkerung im letzten Jahrzehnt allerdings kontinuierlich angestiegen[9], weshalb das Militärbündnis es als notwendig erachtete, dort einen, wie die Politikwissenschaftlerin Mária Huber sich ausdrückt, „kostspieligen Werbefeldzug" zu starten. Eine von der NATO gegründete sogenannte Nichtregierungsorganisation mit dem Namen „Zentrum demokratische Initiative“ soll dafür sorgen, die mageren Zustimmungswerte zu erhöhen; in 16 Großstädten wurden unter dem Namen „Zentrum für euroatlantische Integration“ Informationsbüros eingerichtet.[10] Am 20. November 2013 deckte Oleg Tsarew von der damals noch regierenden Partei der Regionen während einer Parlamentssitzung in der Werchowna Rada auf, dass ein 2012 von der US-Botschaft veranstaltetes „TechCamp“ dazu gedient hatte, „potenzielle Revolutionäre zur Organisation von Protestaktionen und einem Sturz der Regierung heranzubilden“.[11] Sogenannte TechCamps sind Bestandteil der von Hillary Clinton gestarteten Initiative „Civil Society 2.0“; es handelt sich um zweitägige Veranstaltungen, bei der Mitarbeiter des US-Außenministeriums Nichtregierungs- und zivilgesellschaftliche Organisationen anderer Staaten im Umgang mit den neuen digitalen Technologien schulen.[12] Beim TechCamp in Kiew, das im September 2012 stattfand, handelte es sich um die weltweit 14. Veranstaltung dieser Art.[13]

Bereits im Januar 2014 hatte Sergej Glasjew, ein Berater Putins, festgestellt: „Wir haben es mit einer zielgebundenen und systematischen Arbeit einer Informations- und Propaganda-Maschine zu tun, die bereits mehr als einen Staat in der Welt zerstört und heute eine explosive Situation in der Ukraine erzeugt hat.“ Er nannte die Zahl von fünf Milliarden US-Dollar allein für Stipendien.[14] Victoria Nuland, Stellvertreterin des US-Außenministers, tat diese Äußerungen als „Fantasie“ ab.[15] Auf einer Konferenz der U.S.-Ukraine Foundation in Washington hatte sie am 13. Dezember 2013 allerdings selbst gesagt: „Seit der Unabhängigkeit der Ukraine im Jahr 1991 haben die Vereinigten Staaten die Ukrainer darin unterstützt, demokratische Fähigkeiten und Institutionen aufzubauen sowie Bürgerbeteiligung und eine gute Regierungsführung zu fördern – all das sind Voraussetzungen für die Ukraine, damit sie ihre europäischen Bestrebungen erreichen kann. Wir haben mehr als fünf Milliarden Dollar investiert, um die Ukraine in diesen und anderen Zielen zu unterstützen.“[16] Der berühmte Mitschnitt des Telefongespräches zwischen dem Botschafter der USA in der Ukraine, Pyatt, und Nuland ist, wie Albrecht Müller – einstiger Berater Willy Brandts und Mitbegründer des Onlineportals *NachDenkSeiten* – richtig bemerkt, „am allerwenigsten wegen des berühmten ‚Fuck EU' interessant, sondern wegen der erkennbaren Selbstverständlichkeit, mit der sich Regierungsvertreter der USA mit der Besetzung von öffentlichen Ämtern in fremden Ländern beschäftigen". Nuland plante in diesem Gespräch bereits unter anderem den Einsatz Jazenjuks in der Regierung – noch bevor Präsident Janukowitsch aus Kiew geflohen war.[17]

Am 19. März 2014 sagte der frühere ukrainische Geheimdienstchef Alexander Jakimenko, Demonstranten seien in Ausbildungslagern in der Ostukraine, in Polen, Lettland und Litauen paramilitärisch geschult worden. Ursprünglich sei der Umsturz für 2015 vorgesehen gewesen: „Zu Beginn der Wahlkampagne hätte sich die Protestbewegung auf dem Maidan bilden und Aktionen anstiften sollen, die sich dann zu einer bewaffneten Konfrontation weiterentwickeln würden. So weit war die Angelegenheit bereits geplant. Alle Schritte, von der Einnahme der Gebäude in Kiew bis zur Erstürmung der Waffenlager sowohl des Innenministeriums als auch der Streitkräfte, waren bereits geplant" – doch die Situation hätte sich geändert, EU und USA hätten improvisieren müssen.[18] Paul Craig Roberts, einst stellvertretender Finanzminister in der Regierung Reagan, hatte bereits im Februar Hinweise veröffentlicht, nach denen ukrainische Demonstranten vonseiten der USA und der EU bezahlt wurden. Einen seiner Leser zitierte er mit den Worten: „Meine Frau, eine ukrainische Staatsbürgerin, hat wöchentlich Kontakt mit ihren Eltern und Freunden in Schytomir (Nordwest-Ukraine). Diese sagen ihr, dass die meisten Demonstranten durchschnittlich 200–300 Hriwnja bekommen, das entspricht etwa 15–25 Euro. Weiter hörte ich, dass eine der aktivsten Agenturen und ‚Zahlstellen' aufseiten der Europäischen Union die deutsche ‚Konrad-Adenauer-Stiftung' ist."[19]

Bündnis mit Faschisten

Um ihre Interessen in der Ukraine durchzusetzen, hat die der CDU nahestehende Konrad-Adenauer-Stiftung (KAS) mit der von Vitali Klitschko geführten UDAR (Akronym für: Ukrainische Demokratische Allianz für Reformen, wörtlich: Schlag) eine, wie es bei der Stiftung heißt, „Programmpartei nach deutschem Vorbild" geschaffen. Die KAS hat diese Partei von Anfang an protegiert; so wurden etwa Klitschko und andere führende Mitglieder der UDAR im Januar 2011 zu einem dreitägigen „Informations- und Dialog-Programm" der KAS in Berlin geladen, was der „im Aufbauprozess befindlichen Partei eine große Hilfe" gewesen sei, wie die Stiftung mitteilte.[20] Nachdem der CDU-Politiker Werner Jostmeier Klitschko Ende 2011 getroffen hatte, berichtete er sogar, dass die Stiftung diesen damit „beauftragt" habe, „in der Ukraine eine christlich-konservative Partei unterstützend mit auf die Beine zu stellen und zu etablieren".[21] Diese Formulierung findet man inzwischen nicht mehr auf der Website des Landespolitikers; wie sein Büro auf Anfrage des Autors hin mitteilte, sei man von der KAS „gebeten worden, den Satz zu löschen". In Berlin hatte Klitschko jedenfalls versprochen, die Ukraine so schnell wie möglich in die EU zu integrieren. Um dieses Ziel zu erreichen, war ihm und seinen deutschen Unterstützern offenbar jedes Mittel recht – auch der Pakt mit Faschisten. Denn seit Beginn der Proteste im November bildete die UDAR gemeinsam mit Julia Timoschenkos Batkiwschtschina (Vaterland), die politisch nationalistische, wirtschaftlich neoliberale Positionen vertritt, sowie der neofaschistischen Swoboda (Freiheit) von Oleg Tjagnibok ein oppositionelles Dreierbündnis. Swoboda ist 2004 aus der „Sozial-Nationalen Partei" hervorgegangen, die ihre „Anlehnung an die nationalsozialistische Ideologie der NSDAP nie verborgen hatte", wie die KAS einräumte. Angesichts dessen rang man bei der Stiftung nach Rechtfertigung: Tjagnibok bemühe sich, „einen gemäßigten Kurs einzuschlagen", so Gabriele Baumann, Leiterin des Auslandsbüros Ukraine der KAS.[22]

Noch im Dezember 2012 hatte das Europäische Parlament sich „besorgt wegen der zunehmenden nationalistischen Stimmung in der Ukraine" gezeigt, die unter anderem in der Unterstützung für Swoboda zum Ausdruck komme, und darauf hingewiesen, „dass rassistische, antisemitische und ausländerfeindliche Auffassungen im Widerspruch zu den Grundwerten und Grundsätzen der EU stehen". An die demokratisch gesinnten Parteien in der Werchowna Rada wurde appelliert, „sich nicht mit der genannten Partei zu assoziieren, sie nicht zu unterstützen und keine Koalitionen mit ihr zu bilden".[23] Die Bundesregierung dagegen hat die Wahlbündnisse zwischen Swoboda und der Vaterlandspartei unterstützt, durch welche die rechtsradikale Partei 2012 mehrere Dutzend Parlamentsmandate gewann und zu einer auf gesamtukrainischer Ebene relevanten politischen Kraft aufsteigen konnte.[24] Schon im Frühjahr 2013 wurde bei einem Treffen des deutschen Botschafters in der Ukraine, Christof Weil, mit Oleg Tjagnibok – eine Zusammenkunft, die kurz vor dem Besuch einer Swoboda-Delegation bei der NPD in Sachsen stattfand – ein etwaiger Sturz der Kiewer Regierung thematisiert. Das spätere Protestbündnis tauschte sich demnach bereits Monate vor Beginn der Demonstrationen auf dem Maidan mit Diplomaten aus EU- und NATO-Staaten aus[25] – und am 20. Februar 2014 traf der deutsche Außenminister Frank-Walter Steinmeier (SPD) in den Räumen der deutschen Botschaft in Kiew mit Tjagnibok zusammen und ließ sich neben ihm von der Presse ablichten.

Auch die KAS selbst hatte erst im Dezember 2013 in einer Studie vor dem Erstarken neuer rechter Strömungen in Europa gewarnt. Da die EU von immer mehr Wählern als „fernes Elitenkartell" wahrgenommen würde, ging die Stiftung davon aus, dass der Trend anhalten werde. Im Rahmen der Studie wurden auch Strategien zum Umgang mit rechten Kräften diskutiert. Einen „Königsweg", so heißt es, gebe es nicht, man könne aber formale Koalitionen eingehen – um die Rechten durch Einbindung zu „entzaubern".[26] War es demnach vielleicht ein Zugeständnis an die Rechtsradikalen, dass Klitschko in seiner Funktion als Bürgermeister Kiews 2014 die Christopher-Street-Day-Parade in der Hauptstadt verbot, die im Jahr zuvor unter Janukowitsch noch stattfinden durfte?[27]

Daran, wohin strategische Bündnisse mit Faschisten Europa schon einmal geführt haben, wollte die deutsche Politik sich offenbar nicht erinnern. Kritische Stimmen im Bundestag kamen von der Linkspartei, etwa am 4. Juni 2014, als die Linke-Fraktionsvize Sahra Wagenknecht sagte, Deutschland unterstütze eine ukrainische Regierung, der Minister einer „antisemitischen und antirussischen Nazipartei" angehörten. Grünen-Fraktionschefin Katrin Göring-Eckardt warf Wagenknecht daraufhin „billigsten Populismus" vor, die Linke-Abgeordnete Sevim Dağdelen wiederum sprach von einem schändlichen Tabubruch deutscher Außenpolitik, den Göring-Eckardt mittrage, und konterte mit Bertolt Brecht: „Wer die Wahrheit nicht weiß, der ist bloß ein Dummkopf. Wer die Wahrheit kennt und sie eine Lüge nennt, der ist ein Verbrecher."[28] Im Anschluss daran distanzierte sich allerdings die eigene Parteispitze von ihr; nach dem Schlagabtausch veröffentlichten der Vorsitzende der Linksfraktion im Bundestag, Gregor Gysi, sowie die Linke-Bundesvorsitzenden Katja Kipping und Bernd Riexinger eine entsprechende gemeinsame Stellungnahme – woraufhin es wiederum einen Aufruf von 39 Erstunterzeichnern aus Politik, Gesellschaft und Kultur gab, darunter Personen aus dem Linken-Parteivorstand, die sich gegen die Verharmlosung von Faschisten in der Ukraine wandten und sich mit Dağdelen solidarisch erklärten.[29] Angesichts des drohenden Verbotes der Kommunistischen Partei der Ukraine wandte sich der stellvertretende Vorsitzende der Linken-Bundestagsfraktion, Wolfgang Gehrcke, an Präsident Poroschenko, an den

Justizminister Petrenko und an Abgeordnete der Werchowna Rada; seinem Brief schlossen sich weitere Linke-Politiker an.[30]

Mit Heinrich Böll für Atomwaffen

Die Grünen redeten sich die Braunen bunt. Schon im Februar hatte die Heinrich-Böll-Stiftung verkündet: „Der Kiewer Euromaidan ist keine extremistische, sondern eine freiheitliche Massenbewegung zivilen Ungehorsams." Um das zu untermauern, wurde eigens eine Gruppe von 38 Sozial- und Geisteswissenschaftlern, welche, so die Stiftung, „die meisten der wenigen Experten für die postsowjetische ukrainische radikale Rechte" einschließe, zusammengetrommelt, welche ihren Namen unter einen Text setzten, in dem sich „besorgt" über die „unerfreuliche Erscheinung" geäußert wurde, dass in Medienberichten der Stellenwert und der Einfluss ukrainischer Rechtsradikaler in Kiew „überbewertet bzw. fehlinterpretiert" werde. Nicht nur die friedlichen Protestanten, sondern auch jene, die Stöcke, Steine und Molotow-Cocktails gegen Spezialeinheiten der Polizei sowie „regierungsnahe Schlägertrupps" einsetzten, würden, so die „Experten", eine breite und dezentrale Bewegung bilden. – Wer auf die Rolle faschistischer Kräfte auf dem Maidan aufmerksam macht, gerät bei der Grünen-Stiftung unter Verdacht, Moskau und einer möglichen militärischen Intervention Russlands in der Ukraine zuzuarbeiten; in dem Pamphlet heißt es: „Angesichts dieser Risiken bitten wir Kommentatoren, etwa solche aus dem linken Spektrum, bei ihrer berechtigten Kritik des radikal ethnonationalistischen Lagers im EuroMaidan vorsichtig zu sein, da entsprechende Texte leicht von Moskaus ‚Polittechnologen' instrumentalisiert werden können, um Putins geopolitische Projekte umzusetzen."[31]

Fakt ist, dass die faschistischen Organisationen in der Ukraine im Zuge der Proteste enorm gewachsen sind: Gehörten etwa dem Rechten Sektor noch im Januar 2014 nach eigenen Angaben nur rund 300 Personen an, so beansprucht die Gruppierung inzwischen für sich, einige tausend Mitglieder zu haben und den Kern des gewaltsamen Flügels der Widerstandsbewegung gegen die Regierung vom November 2013 bis Februar 2014 gebildet zu haben.[32] Doch davon will die Böll-Stiftung nichts wissen. Dabei stufte Kyryl Savin, Leiter des Ukraine-Büros der Stiftung, noch in seinem Bericht über die Parlamentswahl im Jahr 2012 den Zuwachs, den Swoboda erzielt hatte, als bedenklich ein und sprach vom Vorsitzenden der Partei als dem „nicht nur im Osten und Süden als Faschisten wahrgenommenen Tjahnybok".[33] 16 Monate später hatte sich der Wind offenbar gedreht: Die Stiftung, die während der Proteste auf dem Maidan in Berlin eine „Euromaidan-Wache" beherbergte, deren Vertreter es als „lobenswert" bezeichnete, dem historischen ukrainischen Faschismus anzuhängen[34], bemühte sich nun, die ukrainische Rechte vom Faschismus-Vorwurf freizusprechen: In einem Beitrag auf der Website der Böll-Stiftung schrieb Andreas Umland im März 2014, die Swoboda-Vertreter in der Regierung „mögen nationalistisch, homophob, traditionalistisch, rechtsradikal usw. sein" – doch Begriffe wie „Faschisten" oder „Nazis" seien unangebracht. Dem Kreml warf er vor, solche Wörter zu benutzen, „um die Euromaidan-Revolution zu diffamieren und auf diese Art seine Invasion in der Süd- und Ostukraine zu rechtfertigen"; Vertreter linker Parteien in Deutschland wurden abermals gewarnt, dass „derart schwere begriffliche Keulen" in der Ukraine „als eine gezielte deutsche Unterstützung des Moskauer Informationskrieges und Expansionsstrebens bewertet werden" könnten. Umland selbst spart dann allerdings nicht mit Vergleichen: Bei Putin fänden sich „schon eher einzelne Ideen und Praktiken, die an die Politik des Dritten Reiches erinnern".[35] Dergestalt wird der Gegner zu einem Wiedergänger Hitlers stilisiert – ein Vorgehen, das bereits seit dem Zweiten Golfkrieg zur Legitimation der Waffengänge des Westens herhalten muss.[36]

Umland, von 1997 bis 1999 NATO Fellow an der US-amerikanischen *Hoover Institution on War, Revolution and Peace* und 2001/02 Thyssen Fellow am *Weatherhead Center for International Affairs* in Harvard, sieht es als Fehler an, dass die Ukraine 1994 auf ihre von der UdSSR übernommenen Atomwaffen verzichtet hat. Für die Stiftung, die den Namen des Atomwaffengegners Heinrich Böll trägt und die sich ansonsten gerne vorstellt, „die Welt endgültig von Nuklearwaffen zu befreien“[37], schreibt er: „Solange ein Land keinen nuklearen Schutzschirm hat – entweder seinen eigenen oder den eines engen Verbündeten – stehen seine Integrität, sein Territorium und seine Unabhängigkeit infrage. Nur Massenvernichtungswaffen können volle Souveränität sichern, wenn es zur Konfrontation mit einem aggressiven Nachbarn kommt.“ Damit ist natürlich Russland gemeint: Putin habe die Krim mit militärischen Mitteln annektiert und im Anschluss „einen blutigen Separatistenaufstand angestiftet“. Worum es Umland bei der „Rettung“ der Ukraine, die er vom Westen verlangt, aber letztlich geht, das wird anhand seiner Aussage deutlich, mit dem Schüren eines Dauerkonfliktes im Osten wolle Putin in erster Linie „das Investitions- und Geschäftsklima in der gesamten Ukraine vergiften“.[38]

„Ein-Mann-Marshall-Plan“ mit Rückendeckung: George Soros

„Bewaffnet mit ein paar Milliarden Dollar, einer Handvoll Nichtregierungsorganisationen sowie einem Kopfnicken und einem Augenzwinkern aus dem US-Außenministerium ist es durchaus möglich, ausländische Regierungen, die schlecht fürs Geschäft sind, zu stürzen, das Vermögen eines Landes an sich zu reißen und danach sogar noch Dank für seine Wohltätigkeit zu ernten“[39] – so wurde George Soros vom britischen Journalisten Neil Clark schon vor über zehn Jahren charakterisiert. Bei Soros handelt es sich um einen US-amerikanischen

Investor ungarischer Herkunft, der, nachdem er Spekulationsgewinne in Milliardenhöhe gemacht hatte, beschloss, seinen Reichtum zu nutzen, „um die politische Landkarte Europas neu zu zeichnen“, wie sein Biograf Robert Slater sich ausdrückt. Indem er Projekte zur Unterminierung des Sozialismus finanzierte, sei Soros „so etwas wie der Geldgeber der Aufständischen in Osteuropa und der Sowjetunion“ geworden.[40] Bis heute unterstützt er prowestliche Bewegungen mit dem Ziel, in den jeweiligen Ländern neoliberale Regierungen zu installieren, nicht zuletzt, um sich so selbst optimale Bedingungen für die eigenen Geschäfte zu schaffen – natürlich auch in der Ukraine.

Als ukrainischen Ableger seiner heute unter dem Namen *Open Society Foundations* firmierenden Stiftungen gründete er 1989 die *International Renaissance Foundation* (*IRF*). Insbesondere Arsenij Jazenjuk, der mit dem Umsturz Ministerpräsident der Ukraine wurde und im Juni 2014 Russen und prorussische Ukrainer im Osten des Landes als „Untermenschen“[41] bezeichnete, gilt als „gehorsames Werkzeug“[42] von Soros; als Dank dafür hat er im Jahr 2007 eine eigene Stiftung anvertraut bekommen, die *Arseniy Yatsenyk Open Ukraine Foundation*[43], welche unter anderem vom US-Außenministerium, der NATO, dem German Marshall Fund of the United States und der NED unterstützt wird. In Sendungen der von der IRF und den Kiewer Botschaften der USA und der Niederlande finanzierten Fernsehgesellschaft *Hromadske.TV* wurde Ende Juli gefordert, von vier Millionen „überflüssigen“ Menschen im Donbass sollten eineinhalb Millionen „getötet“ werden.[44] Bereits Anfang März war mit Geldern der IRF das *Ukrainian Crisis Media Center* (*UCMC*) gegründet worden[45]; die Institution, die ihren Sitz im Kiewer Hotel „Ukraine“ hat, in dem die meisten ausländischen Journalisten untergebracht sind, betreibt platte Propaganda, die Russland als faschistischen Staat und Putin als neuen Hitler zeichnet.[46]

Die IRF unterstützte im Jahr 2013 nach eigenen Angaben insgesamt 476 Projekte von 261 Nichtregierungsorganisationen mit umgerechnet mehr als 2,8 Millionen Euro[47], auch die rechte Gruppe Spilna Sprawa wurde in der Vergangenheit mit Geldspenden bedacht.[48] Die IRF selbst, so behauptete Soros im Februar 2014 in einem Gastbeitrag in der *Süddeutschen Zeitung*, in dem die Ukraine als ein möglicher „interessanter Investitionsstandort" für die Zukunft behandelt wird, habe sich an den jüngsten Protesten „nicht direkt beteiligt" – allerdings habe sie „entschlossen die Bürgerrechte gegen die Repressalien der Regierung verteidigt" und sei nun bereit, beim Aufbau demokratischer Institutionen mitzuhelfen. Von Europa erwartet er, dass gezielt Managementwissen an ukrainische Unternehmen vermittelt wird – und solche Projekte sollen seiner Meinung nach am besten an die Kreditvergabe privater Banken gekoppelt sein. Ein „Deal" könnte so aussehen: Die Ukraine öffnet ihren Heimatmarkt für europäische Firmen, die dort Ableger für die lokale Produktion einrichten, im Gegenzug öffnet die EU ihren Absatzmarkt für diese ukrainischen Firmen und hilft ihnen so bei der „Eingliederung in die Weltwirtschaft". Deutschland müsse, so Soros weiter, akzeptieren, dass es die führende Macht in Europa sei, und mit viel Macht komme auch viel Verantwortung – etwa so, wie sie die Vereinigten Staaten nach dem Ende des Zweiten Weltkrieges für Deutschland und Europa übernommen hätten. Damals habe der Marshall-Plan „als wohl erfolgreichstes Entwicklungshilfeprogramm der Geschichte" die Grundlagen für Europas Wiederaufstieg geschaffen; Soros fordert also: „Nun brauchen wir eine moderne Variante des Marshall-Plans in der Ukraine."[49] Anlässlich eines Besuches von Bundeskanzlerin Merkel bei Präsident Poroschenko am 23. August 2014, im Zuge dessen sie eine Kreditbürgschaft über 500 Millionen Euro für die Energie- und Wasserversorgung ankündigte, sprach Poroschenko dann auch vom Beginn eines „Marshall-Plans für die Ukraine".[50] Am selben Tag bedankte er sich telefonisch bei George Soros für dessen „Unterstützung der Ukraine und ihrer demokratischen Entwicklung"; Soros und Poroschenko sprachen dann, wie die IRF vermeldete, auch darüber, wie man es bewerkstelligen könnte, die Attraktivität der Ukraine für Investoren zu erhöhen.[51]

Entsprechende Schützenhilfe in Deutschland hatte Soros zuvor auch von Ex-Außenminister Joschka Fischer erhalten; im Rahmen einer von der Heinrich-Böll-Stiftung in Berlin veranstalteten Diskussion waren sich beide darin einig, dass die EU der Ukraine politisch und wirtschaftlich „auf die Beine“[52] helfen müsse – oder, wie Mária Huber, emeritierte Professorin für Politikwissenschaft und von 1988 bis 1994 Journalistin, die aus Moskau für die *Weltwoche* und *Die Zeit* berichtete, es auf den Punkt bringt: „In der Ukraine gibt es noch genug zu privatisieren.“[53]

Quellenhinweise im Anhang ab Seite 285

Matthias Rude

geb. 1983, hat Philosophie und Religionswissenschaft studiert. Lebt als Autor und Journalist in Tübingen. Unter anderem schreibt er für das Hintergrund-Nachrichtenmagazin und ist Verfasser eines Bandes in der theorie.org-Reihe des Stuttgarter Schmetterling-Verlags. Zuletzt ist von ihm ein Beitrag im Sammelband „Antifa heißt Luftangriff!“ Regression einer revolutionären Bewegung (herausgegeben von Susann Witt-Stahl und Michael Sommer) erschienen.

Thomas Eipeldauer

Euromaidan

Vom Sozialprotest zur Hegemonie der äußersten Rechten

Am frühen Abend des 28. Februar 2014 kam ich in Kiew an. Wenige Tage zuvor hatte der vormalige Präsident der Ukraine, Viktor Janukowitsch, die Hauptstadt verlassen, entmachtet von einer Bewegung, die im Westen den Titel „Euromaidan" trug. Lange Wochen der Kämpfe waren vorausgegangen. Vermummte Demonstranten hatten sich Straßenschlachten mit Berkut-Polizisten geliefert. Es war scharf geschossen worden. Dutzende Menschen, Aktivisten wie Polizisten, starben.

Zeitgleich zu den harten Auseinandersetzungen im Zentrum der ukrainischen Hauptstadt war eine Schlacht um die Deutungshoheit über die Geschehnisse in den internationalen Medien entbrannt. Zwei unversöhnliche Positionen trafen aufeinander. Die eine behauptete, es handle sich bei den Protesten um einen aus dem Westen gesteuerten Putsch von Faschisten, viele davon bezahlte Söldner. Die andere, nahezu von allen westlichen Leitmedien propagierte, besagte, was von Kiew ausgehe sei nicht weniger als eine Demokratiebewegung, gar eine „Revolution", die das Land nachhaltig verändern und die Lebenssituation der Menschen verbessern werde. Auch militant agierende Demonstranten bekamen den Segen der Westpresse. Welche politischen Kräfte auf dem Maidan das Sagen hatten, wurde systematisch ausgeblendet. Viel mehr noch: All jene, die Zweifel an dem vermeintlich emanzipatorischen Charakter des Aufstands anmeldeten, wurden als Propagandisten Russlands diffamiert, das sich schon damals klar gegen den Euromaidan stellte.

„Gesunder Nationalismus“?

Der Hauptstreitpunkt betraf die Anwesenheit und Rolle von faschistischen Gruppen auf dem Maidan. Im Westen leugnete man schlichtweg den Umstand, dass Milizen der äußersten Rechten eine entscheidende Rolle auf dem zentralen Kiewer Platz spielten. Um diese These durch möglichst „authentische“ Autoritäten zu bestärken, wurden schwere Geschütze aufgefahren. Die Deutsch-Ukrainerin und ehemalige Geschäftsführerin der Piraten-Partei, Marina Weisband, tourte durch Talkshows und beteuerte die völlige Irrelevanz der äußersten Rechten. Sie könne nur einen „gesunden Nationalismus“ erkennen, nichts Verwerfliches also.

Und die den Grünen nahestehende Heinrich-Böll-Stiftung publizierte ein Papier einer „Gruppe von Sozial- und Geisteswissenschaftlern, die sich mit ukrainischer nationaler Identität befassen“ und die argumentieren, dass es sich beim Euromaidan um „keine extremistische, sondern eine freiheitliche Massenbewegung zivilen Ungehorsams“ handele.[1]

> „In etlichen Reportagen und Kommentaren wird in der einen oder anderen Weise die Rolle, der Stellenwert und der Einfluss ukrainischer Rechtsradikaler in Kiew überbewertet bzw. fehlinterpretiert“, konstatierten die Experten. So werde der „irreführende Eindruck“ erweckt, „dass die ukrainischen Proteste von derartigen Kräften erzeugt wurden oder gesteuert werden“. Man bitte Kommentatoren, „etwa solche aus dem linken Spektrum“, „vorsichtig“ mit Kritik zu sein. „Berichte, welche rhetorische Munition für Moskaus Kampf gegen die ukrainische Unabhängigkeit liefern, unterstützen womöglich unabsichtlich eine politische Kraft, die eine weit größere Gefahr für soziale Gerechtigkeit, Minderheitenrechte und politische Gleichheit darstellt, als alle ukrainischen Ethnonationalisten zusammen genommen.“

Im Westen konnte nicht sein, was nicht sein darf. Die seit Jahrzehnten großzügig von NGOs und Stiftungen geförderte „Demokratiebewegung“[2] soll ein Tummelplatz von Neofaschisten sein? Die Gesprächspartner deutscher Politiker und Bündnispartner des deutschen Wunschkandidaten für die Janukowitsch-Nachfolge, Vitali Klitschko, durften nicht in ein solches Licht gerückt werden. Eine Medienkampagne epischen Ausmaßes beschäftigt sich seitdem mit dem „Whitewashing“ des Euromaidan.

„Die Juden werden wir abschlachten“

Die ersten Eindrücke, die ich – in Kiew angekommen – gewann, bestätigten meine Skepsis gegenüber der Berichterstattung in Deutschland und den USA. Schon auf dem Weg vom Flughafen in das auf der Chreschatik Straße, in unmittelbarer Nähe zum Maidan gelegene Hotel, kam der erste Kontakt mit den Demonstranten zustande: An von Vermummten mit Waffen bewachten Straßensperren wurde das Auto angehalten und durchsucht. Angekommen auf dem Platz stellte ich mir die Frage, wie man übersehen kann, was hier passiert. Die Hinweise darauf, wer hier politisch dominiert, waren nicht zu übersehen. Die Wolfsangel, ein in Deutschland verbotenes, von Neonazis gerne genutztes Symbol, zierte Armbinden und Uniformen. Keltenkreuze, Erkennungszeichen weißer Rassisten, fanden sich an jeder zweiten Wand. Das ehemalige Büro der Kommunistischen Partei war besetzt von Rechtsextremen, an die Fassade hatten sie Hakenkreuze geschmiert. Und immer wieder die schwarz-rote Fahne, jene Fahne, die sich auf die Tradition der Organisation Ukrainischer Nationalisten (OUN) des Faschisten Stepan Bandera bezieht. Die OUN wird von Historikern für zahlreiche Massaker und Pogrome verantwortlich gemacht, zehntausende Juden, Polen und Kommunisten wurden durch ihre Milizionäre ermordet.

„Die Juden werden wir abschlachten, die Polen erdrosseln, aber die Ukraine müssen wir erkämpfen“, hieß es in einem ihrer Schlachtlieder. [3] Auch Bandera selbst war auf dem Euromaidan präsent. An vielen Zelten hingen kleine Bildchen des OUN-Führers, neben der Hauptbühne stand ein meterhohes Bildnis, vor das die Menschen ehrfürchtig Blumen legten. Der Bandera-Kult ist weit verbreitet, kritische Distanz zu diesem dubiosen Vorkämpfer einer ukrainischen Nation gab es hier nicht.

Lange Schlangen vor dem Rekrutierungsbüro

Der Einfluss der äußersten Rechten drückte sich aber nicht allein in der Symbolik aus. Vor allem der Rechte Sektor konnte den Euromaidan als Plattform zur Rekrutierung nutzen. Der aus der Fusion mehrerer zum Teil bewaffneter rechtsterroristischer Gruppen wie UNA-UNSO oder Tryzub entstandene Zusammenschluss stellte einen großen Teil der sogenannten Selbstschutzkräfte des Maidan. Auf die Kämpfe mit der Berkut waren sie am besten vorbereitet, da sie lange vor Beginn des Euromaidan in Wehrsportlagern für militärische Konfrontationen gedrillt wurden. Viele ihrer Kombattanten hatten Erfahrungen aus Kriegen in anderen Krisenregionen, etwa Tschetschenien.

Der Rechte Sektor und andere neofaschistische Gruppen spielten eine zentrale Rolle auf dem Maidan. Ohne ihr Gewaltpotenzial wäre die Eskalation wohl kaum so rasch bis zu jenem Punkt gesteigert worden, an dem Janukowitsch das Feld räumen musste. Auch für die Logistik des riesigen Zeltlagers samt seiner Barrikaden waren die faschistischen Militanten zuständig. Das dankte man ihnen bis weit in das sogenannte bürgerliche Lager. „Das sind unsere Jungs. Die sind nicht gefährlich. Das ist alles nur Propaganda“, sagte eine junge Frau, gebildet, aus dem Mittelstand. Diese Zunahme an Popularität drückte sich auch im Mitgliederzuwachs aus. Rund um die Uhr waren lange Schlangen vor den Rekrutierungsbüros zu beobachten, die der Rechte Sektor in besetzten Gebäuden in der Chreschatik-Straße unterhielt. 500 Mitglieder seien allein in den vergangenen zwei Tagen in dem Büro, für das er zuständig sei, beigetreten, erzählte uns ein Mann, der den Kampfnamen Suhoi („der Trockene") trägt.

Für ihn, wie für so viele andere, war ausschlaggebend, dass sich der Sektor als eine Art Graswurzelbewegung von rechts zu vermarkten versuchte.

> „Diese Politiker, die auf dem Maidan stehen und reden, die sagen den Leuten: Okay, lasst uns was unternehmen. Aber sie beschützen die Leute nicht und sie haben keinen politischen Plan. Das gefällt mir nicht. Der Rechte Sektor ist anders. Der Rechte Sektor ist auf dem Maidan die Kraft, die weiß, was sie tut. Ich wollte mich hier beteiligen und die Menschen beschützen, deshalb bin ich beigetreten."

Von wem er Veränderungen erwartet? „Vom Volk. Nur vom Volk. Ich vertraue keinem der Politiker, das sind alle Milliardäre. Die reden viel, aber für die Menschen tun sie nichts."

Russenhass und Ressentiments

Seinen sozialdemagogischen Ansatz, sich als "Bewegung von unten" zu präsentieren, verknüpfte der Rechte Sektor mit den aus dem Traditionsbestand der ukrainischen Faschisten vererbten Feindbilder. „Der Russe" ist der Hauptfeind, der einer freien Entfaltung der Ukraine im Wege stehe, hört man immer wieder. Der Russe und der mit ihm verbundene „innere Feind", die russischsprachige Minderheit im Osten und die Kommunisten, müssen beseitigt werden, damit die „nationale Revolution" vervollständigt werden kann, so die These des Rechten Sektors. Dementsprechend beteiligen sich die faschistischen

Militanten immer wieder an Übergriffen gegen Andersdenkende, bis hin zum organisierten Mord wie etwa in Odessa, als Pro-Maidan-Aktivisten dutzende Menschen im örtlichen Gewerkschaftshaus zusammentrieben, einige bei lebendigem Leibe verbrannten und andere erschlugen. Attacken auf Linke und russischsprachige Ukrainer, die sich gegen den Euromaidan zu Wort meldeten, gehören zur „normalen" Praxis der Gruppe.

Auch wenn die Hauptstoßrichtung der faschistischen Gruppen im Moment der Kampf gegen Russen und „Verräter" ist, bleiben andere Bevölkerungsgruppen weiterhin Feindbilder der Rechten. Zwar bemüht sich der Führer des Rechten Sektors, Dimitri Jarosch, in öffentlichen Stellungnahmen seine Gruppierung so bieder und bürgerlich wie möglich zu präsentieren. Das aber entspricht nicht den Tatsachen. Jüdinnen und Juden bleiben - trotz gegenteiliger Erklärungen - weiter Feindbilder, zumindest in weiten Teilen der „Basis" der Bewegung.[4]

Auch Angriffe auf Homosexuelle gehören zum Repertoire der Rechten.[5] Sie vertreten ein an klerikalen Familienwerten orientiertes Weltbild, suchen offen das Bündnis mit reaktionären Kirchenkreisen. Auch deshalb pflegen sie ein instrumentelles Verhältnis zur Frage der Westbindung. Sie nutzen die Gunst des Westens, eigentlich aber wollen sie eine von Russland, EU und USA unabhängige Ukraine unter einem nationalistischen klerikalfaschistischen Regime.

Unter dem Titel „Globalismus - Feind der Menschheit" schreibt Dimitri Jarosch über den Westen:

> „Massenmigration, die nie aufhört (...), Säkularismus und Islamisierung verändern die christlichen Nationen in religiös unsichere Völker und töten die Seele der Europäer. Die verschiedenen ‚linken' Kräfte und Oppositionsparteien fördern und kultivieren Sodomie, Verdorbenheit, Drogensucht, legalisieren Euthanasie und Kindermord (Abtreibung) (...). Europa verliert langsam aber sicher sein Gesicht und verwandelt sich in ein schreckliches Monster."

Rassismus und Atomwaffen

Die zweite große Gruppierung unter den faschistischen Organisationen ist die Partei Swoboda des Antisemiten Oleg Tjagnibok. Noch 2013 vom jüdischen Weltkongress als „neonazistisch“ eingestuft, wird Swoboda im Westen als „rechtspopulistisch“ verharmlost und von deutschen Außenpolitikern regelmäßig in Verhandlungen eingebunden. Dabei unterhält auch Tjagniboks Truppe einen bewaffneten, militanten Arm und ist aus der offen mit dem NS-Faschismus sympathisierenden Sozial-Nationalen Partei der Ukraine (SNPU) hervorgegangen. Die besonders im Westen des Landes über eine Stammwählerschaft verfügende Partei veranstaltet regelmäßig Gedenkmärsche für ukrainische Faschisten und ehemalige SS-Angehörige.

Programmatisch versucht sich auch Swoboda an der für faschistische Bewegungen klassischen Vermischung von sozialer Demagogie, Rassismus und Militarismus. Auch Swoboda hat grundsätzlich ein instrumentelles Verhältnis zur Westbindung. Ende Februar hatte ich die Gelegenheit, vor dem Parlament in Kiew eine Rede Oleg Tjagniboks vor einigen seiner Anhänger zu hören. Auch er sei skeptisch gegenüber der EU, aber sie sei der einzige Weg „von Russland wegzukommen“. Anders als der Rechte Sektor fordert Swoboda die atomare Wiederbewaffnung der Ukraine unter Schirmherrschaft der USA.

Swoboda erreichte bei den Parlamentswahlen von 2012 über 10 % der Stimmen. Die mit internationalen Neonazi-Gruppen wie Chrysi Avgi, NPD und Jobbik freundschaftliche Beziehungen pflegende Partei zählt mittlerweile zum Establishment. Eingebunden in die nach dem Coup entstandene „Übergangsregierung“, bekleidet sie wichtige Posten in der ukrainischen Administration.

Von deutscher Seite scheint man hier keine Probleme zu sehen. Der Wunschkandidat der Konrad-Adenauer-Stiftung, Vitali Klitschko, befand sich die gesamte Zeit des Euromaidan über in einem Bündnis mit Rechtsextremen, ranghohe Politiker aus dem Westen wie Bundesaußenminister Frank-Walter Steinmeier ließen sich mit Oleg Tjagnibok zusammen ablichten. Den Leitmedien war keine Empörung darüber anzumerken.

Die rechte Mitte

Das Problem endet aber nicht an den Rändern der offen faschistischen Gruppierungen. Die von ihnen vertretene Ideologie wirkt weit über ihre eigene Mitgliedschaft hinaus. Gerade im Westen der Ukraine zählt ein verklärtes Bild Stepan Banderas und seiner Nationalisten-Organisation zur Schulbildung, insbesondere in Zeiten prowestlicher Regierungen wurde diese Tradition zur Lehrmeinung. Schon Viktor Juschtschenko, einer der früheren Marionetten des Westens in Kiew, ernannte Stepan Bandera posthum zum „Helden der Ukraine". Und bis heute unterscheiden sich die prowestlich-chauvinistischen Parteien wie Julia Timoschenkos Batkiwschtschina („Allukrainische Vereinigung Vaterland"), die einen Nationalismus pflegt, nicht von der extremen Rechten.

Auch der Russenhass ist kein Alleinstellungsmerkmal von Swoboda oder Rechtem Sektor. Die in einem „geleakten" Gespräch Julia Timoschenkos zum Ausdruck kommenden Ressentiments gegen Russen stehen denen der Faschisten in nichts nach. Man müsse die „Russen und ihre Anführer töten", auf die acht Millionen in der Ukraine lebenden Russen wolle sie eine Atombombe werfen.[6] Spricht man auf dem Maidan mit Demonstranten ergibt sich ein ähnliches Bild. Zwar hält man sich Journalisten gegenüber zurück mit allzu ausfallenden Formulierungen, aber es wird deutlich, dass „die Russen" und „die Verräter" – gemeint sind hier immer prorussische Aktivisten oder Linke – der Sündenbock schlechthin für den miserablen Zustand der Ukraine sind.

Soziale Ursachen des Protests

Dennoch: Obwohl auf dem Maidan die politische Hegemonie von Anfang an bei der Rechten lag, war er mehr als nur ein Putsch einzelner neofaschistischer Gruppen. Der sozial, ökonomisch und politisch katastrophale Zustand der Ukraine war der eigentliche Ausgangspunkt der Maidan-Bewegung.

Viele beteiligten sich am Euromaidan aus nachvollziehbaren Gründen, die in einem anderen Land wohl eine linke, sozialkritische Ausdrucksform gefunden hätten. Die Ukraine ist eines der am stärksten der Kontrolle von Oligarchen unterworfenen Länder der Welt. Wenige dutzend Menschen raubten nach dem Zerfall der Sowjetunion einen Großteil des Reichtums des Landes, die Mehrheit der Bevölkerung lebt in ärmlichen Verhältnissen.

Deshalb und wegen der damit einhergehenden allgegenwärtigen Korruption beteiligten sich viele am Maidan. „Wir leben in einer Diktatur", sagte ein junger Mann, Mitte 20, der eine große Barrikade auf dem Weg zum Maidan bewachte. Zhelezny (den Stahlmann) nannten sie ihn, weil er im normalen Leben als Straßenpantomime arbeitet und gewohnt war, sehr lange starr und bewegungslos zu stehen. „Und weil meine Nerven aus Stahl sind", fügte er hinzu.

„Ich arbeite hier auf der Chreschatik. Mein Job ist es, dazustehen und nicht zu reden, also höre ich den Gesprächen zu, und ich ziehe meine Schlüsse. Und dann habe ich entschieden, ich will nicht in diesem Land, wie es jetzt ist, leben. Wir brauchen Veränderungen. Nur ein Beispiel: Wenn du hier vor Gericht gehst, und den Fall gewinnen willst, brauchst du entweder jede Menge Geld oder gute Verbindungen. Sonst bist du nichts wert."

Niedrige Löhne, Janukowitschs Bereicherung, Polizeigewalt und Repression waren weitere Gründe, an den Demonstrationen teilzunehmen. Das versprochene EU-Assoziierungsabkommen bildete für die Menschen, mit denen ich sprach, nur im Kontext dieser allgemeinen Problemlagen ein Motiv. Denn - offenkundig hatten hier Stiftungen und NGOs gute Arbeit geleistet - von einer Annäherung an die Europäische Union erhofften viele sich den Wegfall all dieses Schlechten, das Ende der Korruption und ein Erblühen des Landes.

Nationalistische Stoßrichtung

Nun wird man sich fragen: Wenn es ein Sozialprotest war, der hier am Maidan stattgefunden hatte, warum ist das Ergebnis dann eine Regierung aus Oligarchen, Westmarionetten und Technokraten? Die sozialen Hoffnungen vieler Menschen auf dem Euromaidan waren von Anfang an in eine politisch-ideologische Form eingebunden, mit der sie nur scheitern konnten. Der unter allen Protestierenden verbreitete ukrainische Nationalismus machte es möglich, sie gegen Russland und die russische Minderheit im eigenen Land in Stellung zu bringen. Und das war – bei allen Strategieunterschieden – die gemeinsame Zielsetzung der USA und Deutschlands.

So verkehrte sich das subjektive Ziel der „normalen" Demonstranten auf dem Platz, also derer, die nicht schon von vornherein in einer der korrupten prowestlichen Parteien, einer der faschistischen Gruppen oder bezahlte Söldner waren. Anstatt eines Aufbruchs gegen die Oligarchenherrschaft begann mit der Einsetzung der „Übergangsregierung" die Phase einer von Oligarchen und Faschisten dominierten Junta, die ohne jede Rücksicht auf Verluste den Ausverkauf des Landes an den Westen betreibt und die innerukrainische Spaltung zwischen West und Ost vorantreibt.

Nahezu sämtliche ukrainische Oligarchen positionierten sich in den Monaten nach Einsetzung dieser Regierung aufseiten Kiews: Igor Kolomoiski, Rinat Achmetow, der neu gewählte Präsident Petro Poroschenko sowie Julia Timoschenko. Und auch wenn sie bei der Präsidentschaftswahl kaum Erfolge erzielen konnten: Die Faschisten spielen eine zentrale exekutive Rolle in dieser Regierungskonstellation. In Polizeiformationen und Bataillone der Nationalgarde eingegliedert, verfolgen sie Oppositionelle und führen den schmutzigen Krieg gegen die Anti-Maidan-Bewegung im Osten des Landes. Diejenigen, die auf dem Maidan standen, weil sie für sich und ihre Nächsten ein besseres Leben erkämpfen wollten, werden früher oder später einsehen müssen, dass der Euromaidan nicht der Weg zu einem gelingenden, sozial gerechten Zusammenleben war. Er war der Weg zu noch größeren ökonomischen Problemen, zu einer weiteren Faschisierung des Landes und zu einer Ukraine, die der NATO als Spielball im langen Kalten Krieg gegen Russland dient.

Quellenhinweise im Anhang auf Seite 289

Thomas Eipeldauer

geb. 1983, studierte Philosophie und Geschichte in Wien und Tübingen. Seit März 2013 ist er als Redakteur beim Nachrichtenmagazin Hintergrund. Außerdem schreibt er für die Tageszeitung junge Welt. Schwerpunktmäßig arbeitet er zu sozialen Kämpfen in der europäischen Peripherie sowie zu Innen- und Außenpolitik der Türkei. Im Februar 2014 berichtete er aus Kiew von den Euromaidan-Protesten.

Sebastian Range

Blutige Wende

Scharfschützen-Einsatz auf dem Maidan

Wenn es für die Illegitimität des „Janukowitsch-Regimes“ noch eines Beweises bedurfte, so schafften die Ereignisse des 20. Februar 2014 endgültige Klarheit: Während in Kiew die Außenminister Deutschlands, Polens und Frankreichs eintrafen, um mit Präsident Viktor Janukowitsch einen politischen Übergang auszuhandeln, wurden auf dem Maidan dutzende Menschen von Scharfschützen regelrecht hingerichtet.

Bereits zwei Tage zuvor war die Situation eskaliert, bei Auseinandersetzungen starben über 20 Menschen. Am 19. Februar hatten Opposition und Regierung daraufhin einen Waffenstillstand vereinbart, weshalb die folgende Nacht weitgehend ruhig verlief – bis die Lage am nächsten Tag explodierte. „Das wirklich Neue, das wirklich Schlimme“, schilderte *Spiegel*-Korrespondent Moritz Gathmann seine Beobachtungen, geschah dann am Morgen des 20. Februar:
„In kleinen Gruppen aus zwei, drei Mann, geschützt mit Schilden aus Holz oder Metall, bewegen sich die Regierungsgegner auf die nächste Barrikade zu, es scheint, als hätte sich die Polizei auch von dort zurückgezogen. Aber dann fallen Schüsse, und die Menschen mit den Schutzschilden brechen zusammen. Einige schleppen sich zurück, andere bleiben reglos liegen. Das Schockierendste aber: Auf sie folgen weitere. Obwohl klar ist, dass sie in den sicheren Tod gehen, dass sie den Scharfschützen völlig schutzlos ausgeliefert sind, dringt eine

Gruppe nach der anderen weiter voran und wird zusammengeschossen."[1]

Insgesamt über einhundert Regierungsgegner starben bei den Auseinandersetzungen mit den Sicherheitskräften, die meisten davon am 20. Februar durch Scharfschützenfeuer. Als „Himmlische Hundert" haben sie im kollektiven Gedächtnis der selbsternannten Revolutionäre vom Maidan Einzug erhalten. Doch längst nicht alle Opfer waren Anhänger der Opposition. „Viele waren auch Passanten, die eindeutig nicht an den Demonstrationen beteiligt waren, Ärzte und Polizeibeamte," berichtete die *Welt*.[2]

Das Blutbad besiegelte letztlich das politische Schicksal Janukowitschs, der am Folgetag mit Vertretern der Opposition und den drei EU-Außenministern ein Abkommen über die Konditionen von Neuwahlen und einer Übergangsregierung aushandelte. Vereinbart wurde auch eine Untersuchung der Schüsse der vorherigen Tage. Keine 24 Stunden später war der Deal obsolet: Unter wohlwollender Kommentierung westlicher Medien und Politiker wurde der gewählte Präsident gewaltsam aus seinem Amt gefegt – der vermeintlich blutrünstige Despot hatte die Flucht ergriffen.

Aber das Bild des skrupellosen Machthabers, der seine Gegner zusammenschießen lässt, geriet mit der Veröffentlichung eines abgehörten – und in seiner Echtheit bestätigten – Telefonats zwischen der EU-Außenbeauftragten Catherine Ashton und dem estnischen Außenminister Urmas Paet zwei Wochen nach dem Umsturz erstmals auch in den Massenmedien in Schieflage. Es gebe Hinweise, dass ein und dieselben Scharfschützen sowohl Polizisten als auch Maidan-Aktivisten getötet hätten, erklärte Estlands Außenminister in dem am 26. Februar geführten Gespräch. Das „wirklich verstörende" sei, fährt der gerade aus Kiew zurückgekehrte Minister fort, dass „die neue Koalition nicht untersuchen will, was genau passiert ist, darum verbreitet sich die Meinung immer stärker, dass hinter den Scharfschützen nicht

Janukowitsch steckt, sondern jemand aus der neuen Koalition". „All diese Typen haben eine schmutzige Vergangenheit", so Paets wenig schmeichelhafter Kommentar über die neuen Regierungsmitglieder. [3]

Diese vollzogen alsbald eine überraschende Wende und machten plötzlich nicht mehr Janukowitsch für den Einsatz der Scharfschützen verantwortlich, sondern eine „dritte Kraft". „Der Schlüsselfaktor bei dem Blutbad in Kiew war eine dritte Kraft – und diese Kraft war keine ukrainische", erklärte der neue Innenminister Arsen Awakow, der intensive Ermittlungen der Vorgänge versprach. Weniger ominös hinsichtlich des Adressaten der Anschuldigung äußerte sich Andrej Parubij, einst Kommandant der „Maidan-Hundertschaften" und nunmehr Vorsitzender des Nationalen Sicherheits- und Verteidigungsrats der Ukraine, der russische Spezialeinheiten als „dritte Kraft" identifiziert haben will. Sie hätten „gleichermaßen" auf Einheiten des Berkut und auf Maidan-Aktivisten geschossen. „Ihr Ziel war es, größere gewaltsame Unruhen zu provozieren... damit Russland seine Hände an diesem Feuer wärmen kann".[4] „Wir werden die Namen der Täter nennen und sie weltweit suchen", versprach Parubij, der zunächst die Leitung der parlamentarischen Kommission zur Untersuchung der blutigen Vorfälle innehatte.[5]

Der einstige Mitbegründer der faschistischen Sozial-Nationalen Partei (heute Swoboda), der sich vor Jahren Julia Timoschenkos Vaterlandspartei angeschlossen hatte, konnte seine vor dem Hintergrund eines möglichen Motivs recht kühne Behauptung einer russischen Täterschaft in der Folgezeit jedoch nicht mit Belegen irgendeiner Art untermauern.

Die durch den Scharfschützen-Einsatz hervorgerufene Eskalation ebnete absehbar jenen Kräften den Weg zur Macht, die aus ihrer – gelinde formuliert – ablehnenden Haltung gegenüber Moskau keinen Hehl gemacht hatten. Ein mangelndes Motiv lässt sich auch gegenüber Präsident Janukowitsch konstatieren, der in den Wochen und

Tagen zuvor unter Beweis stellte, nicht auf eine weitere Eskalation, sondern auf Verhandlungen zu setzen – bis hin zum Angebot an Vertreter der Opposition, Regierungsverantwortung zu übernehmen.

Zielvorgabe Eskalation: Maidan mobilisiert zur „Friedensoffensive"

Mitte Februar hatte sich die Lage in Kiew bereits entspannt, nachdem inhaftierte Demonstranten im Rahmen einer Amnestie entlassen wurden, woraufhin im Gegenzug besetzte Regierungsgebäude von den Aktivisten geräumt worden waren. Die Hoffnungen auf eine friedliche Lösung währten jedoch nur kurz, denn die Anführer des Maidan waren auf Eskalation gepolt.

Für den 18. Februar trommelte der Rechte Sektor seine Anhänger zu einer „Friedensoffensive" zusammen. Dem Aufruf schloss sich unverzüglich der im Dezember 2013 gegründete „Maidan-Rat" an, in dessen Vorstand sich die Köpfe der drei Parteien wiederfanden, die ein Bündnis zum Sturz der bestehenden Regierung geschlossen hatten: „Gasprinzessin" Timoschenko sowie der spätere Ministerpräsident Arsenij Jazenjuk von der Vaterlandspartei, UDAR-Parteichef Vitali Klitschko und Swoboda-Anführer Oleg Tjagnibok.[6]

Nachdem sie sich auf einer Demonstration gesammelt hatten, setzten die Maidan-Militanten unter Führung des Rechten Sektors sowie der von Parubij befehligten Hundertschaften zum Sturm auf das Parlamentsgebäude an. Die den Weg blockierenden Polizisten wurden dabei ebenso wie die Zentrale der regierenden Partei der Regionen mit Molotowcocktails eingedeckt. Nachdem der Sturmlauf von den Spezialeinheiten der Polizei, dem Berkut, unter großen Verlusten abgehalten werden konnte, erfolgte bis zum Abend eine teilweise Räumung des Maidan. Der Blutzoll am Ende des Tages: Rund ein dutzend Tote auf beiden Seiten. Auffällig war die hohe Anzahl der Schusswunden aufseiten der Polizei. Neben den Getöteten wiesen laut Angaben des Innenministeriums weitere 130 Beamte Schussverletzungen auf, die in Krankenhäusern behandelt werden mussten.[7]

Während seiner Zeit auf den Barrikaden kooperierte der Maidan-Sicherheitschef Parubij eng mit dem Anführer des Rechten Sektors, Dmitri Jarosch. „Der ließ seit Januar seine Kameraden auf die Polizei schießen. So trug er maßgeblich zur blutigen Eskalation bei“, schreibt Uwe Klußmann zwei Wochen nach dem Regierungssturz auf *Spiegel*-Online. Jarosch habe „zwei Jahrzehnte lang bewaffnete Nationalisten bei Wehrübungen geschult“. Er „nennt seine Kameraden ‚Soldaten der nationalen Revolution‘ und ruft zum ‚nationalen Befreiungskrieg‘ für die ‚Entrussifizierung der Ukraine‘ – ein Appell zum Bürgerkrieg.“[8]

Für die „nationalen Revolutionäre“ – ob Rechter Sektor, Swoboda oder Parubijs Maidan-Armee – lag das Motiv für eine Eskalation auf der Hand: Die Gefahr, an einer neuen Regierung nicht beteiligt zu werden, die nach einem geordneten Übergang aus einer demokratischen Wahl hervorgehen würde, bei der auch die „russifizierten“ Ukrainer ihre Stimmen in die Waagschale werfen könnten, war nicht von der Hand zu weisen. Die sichere Machtbeteiligung führte für die Maidan-„Revolutionäre“ nur über den Pfad der Ausweitung und Beschleunigung des gewaltsamen Konflikts – den sie dann am 18. Februar mit der versuchten Parlamentsstürmung konsequent beschritten.

Die Eskalation an jenem Tag lieferte zwar (noch) nicht das für einen „Regime-Change“ zweckdienliche Bild schutzloser Demonstranten, die zusammengeschossen werden. Sie war aber unverzichtbar, um zwei Tage später ein solches zeichnen zu können. Denn von nun an wurden rund um den Maidan zuzüglich zu den regulären Berkut-Einheiten, die nicht mit tödlichen Schusswaffen ausgerüstet waren, schwerbewaffnete Spezialkräfte stationiert. Die Fernsehbilder der an ihren schwarzen Uniformen und gelben Armbändern zu erkennenden Spezialeinheiten, darunter Scharfschützen, die sich am 20. Februar um sich schießend den Weg bahnten, gingen um die Welt. Die zumeist auf wenige Sekunden zurechtgestutzten Ausschnitte trügten jedoch, da sie nicht zeigten, auf wen die Spezialeinheiten zielten – und dass sie selbst unter Beschuss standen.

Der Vorsitzende der Vereinigung der Berkut-Angehörigen, Wladimir Kraschewski, schilderte die Ereignisse anschließend folgendermaßen: „Um 8 Uhr am Morgen zogen sich die Kräfte des Innenministeriums und des Berkut in verschiedene Richtungen zurück. In dem Moment kamen sie aus verschiedenen Gebäuden unter Beschuss." Die Berkut-Sondereinheit habe die Aufgabe gehabt, den Rückzug ihrer Kollegen aus dem Bereich des Oktoberpalastes zu decken. „250 Menschen konnten dank der Deckung durch die Männer in den schwarzen Uniformen mit den gelben Armbinden evakuiert werden. Fünfzig wurden leider von Demonstranten gefangengenommen und zum Maidan gebracht. Während des Rückzugs wurde der Berkut-Offizier Nikolay Semchuk von zwei verschiedenen Scharfschützen getroffen. Im Bein und im Kopf".[9]

Videoaufnahmen sprechen ebenso für diese Darstellung wie Schilderungen westlicher Journalisten, denen zufolge die „überraschte" Berkut-Spezialeinheit „in Panik" und sich zurückziehend auf heranstürmende „Demonstranten" schoss.[10] Letztere setzten ebenfalls Schusswaffen ein.

Selbst die nunmehr von einem Mitglied der Swoboda geführte Generalstaatsanwaltschaft, die Anfang April die Festnahme von Mitgliedern der Sondereinheit verkündete, sprach davon, es sei deren Aufgabe gewesen, auf die heranrückenden Demonstranten zu schießen, um den unbewaffneten Berkut-Polizisten den Rückzug zu sichern.[11]

In den Tagen nach den Schüssen hätten westliche und ukrainische Medien einen „massiven Infokrieg" betrieben, so das Fazit von Wladimir Kraschewski. Es wären nur die Bilder gezeigt worden, in denen „unbewaffnete Leute zu Boden gehen, nachdem auf sie geschossen wurde – angeblich durch die Kräfte des Innenministeriums. Aber dabei handelt es sich um eine zusammengestellte und mit entsprechenden Kommentaren versehene Montage.“[12]

Schüsse in den Rücken: Aufklärung nicht in Sicht

Für die Toten auf der Institutska-Straße waren die schwarz-uniformierten Berkut-Männer nicht verantwortlich, wie auch die parlamentarische Untersuchungskommission im Mai schließlich feststellte. Die von ihnen verwendete Munition sei nicht identisch mit der, die die Scharfschützen einsetzten. Der Vorsitzende der Kommission, Gennadi Moskal, wies auch darauf hin, dass „der erste Schuss“ auf die Polizei abgegeben wurde und nicht auf die Regierungsgegner.[13]

Der Berkut scheidet auch deshalb aus dem Kreis möglicher Täter aus, weil die Scharfschützen aus großer Höhe geschossen haben müssen, wie der Arzt Oleg Musi, der alle Rettungseinsätze auf dem Maidan koordinierte, gegenüber der *Welt* erklärte. Die Toten vom 20. Februar – darunter einige Polizisten – seien jeweils nur von einem Schuss getroffen worden, von oben abgegeben, „meist in den Kopf, den Hals oder in die Schulter, von wo aus die Patrone nach unten in den Körper vordrang“. Der Arzt vermutete Auftraggeber hinter den Scharfschützen: „Es fing um neun an und hörte um zwölf Uhr auf, so, als hätte sie jemand bestellt.“ [14]

Scharfschützen-Teams des Innenministeriums waren an jenem Morgen auf verschiedenen Dächern im Zentrum Kiews stationiert und kamen daher als mögliche Täter infrage. Sie wurden allerdings durch einen bereits am Abend veröffentlichten Mitschnitt ihres Funkverkehrs entlastet, den ein Amateurfunker erstellt hatte. In einem Artikel der ARD-*tagesschau* heißt es dazu: „Darauf ist zu hören, wie ein Scharfschütze seine Kollegen über Funk fragt: ‚Wer hat da geschossen? Unsere Leute schießen nicht auf Unbewaffnete.’ Kurze Zeit später sagt ein anderer: ‚Den hat jemand erschossen. Aber nicht wir.‘ Dann fügt er hinzu: ‚Gibt es da noch mehr Scharfschützen? Und wer sind die?‘ “[15]

Aus den Aufnahmen geht auch hervor, wie die Anti-Terroreinheit des Innenministeriums einen Aufklärer („Spotter“) eines unbekannten Scharfschützenteams entdeckt, der wiederum von anderen unbekannten Scharfschützen „ausgeschaltet“ wurde.[16] Der Kommandeur der beteiligten Anti-Terroreinheit „Omega“, Anatoli Streltschenko, hatte wiederholt beteuert: „Wir haben niemanden umgebracht“. Es sei nur darum gegangen, bewaffnete Demonstranten durch Schüsse in die Beine unschädlich zu machen.[17]

Unter einen ähnlichen öffentlichen Rechtfertigungsdruck waren die Militanten des Maidan nicht geraten, obwohl auch sie Scharfschützen im Einsatz hatten. Ein Mann namens Walodija offenbarte sich Mitte März gegenüber der *Welt*. Er wäre Mitglied einer auf dem Maidan gebildeten, „streng geheimen, kleinen Gruppe“ von Scharfschützen gewesen. Es habe sich bei allen um Spezialisten gehandelt, er selbst habe in der russischen Armee als Scharfschütze gedient. „Den Profis war klar“, fasst das Springerblatt zusammen, „wo die besten Plätze sind: auf dem Dach der Zentralbank, im Klub des Ministerkabinetts und in den Räumen des ‚Hotels Ukraine‘ am Maidan“. Walodija beteuerte jedoch gegenüber der Zeitung: „Wir selbst haben keinen einzigen Schuss abgefeuert.“[18]

Der Einsatz von Schusswaffen aus dem Hotel Ukraine durch Kräfte der Opposition ist jedoch durch viele Aussagen von Medienvertretern belegt, die sich im oder am Gebäude befanden. „Von einem der oberen Stockwerke des Hotels war ein Schuss hörbar“, berichtete beispielsweise ein Reporter der britischen *BBC*. „Ich sah den Schützen. Er trug einen der grünen Helme der Demonstranten“.[19] Einige mit Gewehren bewaffnete Maidan-Kämpfer konnten bei ihrer „Arbeit“ in einem Zimmer des Hotels sogar gefilmt werden.[20]

Für die Toten von der Institutska-Straße dürften sie jedoch nicht verantwortlich gewesen sein. Dagegen spricht auch die Beschreibung der Scharfschützen seitens des damaligen Chefs des Inlandsgeheimdienstes SBU, Alexander Jakimenko, der sich nach dem Umsturz ins Ausland absetzte. Ihm zufolge sei die erste Welle der Schüsse von dem Gebäude der Philharmonie aus erfolgt. Dann hätten sich zwanzig professionell ausgestattete und gekleidete Männer aus dem Gebäude abgesetzt, was seinen operativen Mitarbeitern ebenso wenig entgangen sei wie anwesenden Vertretern des Maidan. Anschließend habe sich die Gruppe zweigeteilt. Die eine Hälfte habe der SBU aus den Augen verloren, die andere sei ins Hotel Ukraine gegangen, woraufhin das Morden weiter ging.[21]

Das Hotel spielte bei den Vorgängen auch nach Recherchen des ARD-Magazins *Monitor* eine entscheidende Rolle. Auf ausgewerteten Videoaufnahmen sei zu erkennen, „dass die Oppositionellen auf der Institutska-Straße (...) auch vom Hotel Ukraina, das in ihrem Rücken lag", beschossen wurden. Ein Augenzeuge berichtete gegenüber dem Magazin: „Wir wurden von vorn beschossen und auch von hinten, etwa aus der achten oder neunten Etage des Hotels Ukraina. Das waren auf jeden Fall Profis." Das Hotel konnte zudem anhand richtungsweisender Schusskanäle, die einige Kugeln beim Durchschlagen von Bäumen hinterlassen hatten, als Ursprungsort bestimmt werden.[22] Zwei Wochen nach den Ereignissen wurde es auch von der Staatsanwaltschaft als eines von drei Gebäuden identifiziert, von denen auf die Menschenmenge geschossen wurde.[23]

Das bringt die neuen Machthaber in besondere Erklärungsnöte, da sich das Hotel „an jenem Tag fest in der Hand der Opposition" befand, so der *Monitor*. „Am Morgen des 20. Februars hatte sie Einlasskontrollen eingeführt." Auch die Philharmonie stand unter oppositioneller Obhut.

Von einiger Brisanz ist in diesem Zusammenhang auch die Aussage Jakimenkos, einige Vertreter der Opposition hätten ihn gebeten, mithilfe der Anti-Terroreinheit „Alpha“ das Hotel von Scharfschützen zu „säubern“. „Ich war bereit, das zu tun, aber um ins Innere des Maidan zu gelangen, brauchte ich die Zustimmung von Parubij“, erinnert sich Jakimenko. „Oder mich würden die ‚Selbstschutzkräfte‘ in den Rücken treffen. Parubij hat eine solche Zustimmung nicht gegeben. Auf den Maidan konnten keine Waffen ohne seine Genehmigung gebracht werden, insbesondere keine Gewehre mit Zielfernohr.“

Ein solches zu transportieren war für einen Parteikollegen Parubijs jedoch kein Problem. Sergej Paschinski von der Vaterlandspartei wurde am 18. Februar dabei gefilmt, wie er im Kofferraum seines Wagens, der von Maidan-Schutzkräften angehalten worden war, ein Scharfschützengewehr transportierte.[24] Unbehelligt konnte er damit just an dem Tag weiterfahren, an dem die Eskalation begann, die ihn eine Woche später zum geschäftsführenden Leiter des Präsidialamts in Kiew machen sollte.

Ein halbes Jahr nach den verhängnisvollen Schüssen auf dem Maidan liegen noch immer keine stichhaltigen Untersuchungsergebnisse vor. Die ukrainischen Behörden haben außer einer Verschwörungstheorie, wonach eine „dritte Kraft“ – wahlweise Einheiten des SBU oder seines russischen Pendants FSB – im Auftrag Moskaus gemordet habe, wenig anzubieten. Die Untersuchung wird verschleppt, so gut es nur geht, was wiederholt den Unmut von Anwälten und Ermittlern hervorruft. „Wir können gar nicht sagen, was aus Sicht der Staatsanwaltschaft eigentlich passiert ist“, erklärte ein Anwalt, der Opfer-Angehörige vertritt.[25]

Eine Aufklärung ist auch zukünftig kaum zu erwarten. Daran haben die neuen Machthaber aus offenkundigen Gründen kein Interesse; und die Stimmen westlicher Regierungen, die zu Beginn noch auf eine rückhaltlose Untersuchung gedrängt hatten, sind verstummt. Bundeskanzlerin Angela Merkel wird schon ihre Gründe gehabt haben, warum sie Mitte März Forderungen nach einer internationalen

Untersuchungskommission eine Absage erteilte. Wer in der Ukraine Gewalt angewendet habe, müsse dort untersucht werden. „Ich glaube, dass die neue ukrainische Regierung genau dazu auch bereit ist“, erklärte die Kanzlerin zu einem Zeitpunkt, als bereits einige der Verdachtsmomente öffentlich bekannt waren, die für eine Verwicklung jener neuen Regierung in die Mordtaten sprechen.

Fragt man nach einem Motiv, und wer Schaden und Nutzen durch die mit den Schüssen vom 20. Februar verbundene Eskalation davon trug, sowie danach, wer über die Mittel und Möglichkeiten der Durchführung der Tat und ihrer anschließenden Vertuschung verfügte, so weisen die Indizien nicht in Richtung der alten, sondern in die der neuen Machthaber. Auch zeigen die Verdachtsgründe im Falle möglicher ausländischer Hintermänner eher nicht nach Moskau, sondern nach Washington – das schon lange davon geträumt hat, in der Ukraine eine stramm antirusssiche Regierung zu installieren, die gar das Potential hat, sich in einen Krieg mit dem großen Nachbarn treiben zu lassen.

Quellenhinweise im Anhang ab Seite 290

Sebastian Range

geb. 1975, lebt in Berlin. Er arbeitet als Redakteur beim Nachrichtenmagazin Hintergrund und publiziert zu den Themen Geheimdienste, Terrorismus, Krieg und deren geopolitische Zusammenhänge. Schwerpunkte der letzten Jahre waren neben dem NSU-Skandal die Konflikte in Libyen, Syrien und der Ukraine.

Susann Witt-Stahl

Daily Terror des Faschismus

Die neue Regierung der Ukraine strebt nach einer Gesellschaft ohne (linke) Opposition

Tritte, Fausthiebe und andere Prügel einzustecken – das gehört für die Abgeordneten der Kommunistischen Partei der Ukraine (KPU) in der Werchowna Rada längst zum parlamentarischen Alltag in Kiew. Die sich stetig wiederholenden tätlichen Angriffe gegen die Opposition der Putsch-Regierung legen ein beredtes Zeugnis von dem Zustand der bürgerlichen Demokratie in der Ukraine ab. Am 16. Mai war der Vorsitzende der KPU, Petro Simonenko, nach einem Fernsehauftritt, bei dem er wegen der Auflösung der Rechtsstaatlichkeit im Land seinen Verzicht auf die Kandidatur für die Präsidentschaftswahlen erklärt hatte, von maskierten Rechtsradikalen mit Molotow-Cocktails attackiert worden und konnte nach einer Verfolgungsjagd nur mit viel Glück entkommen.

Bereits im Februar waren Simonenkos Haus angezündet und diverse Büros der Kommunisten in Brand gesetzt, verwüstet oder besetzt worden. Zu der Zeit berichtete Andrej Medvedev, erster Sekretär der KPU in Kiew, dem Nachrichtenmagazin *Hintergrund*, dass die Rechten Parlamentsabgeordnete massiv unter Druck setzen und ihnen praktisch ein imperatives Mandat aufzwingen würden.[1] Im Juli beschloss die Werchowna Rada auf Initiative der regierenden rechtspopulistischen, in Teilen faschistischen Swoboda-Partei und der rechtsnationalistischen Batkiwschtschina (Vaterlandspartei) eine Änderung ihrer Geschäftsordnung, mit der die Möglichkeit der Auflösung der KPU-Fraktion im

Parlament geschaffen wurde und von der Parlamentspräsident Alexander Turtschinow sogleich Gebrauch machte – ein „historischer Moment", verkündete er feierlich den Anfang vom Ende der sich schon lange in einem erbärmlichen Zustand befindenden bürgerlichen Demokratie.

Diese Entwicklung kam nicht überraschend. Allen voran hat Turtschinow vom Justizministerium immer wieder das Verbot der KPU gefordert, und das Verfahren wurde auch längst eingeleitet. Die Kommunisten seien an Handlungen beteiligt, „die auf Verletzung der Souveränität, der territorialen Einheit und der Sicherheit des Staates sowie auf eine gesetzeswidrige Machtergreifung gerichtet sind", lautet die Begründung.[2] Turtschinow war einer der Hauptakteure der mit allen nur erdenklichen kriminellen Praktiken betriebenen Privatisierung der ukrainischen Wirtschaft Anfang der 1990er Jahre, und 1999 hatte er zusammen mit Julia Timoschenko die Vaterlandspartei gegründet. Schließlich wollte er die Gunst der Stunde allgemeiner Entdemokratisierung und Faschisierung nutzen, um einen lästigen Gegner aus dem Weg zu räumen, der bei den letzten Parlamentswahlen 2012 immerhin auf 13,2 % gekommen und 32 Sitze in der Werchowna Rada errungen hatte. Die neue Regierung in Kiew will so schnell wie möglich eine Gesellschaft ohne Opposition durchsetzen – der Eintritt der Ukraine in die NATO (zumindest eine enge Militärkooperation mit dem Ziel, die Eskalation mit Russland voranzutreiben) soll ohne Widerstand aus der Bevölkerung über die Bühne gehen.

Unterdrückung unerwünschter Meinungen

Die Repression gegen die KPU ist nur die Spitze des Eisberges. Die Gefängnisse der Ukraine sind gut gefüllt mit Regierungsgegnern. Im April 2014 wurden nach größtenteils friedlichen Besetzungen von Rathäusern in vielen Städten im Osten durch Föderalisten, Separatisten (Befürwortern des am 11. Mai durchgeführten Referendums, mit dem sich rund 90 % der Teilnehmer für die Unabhängigkeit der Region Donbass ausgesprochen hatten), aber auch Bürger, die einfach nur mit dem aggressiv antirussischen Kurs und der rigiden neoliberalen Sozialkürzungspolitik der neuen Oligarchen-Regierung in Kiew nicht einverstanden sind, hunderte Menschen verhaftet. Vertreter der ukrainischen Linken sprechen sogar von mehreren Tausend.

Beispielsweise gab es in Charkow am 8. April eine von Antiterror-Spezialeinheiten durchgeführte Massenverhaftung aufständischer Antimaidan-Aktivisten – laut dem ukrainischen Innenministerium waren es 80, der in der Stadt ansässige Journalist Andrej Borodawka hingegen berichtet von 180 Personen –, die das Regionalverwaltungsgebäude besetzt hatten, seitdem ohne ausreichende Rechtsgrundlage festgehalten werden (einige stehen mittlerweile unter Hausarrest) oder für deren vorläufige Freilassung Kautionen in schwindelerregenden Höhen von bis zu 600 000 Hriwnja (37 000 Euro) erhoben werden. Das sind Summen, die die Betroffenen nicht oder nur sehr schwer aufbringen können (der durchschnittliche Monatslohn eines Arbeiters in der Ukraine liegt zwischen 2 700 und 3 500 Hriwnja, 150 und 200 Euro).

Immer wieder kommt es nach Kundgebungen zu Verhaftungen wegen des Straftatbestands des „Verstoßes gegen die Integrität der Ukraine" – ein Gummiparagraph, mit dem jeder für jegliche oppositionelle Unmutsäußerung belangt werden kann. Kriminalisiert werden auch Bagatelldelikte und Ordnungswidrigkeiten. So wurde Tatjana Lebedewa in Kiew wegen „Rowdytum“ verhaftet und ihre Wohnung durchsucht, weil sie einen Sticker in der Größe von 20 mal vier Zentimetern mit der Aufschrift „Poroschenko ist eine Schwuchtel. Stoppt die Bombardierung des Donbass!“ verbreitet hatte. Alles deutet darauf hin, dass die unverhältnismäßige Reaktion der Justiz auf Lebedewas Tat weniger der Sorge um Ausbreitung der Homophobie (der neue

Bürgermeister von Kiew, Vitali Klitschko, hat den Christopher Street Day 2014 untersagt; die Regierungspartei Swoboda verteufelt die Gleichstellung Homosexueller als „liberalen Faschismus") als der Unterdrückung unerwünschter Meinungen geschuldet ist. Denn die 52-jährige Witwe hatte sich an einer Kampagne gegen die Offensive der ukrainischen Armee im Osten des Landes beteiligt und für ein Video mit dem Titel „Blutiges Spielzeug von den Kindern im Donbass für Poroschenko, Obama und Kolomoiski" ein Interview gegeben.[3] „Die Forderung, mit der Tötung von Kindern im Donbass aufzuhören, gilt in der Ukraine mittlerweile schon als ein Verbrechen!", kommentiert der Journalist Andrej Borodawka das absurde Strafverfahren.

„Es finden unentwegt Verhaftungen und Entführungen statt, von linken Aktivisten, aber auch Journalisten und unliebsamen Zeugen", berichtet Anton Kurtschinow*, ein Dissident aus Charkow, der inkognito mit einer kleinen Gruppe Gleichgesinnter Informationen über Menschenrechtsverletzungen und Rechtsbrüche sammelt. Er musste aus Sicherheitsgründen vier Mal seinen Wohnsitz wechseln. „Viele werden von der politischen Polizei willkürlich des ‚Terrorismus' beschuldigt und bekommen gefälschte Beweise untergeschoben, einige werden von Angehörigen der Nationalgarde zusammengeschlagen, misshandelt, nicht selten auch gefoltert." Einschüchterungen seien an der Tagesordnung. „Von Antimaidan-Aktivisten werden Fotos, Namen und Adressen im Internet veröffentlicht" – sie gelten als vogelfrei.

Massenproteste fänden kaum noch statt, sagt Kurtschinow. Die Angst lähme die Menschen. „Das Misstrauen in der Bevölkerung ist groß." Kurtschinow traut den neuen Machthabern in Kiew nahezu jedes Verbrechen zu: „Sie wissen, dass sie von der internationalen Gemeinschaft keine Sanktionen zu befürchten haben." Die Faschisten sind nicht nur im Parlament vertreten; sie bekleiden auch hohe Ränge im Sicherheitsapparat, vor allem in der Nationalgarde. So können sie ungehindert Terror gegen ihre Gegner ausüben.

„Ihr sollt gleich mal wissen, was wir mit den Roten machen“

Besonders hart trifft es aber die außerparlamentarische marxistische Linke. Der Lynchmord an Andrej Brazewski, der am 2. Mai in Odessa nach dem Sprung aus dem dritten Stock des von Faschisten in Brand gesetzten Gewerkschaftshauses (insgesamt starben 48 Menschen) zu Tode geprügelt wurde, war ein vorläufiger trauriger Höhepunkt der massiven Verfolgung, der die Mitglieder von Borotba (Kampf) – eine 2011 gegründete undogmatische kommunistische Organisation mit rund 150 Aktiven und mehreren tausend Anhängern – ausgesetzt sind.

Schon während der Euromaidan-Proteste gegen die Janukowitsch-Regierung kam es zu tätlichen Angriffen gegen Borotba-Aktivisten und andere Marxisten, sobald diese sich auf der Straße als antikapitalistische Linke zu erkennen gaben. Rund 100 Maidan-Anhänger seien auf den Funktionär der Freien Eisenbahner-Gewerkschaft und Mitglied der Borotba-Führungsriege in Kiew, später in Donezk, Denis Levin*, und seine Mitstreiter losgegangen, berichtet seine Genossin Swetlana Licht*. „Die Rechten schlugen auf unsere Aktivisten ein, als diese auf der Chreschatik Straße, in der Nähe des Maidan, Flugblätter verteilten, und sagten: ‚Ihr sollt gleich mal wissen, was wir mit den Roten machen‘.“

Wenige Tage nach dem Putsch kamen die ersten Todesdrohungen vom Pravy Sektor, dem Bündnis militanter Nationalisten und Faschisten, das den Euromaidan dominiert und seinen Sieg militärisch errungen hatte. „Schon als die ersten Barrikaden gebaut wurden, erstellten die Maidan-Selbstverteidigungskräfte und Pravy Sektor eine Schwarze Liste mit ‚Feinden der ukrainischen Nation‘. Dazu zählten sie nicht nur die Vertreter der regierenden Partei der Regionen, sondern auch die Linke, die angeblich die Unterjochung des Landes durch Russland unterstützen würde“, erklärt Swetlana gegenüber *Hintergrund*. In der

Folgezeit seien Linke, Trotzkisten, Anarchisten und Feministinnen permanent Zielscheiben gewalttätiger Angriffe geworden.

Durch die Besetzung der KPU-Zentrale in Kiew, kurz nach dem Sturz von Janukowitsch, gelangten die rechten Schlägertrupps an das Mitgliederverzeichnis der KPU, der auch diverse Borotba-Aktivisten angehören. Viele von ihnen mussten daraufhin in den Osten fliehen. In Charkow versuchte die Organisation, ihre Kräfte wieder zu formieren. Die neue Regierung reagierte mit Repressalien. Am 15. April wurde das Borotba-Büro gestürmt, durchsucht und verwüstet. „Mit ungeheurer Brutalität haben Personen in Polizeiuniform in Begleitung von Zivilen das Büro der ukrainischen marxistischen Organisation Borotba in Charkow überfallen. Sie wiesen sich nicht aus und brachen in die Räumlichkeiten ohne irgendeinen Durchsuchungsbefehl ein“, war in einem Bericht zu lesen.[4] „Dabei wurden Einrichtungsgegenstände durcheinandergeworfen und Türen beschädigt. Als Vertreter der Organisation auftauchten, begann die Polizei, die Einrichtung wegzuschaffen, darunter elektronische Geräte, politisches Propagandamaterial und Büromöbel.“ Wenige Wochen später nahmen bewaffnete, vermummte Gestalten das Borotba-Büro endgültig ein.

„Die Junta in Kiew hat im ganzen Land eine Welle von Repressionen gegen unsere Genossen ausgelöst“, so die offizielle Erklärung von Borotba am 9. Mai. „Viele haben ihre Städte verlassen und in den Untergrund gehen müssen. Das zentrale Borotba-Hauptquartier ruft alle Aktivisten und Sympathisanten auf, abzutauchen, ihren Wohnsitz zu meiden, ihre Telefonnummern zu ändern und andere Vorsichtsmaßnahmen einzuleiten.“[5]

Am 20. Mai wurde eindringlich und definitiv deutlich, was allen Marxisten droht, die sich noch in die Öffentlichkeit wagen: Ein Kidnapping von Denis Levin und Swetlana Licht am helllichten Tag auf dem Swoboda-Platz in Charkow durch ein Kommando des ukrainischen Geheimdienstes und Pravy Sektors konnte nur durch das beherzte Eingreifen von Anhängern und Passanten verhindert werden.[6]

Zum Volksport nationalistischer und faschistischer Milizen ist es geworden, ihre Opfer zu filmen, während sie drangsaliert, erniedrigt und gezwungen werden, rechte Parolen zu skandieren – bevor ihnen meistens noch weitaus Schlimmeres angetan wird.[7]

Institutionalisierung der Gewalt

In der Ukraine herrscht längst ein Daily Terror gegen alle, die dem neuen Kiewer Westkurs nicht folgen wollen. Die Akzeptanz und nicht selten Verherrlichung der rechten Gewalt gehört längst zur Alltagskultur und wird von der politischen Klasse des Landes intensiv gefördert – die faschistischen Paramilitärs, die für unzählige Verbrechen verantwortlich zeichnen, sogar von der Regierung als „ukrainische Patrioten, die ihr Leben aufs Spiel setzen" geadelt.[8]

Vor dem Hintergrund des Pogroms von Odessa bewertet der russische Marxist und Soziologe Boris Kagarlitzki die Haltung der neuen Machthaber in Kiew nicht nur als zynisch: „Spontane Gewalt während Demonstrationen und Auseinandersetzungen ist eine Sache; Vergeltung, von den staatlichen Autoritäten gestattet, gutgeheißen und durch Propaganda gerechtfertigt, ist eine ganz andere", erklärt Kagarlizki den Unterschied zwischen widerständischer und unterdrückerischer Gewalt. Phänomene wie Odessa und anderer Linken-Hatzen seien „ein Kennzeichen totalitärer politischer Bewegungen und ihrer Ideologie". Demokraten würden Gewaltexzesse verurteilen und danach streben, sie zu beenden. „Der Faschismus aber heroisiert, rechtfertigt und institutionalisiert sie."[9]

Faschismus avanciert zur Alltagskultur in der Ukraine. Wer mit öffentlich bekannten linken Dissidenten – die wenigen, die noch nicht nach Russland geflohen sind und sich größtenteils im Osten des Landes aufhalten – sprechen möchte, ohne mit physischen Attacken rechnen zu müssen, der kann das nur in Privatwohnungen mit geheim gehaltenen Adressen tun, an unauffälligen Orten, wie Kneipen mit Hinterzimmern oder lauter Musik – vom Nachbartisch könnte mitgehört werden – oder im Schutz abendlicher Dunkelheit.

Das gilt längst auch in den Städten der Ostukraine, wie beispielsweise in Dnjepropetrowsk, wo der Anfang März 2014 von Kiew eingesetzte Gouverneur des Oblasts, Igor Kolomoiski, mithilfe seiner formal der Nationalgarde unterstellten Privatarmee von Faschisten und Kriminellen ein Schreckensregime aufgebaut und hohe Kopfgelder für die Ergreifung prorussischer Separatisten ausgesetzt hat.

In Charkow, wo lange Zeit eine Patt-Situation zwischen Pro- und Antimaidan-Kräften herrschte, ist die Lage in den vergangenen Monaten erheblich destabilisiert worden. Das war deutlich zu spüren, als am 27. April eine Armada von mindestens 5 000 Hooligans von Dnipro Dnjepropetrowsk und Metallist Charkow sowie Mitglieder des Pravy Sektor für „die Einheit der Nation" mit Parolen wie „Ukraina ponad use!" („Ukraine über alles!") und „Slava natsii! – smert vorogam!" („Ruhm der Nation! – Lasst ihre Feinde sterben!") durch die Stadt marschierten. Als sie auf eine Kundgebung von etwa 300 Regierungsgegnern trafen, starteten sie regelrechte Menschenjagden. Sie prügelten nicht nur auf die von ihnen emphatisch gehassten Linken und prorussischen Demonstranten, sondern auch wahllos auf am Straßenrand stehende Passanten ein. Das Tragen des Sankt-Georgs-Bandes (Symbol der Antimaidan-Bewegung) reichte völlig aus, um von dem vor Wut schäumenden Mob zusammengetreten zu werden. Diverse Opfer erlitten gefährliche Kopfverletzungen. Der anachronistische Zug hinterließ eine Schneise der Verwüstung.[10] „Einer unserer Genossen wurde durch eine Messerattacke schwer verletzt und musste ins Hospital gebracht werden", berichtet Eugenij, der bei Borotba organisiert ist. Der junge Mann gehört zu den vorwiegend linken Aktivisten, die sich immer wieder in den Abendstunden auf dem Swoboda-Platz versammeln, um das Lenin-Denkmal zu schützen. Faschisten und andere Ultrarechte haben immer wieder versucht es zu zerstören. „Wir sind für Demokratie, Selbstbestimmung und Unabhängigkeit. Wir hassen die Nazis und die Oligarchen – wir wollen ihre Politik nicht", erwidert Eugenij auf die Frage, warum er seine Gesundheit, vielleicht sogar sein Leben aufs Spiel setzt.

Am 14. März sind zwei junge Lenin-Denkmalschützer von Mitgliedern des Pravy Sektor erschossen worden. Die mutmaßlichen Täter wurden schon nach kurzer Zeit wieder aus der Untersuchungshaft entlassen oder gar nicht erst strafrechtlich verfolgt. Ganz im Gegenteil: Einer von ihnen, Andrej Bilezki („Die historische Mission unserer Nation in dieser kritischen Situation ist, die weißen Rassen der Welt in einen finalen Kreuzzug für ihr Überleben zu führen – gegen die von Semiten angeführten Untermenschen"[11]), wurde zum Kommandanten des rund eineinhalb Monate später gegründeten faschistischen Bataillons Asow ernannt, das in die Nationalgarde eingegliedert ist und im Osten gegen die prorussischen Rebellen kämpft. „Bilezki ist ein Nazi und war 2009 zu einer Gefängnisstrafe verurteilt worden, nachdem er in Charkow immer wieder ausländische Studenten brutal angegriffen und verletzt hatte", berichtet Borotba-Koordinator Denis Levin. „Das neue Regime hat ihm, zusammen mit vielen anderen faschistischen Verbrechern, gleich nach der Machtübernahme die Freiheit geschenkt" – eine Verneigung des Staates vor rechtem Terror und Gewalt.

Kein menschlicher Abgrund zu tief

Dass militante Nationalisten und Faschisten mit Duldung, nicht selten im (unausgesprochenen) Auftrag der von den USA und der EU gestützten Regierung in Kiew morden, kidnappen und brandschatzen, deutete sich bereits während der Kampftage auf dem Maidan an, als der Pravy Sektor für sie den blutigen Job erledigte und den zwar korrupten, aber demokratisch gewählten Präsidenten und dessen Anhänger aus dem Weg räumte. Beschlossene Sache war der Pakt zwischen dem prowestlichen Kapital und den rechten Mordbrennern, als der neue Innenminister Arsen Awakow (Vaterlandspartei) mit einem Erlass vom 13. April die Neugründung einer Nationalgarde mit weitgehend autonom operierenden Bataillonen in die Wege leitete – eine Maßnahme, durch die einem Großteil der nationalistischen und faschistischen Milizen zu einer professionellen Kampfausbildung, modernen Waffen, anderer militärischer Ausrüstung und auch Geld verholfen wurde. Besiegelt wurde die verhängnisvolle Symbiose mit dem demonstrativen Schulterschluss sowie der Vereinbarung zur regelmäßigen Zusammenarbeit zwischen der Regierung und dem Pravy Sektor am 18. August. „Der Innenminister respektiert den Beitrag der Mitglieder der Organisation Pravy Sektor zu dem Kampf gegen den Terrorismus“, verlautbarte Awakows Berater und kündigte an, die Operationen des Pravy Sektors sollen legalisiert werden.[12]

Was das heißt, lässt sich in den schlimmsten Vorstellungen kaum ausmalen (die Bilder von den genüsslich angezündeten Polizisten auf dem Maidan im Winter 2013/14 ließen es aber erahnen). Wird die Regression in die Barbarei erst einmal in Gang gebracht, ist ihren Akteuren und Propagandisten seit jeher kein menschlicher Abgrund zu tief.

Das wissen auch die Regierungen der USA und der EU-Länder (hierzulande auch die grüne Opposition) und das Establishment der Vierten Gewalt, das sich objektiv immer mehr zur Fünften Kolonne des Faschismus' entwickelt – und ein weiteres Mal eindringlich beweist, dass dieser nichts anderes als eine brutale Form bürgerlicher Herrschaft ist. Je schlimmer der faschistische Furor wütet, desto wortreicher wird er beschönigt. Ist das nicht mehr möglich, wird er geleugnet oder verschwiegen. Die Wahrheit ist nicht nur das erste Opfer des Krieges, sondern auch des immer wieder erneuerten Bündnisses der „bürgerlichen Mitte“ mit Faschisten und militanten Nationalisten.

Deshalb können die Entrechteten, Unterdrückten und Verfolgten (wieder einmal) nicht mit der Solidarität christ- und sozialdemokratischer, liberaler oder grüner Humanisten rechnen – sie können nicht einmal auf Gnade hoffen. Im Hinblick auf diese schreckliche Perspektive wird vor allem der Freiwild-Status der Marxistischen und Oppositionellen in der Ukraine für absehbare Zeit factum brutum bleiben. „Der faschistische Staat ist noch nicht errichtet, aber sein Aufbau läuft auf Hochtouren“, beschreibt Anton Kurtschinow den deprimierenden Stand der Dinge. Spätestens wenn der Antimaidan-Aufstand bis in den hintersten Winkel des Ostens endgültig niedergeschlagen ist, dürften auch die letzten Refugien für Linke verschwunden sein. Und dann heißt es nur noch: Rette sich, wer kann!

**Die Namen wurden geändert*

Quellenhinweise im Anhang ab Seite 292

Susann Witt-Stahl

ist freie Journalistin und Autorin. Ihre Arbeitsschwerpunkte sind: Ideologiekritik neoliberaler Politik, der modernen Kriege, der Kulturindustrie, gesellschaftlicher Naturverhältnisse sowie reaktionärer Tendenzen in der Linken. Darüber hinaus berichtet sie für Tageszeitungen und Magazine u.a. über internationale Krisen, beispielsweise aus dem Nahen Osten und der Ukraine.

Thomas Eipeldauer

Im Griff der Oligarchen

Kontinuität nach dem Euromaidan

Seit ihrer Unabhängigkeit wird die Ukraine ökonomisch wie politisch von einer kleinen Schicht von Milliardären kontrolliert. Der Euromaidan hat daran nichts geändert.

„Vor allem wollen wir die Oligarchen loswerden." Diesen Satz, beinahe immer gleichlautend, konnte man während der Maidan-Proteste Anfang 2014 überall hören. Mit dem damaligen Präsidenten Viktor Janukowitsch verband man vor allem eine besonders ungezügelte Form der Herrschaft einer kleinen Schicht von Großkapitalisten, die sich legal wie illegal den größten Teil des Reichtums der Volkswirtschaft aneigneten, während die Masse der Bevölkerung, selbst in Berufen des Staatsapparates, ihr Leben mit Niedriglöhnen oder in der Schattenökonomie zu bewältigen versuchte.

Alle Fraktionen, die auf dem Maidan Wählerstimmen oder Anhänger gewinnen wollten, machten Politik mit diesem Thema. Vom Rechten Sektor, der versprach eine „nationale" Revolution „von unten" gegen alle Oligarchen durchzuführen, bis hin zur selbst von einer Oligarchin, nämlich Julia Timoschenko, geführten Batkiwschtschina, der Allukrainischen Vereinigung Vaterland. In den Fokus gerieten dabei allerdings vor allem die regierende Partei der Regionen und Präsident Viktor Janukowitsch. Ignoriert wurde, dass seit dem Zerfall der Sowjetunion – unabhängig von parteipolitischen Konstellationen – Oligarchen jederzeit und unabhängig von einer etwaigen prowestlichen oder prorussischen Ausrichtung der jeweiligen Regierung den Ton angaben.

Regionale Clans, reiche Familien

Rasch nach der Unabhängigkeit der Ukraine im Jahr 1991 bildete sich eine Form der kapitalistischen Akkumulation heraus, in deren Ergebnis eine sehr kleine Schicht die ökonomische wie politische Macht an sich rissen. Das Resultat war, dass – wie die Politikwissenschaftlerin Christina Plank zeigt – „sich mit den sogenannten Oligarchen seit den 1990er Jahren eine nationale Kapitalistenklasse herausgebildet hat". Diese seien zunächst als „regionale Clans um Donezk, Dnjepropetrowsk und Kiew" in Aktion getreten, die miteinander konkurrierten und „die als unterschiedliche Kapitalfraktionen verstanden werden können", die „maßgeblich die sozioökonomische und politische Entwicklung in der Ukraine" bestimmten.[1]

Bis heute bleibt die Ukraine eines der am stärksten durch Oligarchen bestimmten Länder der Welt. Der "Einfluss der Oligarchen in der Ukraine" sei „sehr extrem", berichtete der Linkspartei-Abgeordnete und Kenner der politischen Lage in der Ukraine Andrej Hunko im Gespräch mit dem Nachrichtenmagazin *Hintergrund*.[2]

> „Man versteht auch die gesellschaftlichen Spannungen nur vor diesem Hintergrund. Das gibt es zwar sicherlich auch in anderen postsowjetischen Ländern, und auch in EU-Ländern haben wir den Einfluss des großen Geldes auf die Politik. Aber in keinem Land ist das so ausgeprägt wie in der Ukraine, so direkt und unmittelbar. Und nirgendwo ist dieser Prozess der Bereicherung einiger Familien auf Kosten der Bevölkerung so offensichtlich. Politische Parteien und Mandate dienen hauptsächlich zur Absicherung von deren jeweiligen Interessen."

Die Kehrseite der Akkumulation auf der Seite dieser Oligarchen war die Armut der Masse der Bevölkerung, die vom Zugang zum gesellschaftlichen Reichtum ausgeschlossen blieb. Bereits unter der Präsidentschaft von Leonid Kutschma (1994 bis 2005) kam es deshalb immer wieder zu Protesten, die allerdings letztlich nicht zu einer Schwächung der Oligarchen führten, sondern immer wieder auch Auseinandersetzungen zwischen den verschiedenen Gruppen der herrschenden Klasse widerspiegelten.

Solche spielten auch im Hintergrund der Ende 2013 beginnenden Euromaidan-Proteste eine entscheidende Rolle. Zum einen hatte Präsident Viktor Janukowitsch seinen eigenen Clan bevorteilt und sich sowie seiner Familie rasch zu großem Reichtum verholfen. Zum anderen gab es Auseinandersetzungen zwischen bestimmenden Kapitalgruppen darüber, ob sich mit der Bindung an die Europäische Union, die durch das Assoziierungsabkommen auf ein neues Niveau gehoben werden sollte, mehr Geld machen lassen würde, als ohne dieses Abkommen. Der ukrainische Journalist Viktor Schapinow interpretiert diese Konflikte als einen Disput zwischen der „Partei der Milliardäre", also jener Oligarchen, die bereits genug Kapital angehäuft hätten, um fit für die Integration in den westlichen Finanzmarkt zu sein, und der „Partei der Millionäre", den mittleren und unteren Schichten der Oligarchie, die dadurch eher verloren hätten.[3]

Petro Poroschenko: Ein Oligarch als Präsident

Die Proteste gegen Janukowitsch, die hauptsächlich betrieben wurden von neoliberal-chauvinistischen prowestlichen Parteien – wie Timoschenkos „Vaterland" und Vitali Klitschkos Udar sowie offen faschistischen Organisationen wie Swoboda und Rechter Sektor – waren darum bemüht, die in weiten Teilen der Bevölkerung vorhandene Wut auf die Oligarchen für sich zu nutzen. Der beschämende

Reichtum Janukowitschs und seiner Clique trat in den Mittelpunkt der Auseinandersetzungen und wurde für viele Menschen Motivation, sich dem Aufbegehren auf dem Kiewer Platz anzuschließen.

Als Janukowitsch dann allerdings abtreten musste, eine aus den neuen Eliten zusammengesetzte „Übergangsregierung" den Platz der alten einnahm und erste Schritte zur weiteren Liberalisierung der Volkswirtschaft eingeleitet wurden[4], wurde schnell klar: Um einen Bruch mit den herrschenden Kapitalgruppen geht es den neuen Machthabern nicht.

Man kann es klar und deutlich sagen: Wenn es ein Ziel der auf dem Maidan versammelten Menschen gewesen war, die Herrschaft der Oligarchen zu brechen, so muss dieser Versuch als gescheitert betrachtet werden. Das zeigt schon ein Blick auf die Staatsspitze. Der im Juni 2014 neu gewählte Präsident Petro Poroschenko zählt selbst zu eben jener Schicht, gegen die der Maidan angeblich angetreten war.

Der als „Schokoladenkönig" bekannte Poroschenko wird vom US-Magazin Forbes auf 1,3 Milliarden US-Dollar Privatvermögen geschätzt und dürfte damit auf Platz sieben der reichsten Ukrainer rangieren.[5] Seinen Spitznamen erwarb er sich, weil er nach dem Zerfall der Sowjetunion durch Süßwaren reich wurde, sein Konzern Roshen produziert nach eigenen Angaben etwa 450 000 Tonnen Süßwaren jährlich.[6]Allerdings macht Poroschenko nicht allein Geld mit Schokolade. Beteiligt ist er unter anderem an Automobil-, Rüstungs- und Landwirtschaftsunternehmen, die über den Konzern Ukrprominvest abgewickelt werden. Dieser von Poroschenkos Vater geführte Konzern ist auch die Schaltstelle, über die der Präsident einflussreiche Medien wie den Fernsehsender *Kanal 5* kontrolliert.

Poroschenkos politische Biografie ist die eines typischen Vertreters seiner Klasse: Er mischte immer dort mit, wo er seine Interessen am besten gewahrt sah, sei es in der Partei der Regionen oder der Fraktion Unsere Ukraine des prowestlichen Viktor Juschtschenko.

Der Skrupellose: Igor Kolomoiski

Poroschenko ist selbstverständlich nicht die einzige Stütze der neu etablierten Herrschaft aus dem Kreis der Milliardäre. Mindestens ebenso bedeutend, wenn auch nicht mit einem vergleichbar honorigen Amt ausgestattet, ist der über noch mehr Privatvermögen verfügende Igor Kolomoiski. Der Mitgründer des größten ukrainischen Geldhauses, der Privatbank, leitet zusammen mit Hennadij Boholjubow und Aleksej Martynow die Privat-Gruppe, ein Konzernkonglomerat, das im Finanzsektor ebenso wie in der Öl- und Metallproduktion sowie der Landwirtschaft aktiv ist. Etwa 100 Unternehmen gehören der Gruppe an, ihr Einfluss auf die ukrainische Wirtschaft und damit auch auf die Politik kann kaum überschätzt werden. Auch Kolomoiski ist an mehreren Medienunternehmen beteiligt, darunter der Fernsehsender *1+1*. Die Praktiken, die bei der Reichtumsvermehrung der Kolomoiski-Gruppe zum Einsatz kommen, beschreibt der Direktor des Instituts der Auslandsrussen, Sergej Pantelejew, so: „Die Privat-Gruppe ist Raider Nummer eins in der Ukraine. Es geht um gewaltsame Übernahmen anderer Betriebe. Die Gruppe fiel dadurch krass auf. Dies wurde von einer Reihe seltsamer Ereignisse begleitet. Sie hingen mit überraschenden Todesfällen verschiedener Menschen zusammen, die der Privat-Gruppe und ihrem Leiter im Wege standen.“[7]

Kolomoiski hatte sich sehr früh für die Bewegung gegen Viktor Janukowitsch gestellt und wurde dafür im März 2013 vom neu eingesetzten Übergangspräsidenten Alexander Turtschinow zum Gouverneur des Oblast Dnjepropetrowsk ernannt, einer strategisch in der Auseinandersetzung mit den Anti-Maidankräften bedeutenden Region.

Dort schritt Kolomoiski zur Tat. Er finanzierte Bürgerwehren und später Bataillone der ukrainischen Nationalgarde, die sich vornehmlich aus Faschisten rekrutierten, und lobte Kopfprämien auf „prorussische Separatisten“ aus, also jene, die im Osten und Süden gegen die neue Kiewer Regierung zunächst protestierten und später bewaffnet kämpften. Neben der ukrainischen Armee sollen seine Zahlungen vor allem an das Bataillon „Dnjepr“ gegangen sein, dem Rechten Sektor nahestehende militärische Formationen, die für ihre Skrupellosigkeit gegenüber der Zivilbevölkerung bekannt sind.

Rinat Achmetow: Spät, aber doch

Einer, der lange zögerte, war der reichste Ukrainer, Rinat Achmetow. Er, der seine Operationsbasis im Donbass hat, soll zu Beginn der dort aufkommenden Revolte sogar die Rebellen, die gegen Kiew kämpften, unterstützt haben. Achmetow war vor dem Sturz von Janukowitsch einer der wichtigsten Unterstützer des damaligen Präsidenten, war selbst Abgeordenter für die Partei der Regionen. Lange hielt er sich jedoch mit einer eindeutigen Positionierung zurück, es schien, als müsste er zuerst abwägen, welche Option seinen Geschäften gefährlicher werden konnte.

Letztendlich positionierte er sich aber doch: für die neoliberal-rechte Regierung in Kiew. Im Mai 2014 meldete er sich in einer Videobotschaft zu Wort und bezog eindeutig Stellung gegen die Aufständischen im Süden und Osten der Ukraine. Er organisierte Autokorsos und Medienevents in Stadien, bei denen er Belegschaften seiner Großbetriebe „antanzen“ ließ, um gegen die Separatisten „Wind zu machen“. Geschätzt wird der Stahl-Tycoon auf 11,6 Milliarden US-Dollar Privatvermögen, er herrscht über ein weitläufiges Netz aus Betrieben verschiedenster Branchen, die aus seinem Konzern System Capital Management gesteuert werden. Das größte Unternehmen und Flaggschiff der Gruppe ist der Metall- und Minenkonzern Metinvest.

Achmetow hielt sich nach seiner Erklärung vor allem in einem seiner Luxushotels in Kiew auf. In der Ostukraine hat er Medienberichten zufolge nur noch wenige Unterstützer, gerade mal 2 % wünschen sich eine Führungsrolle des Oligarchen.[8] Von allen nun auf der Seite der Kiewer Regierung stehenden Oligarchen dürfte Achmetow im Moment derjenige sein, der es am schwersten haben wird, seine vormalige Position zu verteidigen. Seine Fabriken und Unternehmen sind vornehmlich da, wo gerade der Krieg zwischen der ukrainischen Armee und den Volkswehren der selbsternannten Volksrepubliken Donezk und Lugansk tobt, die noch dazu mehr als einmal angekündigt haben, notfalls Vermögen von Oligarchen einzuziehen. Hinzu kommt, dass andere Oligarchen offenbar schon in den Startlöchern stehen, sich ein Stück von Achmetows Kuchen zu holen. „Achmetow ist schon kein Oligarch mehr“, soll Igor Kolomoiski kürzlich in einem Fernsehinterview gesagt haben.[9]

Momentan trifft zu, was Fred Schmid vom Institut für Sozial-Ökologische Wirtschaftsforschung (ISW) so formuliert: „Die Angst vor der Dynamik der sozialen Revolte eint die Oligarchen-Clique über alle mafiotischen Rivalitäten hinweg im Kampf gegen das Volk in der Ost-Ukraine.“ Nachdem diese Schlacht geschlagen ist, stehen sicher erneut Verteilungskämpfe zwischen den verschiedenen Clans an.[10]

Schlechte Aussichten auch für Oligarchen?

Einige Oligarchen, vor allem die aus dem nächsten Umfeld Viktor Janukowitschs, haben durch den Euromaidan und die neuen Machtverhältnisse verloren. Sie mussten die Flucht antreten, so mancher von ihnen ging ins russische Exil. An der politischen wie ökonomischen Form der Herrschaft einer kleinen Schicht von Großkapitalisten hat das nichts geändert. Männer und Frauen wie Julia Timoschenko, Igor Kolomoiski, Petro Poroschenko, Rinat Achmetow, Dimitro Firtasch oder der nach dem Euromaidan zum Gouverneur von Donezk gekürte Stahlmagnat Serhij Taruta regieren nach wie vor die Ukraine.

Verbessert hat sich für die große Masse der Bevölkerung durch den Maidan nichts, im Gegenteil, die prowestliche Ausrichtung wird durch weitere Liberalisierungen und Privatisierungen sowie durch die damit verbundenen Austeritäts- und Kürzungsprogramme[11] zur weiteren Pauperisierung der Bevölkerung führen. Im Moment bedienen sich die Oligarchen zur Durchsetzung ihres Herrschaftsanspruches gegen die Aufständischen im Osten und Süden sogar faschistischer Milizen, ein neues Stadium der Barbarei wurde erreicht. Wie auch immer der Krieg gegen die vermeintlichen und tatsächlichen Separatisten ausgehen wird: Der Euromaidan hat das entscheidende Problem der Ukraine, die Oligarchisierung, nicht gelöst.

Quellenhinweise im Anhang auf Seite 293

Thomas Eipeldauer

geb. 1983, studierte Philosophie und Geschichte in Wien und Tübingen. Seit März 2013 ist er als Redakteur beim Nachrichtenmagazin Hintergrund. Außerdem schreibt er für die Tageszeitung junge Welt. Schwerpunktmäßig arbeitet er zu sozialen Kämpfen in der europäischen Peripherie sowie zu Innen- und Außenpolitik der Türkei. Im Februar 2014 berichtete er aus Kiew von den Euromaidan-Protesten.

Sebastian Range

Rückkehr zu Russland?

Über die absehbare Sezession der Krim

„Die Siegesparade wird in einem ukrainischen Sewastopol stattfinden!“, erklärte der ukrainische Verteidigungsminister Waleri Geletej, nachdem seine Truppen die von Aufständischen kontrollierte Stadt Slawjansk Anfang Juli erobert hatten. Die größte Stadt der Halbinsel Krim ist nicht nur Heimat der russischen Schwarzmeerflotte, seit dem 21. März 2014 liegt sie auch auf russischem Staatsgebiet. Mit seiner unverblümten Kriegsdrohung Richtung Moskau habe der Minister „den Mund sehr voll genommen“, kommentierte die *Berliner Zeitung* beispielhaft für eine Öffentlichkeit, die solcherlei Aussagen nicht so recht ernst nehmen will.[1] Die in der Kiewer Regierung sitzenden Nationalisten wollen sich jedoch keineswegs mit dem Verlust der Krim abfinden. Sollten sich die Machtverhältnisse im Land – insbesondere im gegenwärtig umkämpften Donbass – zugunsten Kiews konsolidieren, dann wird das weitere Schicksal der Krim wieder auf der Tagesordnung stehen. Zumal die Scharfmacher in Washington bereits entsprechende Signale senden. So sprach sich der einflussreiche US-Senator John McCain wenige Tage nach dem Absturz des malaysischen Airliners MH17 für Waffenlieferungen an die ukrainische Regierung aus, „damit sie ihr Territorium zurückerobern“ kann.[2]

Kehrt der internationale Konflikt um die Ukraine zu seinem Ausgangspunkt zurück? Die Frage kann bereits im Ansatz verneint werden, da sie eine falsche Voraussetzung enthält: Die Ereignisse auf der

Krim im Februar und März 2014, die im Beitritt zu Russland gipfelten, waren nur nach Lesart westlicher Regierungen Ausgangspunkt der internationalen Krise, die in stetig steigender Konfrontation mit Moskau, einschließlich verhängter Sanktionen, mündete. Auch in der Darstellung der Leitmedien wurden diese Ereignisse zumeist fein säuberlich von denen auf dem Maidan in Kiew und dem Rest des Landes getrennt, was sich sprachlich darin ausdrückte, dass die Berichterstattung plötzlich nicht mehr unter dem Stichwort „Ukraine-Krise" subsumiert wurde, sondern allenthalben nur noch von der „Krimkrise" die Rede war.

Was sich auf der Krim Ende Februar mit dem Auftauchen der ersten „Selbstverteidigungskräfte" bis zum Beitritt Russlands einen Monat später ereignete, ist nur vor dem Hintergrund des Geschehens in der ganzen Ukraine nachvollziehbar.

Für das Verständnis ist es daher unerlässlich, sich die Abfolge der Ereignisse ins Gedächtnis zu rufen, die zur – wie sich zeigen wird, absehbaren – Abtrennung der Krim von der Ukraine geführt haben.

Erleichtert wurde diese Abtrennung durch den Sonderstatus, den die Halbinsel mit ihren rund zwei Millionen Einwohnern seit dem Zusammenbruch der Sowjetunion als „Autonome Republik Krim" genießt. Per Dekret war die zu Russland gehörende Krim 1954 von Nikita Chruschtschow, Regierungschef der Sowjetunion, der Ukraine zugeordnet worden. Anfang der 1990er Jahre durchgeführte Referenden, in denen sich die mehrheitlich russische Bevölkerung für die vollständige Unabhängigkeit der Halbinsel aussprach, wurden von Kiew nicht anerkannt. De jure blieb die Krim eine Verwaltungseinheit der Ukraine. Im Unterschied zu anderen Regionen des Landes besaß sie jedoch eine eigene Verfassung, ein eigenes Parlament und eine eigene Regierung.

Genau einen Monat vor dem Sturz des Präsidenten Janukowitsch, am 22. Januar 2014, verabschiedete das Parlament der Krim eine Erklärung, in der es sich von der Maidan-Protestbewegung und deren

Gewalttaten distanziert. Insbesondere wird darin auf den rechtsextremen, nationalistischen Charakter der Proteste hingewiesen, der unter anderem in der Anbringung eines Porträts des Nazi-Kollaborateurs Stepan Bandera an der Fassade des Kiewer Rathauses zum Ausdruck komme. Die Erklärung endet mit der Ankündigung, das Krim-Parlament werde ein Referendum über die Unabhängigkeit der Halbinsel abhalten, sollten die Anhänger Banderas in Kiew an die Macht kommen. Unter keinen Umständen werde man die Krim „Extremisten und Neonazis" überlassen.[3]

Berichte der *Reuters*-Korrespondenten Pavel Polityuk und Richard Balmforth bestätigen die Sichtweise des Krim-Parlaments. Rechtsextremisten hätten sich demnach der Proteste auf dem Maidan bemächtigt. „Mit ihrem rabiaten Vorgehen haben sie die Protestbewegung gekapert", schreiben sie am 25. Januar.[4]

Während in Kiew unter Beteiligung des deutschen Außenministers eine Vereinbarung über die Beilegung der Krise ausgehandelt wurde – das Abkommen vom 21. Februar, das nach bereits 24 Stunden durch den Sturz von Präsident Janukowitsch obsolet wurde – , erklärte der Parlamentspräsident der Krim, Wladimir Konstantinow, mit einem Austritt der autonomen Republik aus der Ukraine sollte man sich „jetzt nicht befassen". „Denn heute wird der Kampf nicht um die Krim, sondern um die Stadt Kiew geführt. Die Stadt darf auf keinen Fall verloren werden."[5]

„Verloren gegangen" waren in den Tagen zuvor Städte in der Westukraine, in denen nationalistische Gruppen die Macht an sich rissen. Dabei stürmten sie unter anderem in Lemberg, Iwano-Frankiwsk und Ternopil Polizeigebäude, plünderten Waffendepots des Militärs, brannten Verwaltungsgebäude des verhassten „Regimes" nieder oder besetzten sie. Über 1 000 Schusswaffen und erhebliche Mengen Munition sollen sie währenddessen erbeutet haben.[6] Der weißrussische Außenminister Wladimir Makej drückte anschließend seine Besorgnis über „die Situation an unseren Südgrenzen“ aus, „weil riesige Mengen von Waffen, darunter aus Arsenalen des Innenministeriums und der Streitkräfte der Ukraine in die Hände von unbekannten Personen geraten sind“.[7]

Nach einer „Nacht der Gewalt, in der Demonstranten öffentliche Gebäude besetzten und die Polizei zur Aufgabe zwangen“, so *n-tv* am 19. Februar, erklärte die Regionalversammlung von Lemberg die Unabhängigkeit von Kiew, andere Regionen folgten dem Beispiel.[8] Die Westukraine ist eine traditionelle Hochburg der rechten nationalistischen Bewegung. Die faschistische Swoboda holte bei den Parlamentswahlen 2012 in den Oblasten Lemberg, Ternopil und Iwano-Frankiwsk über 30 % der Stimmen.

Bereits im Januar kam es dort zu Auflösungserscheinungen der offiziellen staatlichen Strukturen und einer Art „Doppelherrschaft“. „Polizei und Bürgerwehren patrouillieren gemeinsam auf den Straßen“, vermeldete die *Bundeszentrale für politische Bildung* am 27. Januar über die Verhältnisse in der Stadt Riwne, während in Lemberg „oppositionelle Gruppen einige örtliche Verwaltungen“ übernommen hätten.[9] Wie auch in anderen westukrainischen Städten hatten sich in Riwne Polizeieinheiten auf die Seite der Demonstranten geschlagen oder den Dienst quittiert. Bei den „Bürgerwehren“ handelte es sich indes um Kampfverbände rechtsextremer Organisationen.

Keine westliche Regierung sprach angesichts der Unabhängigkeitserklärungen westukrainischer Regionen vorwurfsvoll von „Separatismus“. Es erfolgten ihrerseits auch keine Aufforderungen, die Waffen niederzulegen, Verwaltungsgebäude freizugeben und die territoriale Integrität der Ukraine zu respektieren.

Sorgen um letztere machte sich jedoch das ukrainische Verteidigungsministerium, das Anfang Februar „die Erstürmung öffentlicher Gebäude“ als „inakzeptabel“ bezeichnete und davor warnte, dass eine „Verschärfung der Konfrontation die territoriale Integrität“ der Ukraine bedrohe.[10] Unverzüglich schaltete sich NATO-Generalsekretär Anders Fogh Rasmussen ein und drohte für den Fall eines Eingreifens der ukrainischen Armee. Diese müsse „neutral" bleiben.[11]

Erst als am 22. Februar die nationalistischen Kampfverbände in Kiew die Janukowitsch-Regierung gewaltsam stürzten, entdeckte die westliche Politik plötzlich ihr Interesse an der territorialen Unversehrtheit des Landes, die es selbstverständlich nun auch mithilfe des Militärs zu bewahren gelte.

Nur zwei Tage dauerte es, bis die USA und die EU den neuen Machthabern in Kiew ihre Anerkennung aussprachen. Das ging nicht nur erstaunlich schnell, auffällig war auch die Einmütigkeit, mit welcher die Frage der territorialen Integrität in den Vordergrund gedrängt und damit erstmals problematisiert wurde. Alle Länder hätten die „Unabhängigkeit, Souveränität und territoriale Integrität der Ukraine" zu respektieren, erklärte EU-Kommissionssprecher Olivier Bailly.[12]

Die Verteidigungsminister der 28 NATO-Staaten unterstrichen bereits am 24. Februar in einer Erklärung ihre Unterstützung für eine „souveräne, unabhängige und stabile Ukraine".[13] Selbst Kanadas Premierminister Stephen Harper schaltete sich ein und warnte, eine Verletzung der Souveränität sei ein „großer und schwerer Fehler". „Die territoriale Integrität der Ukraine muss respektiert werden."[14]

Die neuen Machthaber waren noch keine 24 Stunden im Amt, da betonte bereits Bundeskanzlerin Angela Merkel in einem Telefongespräch mit Russlands Präsidenten Wladimir Putin, die „territoriale Integrität" der Ukraine müsse „gewahrt bleiben".[15]

Da sich die westlichen Unterstützer der neuen Machthaber in Kiew darüber bewusst waren, dass sich Teile des Landes mit den neuen Verhältnissen unter einer faschistoiden Regierung nicht abfinden würden, wurde mit dem Schlagwort „territoriale Integrität" der Weg geebnet, um in der weiteren öffentlichen Debatte jedwede Unabhängigkeitsbestrebung von Kiew als (prorussischen) Separatismus und völkerrechtswidrigen Akt denunzieren zu können.

„Die Situation in der Ukraine, insbesondere auf der Krim, erfüllt uns mit großer Sorge", erklärte Verteidigungsministerin Ursula von der Leyen im Vorfeld eines NATO-Treffens am 2. März. Es sei „jetzt wichtig, dass vor allem ein Auseinanderbrechen der Ukraine verhindert wird und die besonnenen Kräfte im Land gestärkt werden."[16]

Besonnenheit war von der neuen Regierung in Kiew jedoch kaum zu erwarten, die sich mit Gewalt eine Mehrheit im Parlament verschafft hatte und in der Faschisten und nationalistische Extremisten über wichtige Positionen verfügten. Diese machten sich unverzüglich an die ihrerseits ausgerufene „Ukrainifizierung" des Landes: Büros der Partei der Regionen und der Kommunistischen Partei wurden zerstört, russische Sender abgestellt und sowjetische und antifaschistische Denkmäler zu dutzenden geschleift.

Bereits zwei Tage nach der Machtergreifung kündigten Funktionäre des Rechten Sektors an, ihre bereits aufgebauten paramilitärischen Einheiten auf die Krim zu schicken, um alle Versuche „rigoros zu bestrafen", die „territoriale Integrität der Ukraine" zu verletzen.[17] Dort eskalierte die Situation, als es am 26. Februar vor dem Parlament der Hauptstadt Simferopol – wo eine Abstimmung über den Autonomie-Status auf der Tagesordnung stand – zu gewalttätigen Auseinandersetzungen zwischen einigen tausend Gegnern und Anhängern Kiews kam. Bei den Auseinandersetzungen wurden laut Medienberichten zwei Menschen getötet und 30 verletzt.[18] Ungewöhnlicherweise dominierten „Allahu Akbar"-Rufe die Pro-Maidan-Demonstration, da diese sich vornehmlich aus den Reihen der Krimtataren rekrutiert hatte, die der muslimischen Religionsgemeinschaft angehören und etwa 12 % der Krim-Bevölkerung stellen.

Unter dem Vorwurf der Kollaboration mit den Nazis wurden die Krimtataren unter Stalin nahezu komplett von der Halbinsel deportiert. Erst gegen Ende der Sowjetunion begann die Rückkehr der Vertriebenen und ihrer Nachkommen in die Heimat. Ob jedoch alleine die auf dieser Historie basierende Angst vor Russland ausschlaggebend war für die Blockade des Parlaments, kann angesichts des Einflusses extremistischer Gruppen, die ihre eigenen Rechnungen mit Russland offen haben, bezweifelt werden.

Laut einem Bericht der *FAZ* habe die islamistische „Hizb ut-Tahrir" auf der Krim tausende Mitglieder und Unterstützer.[19] Die radikale Gruppierung ist in vielen Ländern verboten, darunter auch Deutschland und Russland. Mit dem Beitritt zu Russland wurde die Organisation auch auf der Krim in die Illegalität gedrängt.

Wie *Spiegel-Online* am 28. Februar unter Berufung auf geleakte E-mails berichtete, hätten „führende Funktionäre des rechtsextremen Rechten Sektors" versucht, „die Krimtataren zur Unterstützung bei Terrorakten gegen Russen auf der Krim" anzustiften.[20]

Zeitgleich rief Parteichef Dmitri Yarosh gar islamistische Terroristen aus Tschetschenien zur Hilfe – er selbst soll einst in ihren Reihen gegen Russland gekämpft haben. Gegen diesen Mann hat Interpol im Juli einen internationalen Haftbefehl wegen „öffentlicher Anstiftung zum Terrorismus" ausgestellt.[21]

Zwei Tage nach den Krawallen vor dem Krim-Parlament befand sich das Gebäude in den Händen bewaffneter „Selbstverteidigungskräfte", die mit ihrer Anwesenheit die weitere Arbeit der Legislative sichern sollten. Bei den rund 30 Männern handelte es sich laut Gennadi Moskal, Abgeordneter der Vaterlandspartei in Kiew und ehemaliger Leiter der Krim-Polizei, um meuternde Angehörige der Sonderpolizeieinheit Berkut.[22] Während das ukrainische Innenministerium die Berkut am Vortag, also am 27. Februar, offiziell auflöste, wurden die aus Kiew zurückkehrenden Mitglieder der Sondereinheit am gleichen Tag von den Einwohnern der Krim auf der Straße wie Helden empfangen. Es war viel „Schulterklopfen" nötig, um die

Männer wieder aufzurichten, die öffentlich um Vergebung dafür baten, dass sie „die Faschisten in Kiew nicht aufhalten konnten".[23]

Nach der Besetzung des Parlaments, das daraufhin unverzüglich seine Arbeit fortsetzte, rief Kiews Übergangspräsident Alexander Turtschinow Russland dazu auf, die „nackte Aggression gegen die Ukraine" umgehend zu stoppen.[24]

In den Folgetagen entglitt Kiew vollständig die Kontrolle über die Halbinsel, nachdem neben den Selbstverteidigungskräften, die weitestgehend die öffentliche Ordnung auf der Krim übernommen hatten, deutlich besser ausgerüstete und professioneller auftretende, bewaffnete Einheiten ohne Hoheitsabzeichen die ukrainischen Kasernen blockierten. Kiew und der Westen vermuteten von Anbeginn – wie später von Moskau eingestanden, auch zu Recht – hinter diesen „grünen Männchen" russische Soldaten. Diese waren offenbar bereits auf der Krim im Rahmen eines Abkommens stationiert, das die Anwesenheit von insgesamt 25 000 russischen Soldaten auf der Halbinsel erlaubt.

Der ukrainische Vertreter bei der UNO, Jurij Sergejew, forderte den Sicherheitsrat daraufhin auf, die „brutale Aggression der Russischen Föderation" zu stoppen.[25]

Kiew läutete zu einer landesweiten Mobilmachung, alle Männer im wehrfähigen Alter sollten sich bei den Wehrkreiskommandos einfinden. Interimspräsident Turtschinow ordnete die Herstellung der „vollen Kampfbereitschaft" an. Die ukrainische Regierung werde einen russischen Militäreinsatz nicht hinnehmen, erklärte Ministerpräsident Jazenjuk. Eine Intervention Russlands würde „den Beginn eines Krieges und das Ende aller Beziehungen" bedeuten.[26] Man werde „kein einziges Stückchen Erde" hergeben, tönte Swoboda-Führer Oleg Tjagnibok. Kiew bat die NATO um Beistand, während das Parlament der Krim Russland um „Schutz vor gewaltbereiten ukrainischen Nationalisten und Extremisten" ersuchte.[27]

Dass es nicht zum großen Showdown zwischen den „grünen Männchen“ und den von ihnen belagerten ukrainischen Soldaten kam – und damit zum Krieg zwischen Russland und der vom Westen unterstützen Ukraine –, ist weder dem Willen und Wollen noch etwaiger Besonnenheit der Kiewer Machthaber geschuldet. Denn diese wollten „ihre“ Soldaten durchaus gegen die vermeintlichen russischen Invasoren kämpfen sehen. Die ukrainischen Truppen auf der Krim hatten aus Kiew die Anweisung, „notfalls Gewalt anzuwenden“, wie *Spiegel-Online* vermeldete.[28]

Der große Knall blieb aus, weil sich die ukrainischen Truppen auf der Krim weigerten, die Befehle Kiews auszuführen. Große Teile von ihnen liefen gar mit wehenden Fahnen über, allen voran Denis Beresowski, Chef der ukrainischen Marine.

Auch in der Ukraine verweigerten Armeeeinheiten den Marschbefehl Richtung Krim. „Wir erhielten heute (3. März) den Befehl, uns auf die Halbinsel Krim zu begeben, und dort die Aktivitäten der ‚Selbstverteidigungskräfte‘ zu unterbinden. Wir haben uns geweigert, den Befehl auszuführen“, zitiert die Nachrichtenagentur *Itar-Tass* ein Mitglied einer in der zentralukrainischen Stadt Kirowograd stationierten Spezialeinheit.[29]

Kiews Truppen meuterten. Um diese faktische Realität zu leugnen und den eigenen Gesichtsverlust möglichst gering ausfallen zu lassen, schloss Übergangspräsident Turtschinow am 12. März einen Militäreinsatz auf der Krim mit der Begründung aus, damit würde die ukrainische Grenze zu Russland „bloßgelegt“. 12 Tage später erfolgte dann die offizielle Erklärung des Rückzugs der ukrainischen Truppen, die nicht übergelaufen waren.

Die offizielle Bilanz fiel nach Angaben des ukrainischen Verteidigungsministeriums für Kiew verheerend aus: Von insgesamt 18 000 ukrainischen Soldaten auf der Krim liefen 13 700 zu den Russen über. Von den verbliebenen 4 300 Armeeangehörigen hatten laut dem russischen Generalstabschef Waleri Gerassimow nur 1 500 ihren Dienst in den ukrainischen Streitkräften fortgesetzt.[30]

Durch die Intervention der ohne Hoheitsabzeichen agierenden russischen Truppen liefen alle Pläne Kiews ins Leere, die Unabhängigkeitsbestrebungen der Krim mit Gewalt zu unterbinden. Mit dem Referendum am 16. März, bei dem 96,77 % der Abstimmenden für einen Anschluss an Russland votierten, waren die Weichen endgültig gestellt. Am 18. März stellte das Parlament der Krim einen entsprechenden Beitrittsantrag, dem drei Tage später durch den russischen Föderationsrat stattgegeben wurde. Selbstredend wurde der Beitritt von der NATO und der Europäischen Union nicht anerkannt.

Angesichts der Eindeutigkeit des Ergebnisses spekulierten westliche Medien über Wahlfälschungen. Schließlich stellen „ethnische Ukrainer" rund ein Viertel der Krimbevölkerung, was zusammengenommen mit den Krimtataren (12 %) ein solches Ergebnis unmöglich machen würde. Dabei wird außer Acht gelassen, dass die Gegner des Beitritts an der Abstimmung zumeist gar nicht erst teilgenommen haben dürften – es gab Boykottaufrufe. Die offizielle Wahlbeteiligung lag bei 83,1 %. Zudem deckt sich die „ethnische" Zugehörigkeit nicht immer mit dem eigenen kulturellen Selbstverständnis. Wie es um das Selbstverständnis auf der Krim bestellt ist, darüber gibt eine repräsentative Umfrage aus dem Jahr 2008 Auskunft, die die *Bundeszentrale für politische Bildung* auf ihrer Webseite präsentiert.

Demnach antworteten 8,3 % der befragten Einwohner mit „ukrainisch" bzw. 8,6 % mit „krimtatarisch" auf die Frage, mit welcher kulturellen Tradition sie sich assoziieren. Selbst die längst untergegangene Sowjetunion wurde mit 14,6 % öfter genannt.[31]

Auch der erzeugte Eindruck trügt, das Referendum habe unter „vorgehaltenen Gewehrläufen" (Barack Obama) stattgefunden. Denn „Adressaten der Gewaltandrohung waren nicht die Bürger oder das Parlament der Krim, sondern die Soldaten der ukrainischen Armee", bewertet der Professor für Strafrecht und Rechtsphilosophie der Universität Hamburg, Reinhard Merkel, die Vorgänge in der *FAZ*.[32] Die russischen Streitkräfte hätten „die ukrainischen Kasernen blockiert und nicht etwa die Abstimmungslokale überwacht".

Während der Westen den Anschluss der Krim an Russland als einen „aggressiven Akt", als eine „Annexion" verurteilt, – Kanzlerin Merkel sprach gar von einem „Raub"[33] – so bleibt doch festzuhalten, dass die Krim-Bevölkerung nicht angsterfüllt vor den einrückenden „Invasoren" die Flucht ergriff, sondern mehrheitlich mit Erleichterung und Genugtuung deren Präsenz auf den Straßen begrüßte. Und während ukrainische Truppen auf der Krim mit wehenden Fahnen zum vermeintlichen Feind überliefen, baten Nachbarregionen darum, selbst auch unter die Fittiche der angeblichen „Räuber" genommen zu werden – etwaige Unabhängigkeitsbestrebungen wurden dort in Folge von Kiew mit militärischer Gewalt unterdrückt.

Wie auch immer die Intervention der russischen „Grünen Männchen" auf der Krim völkerrechtlich zu bewerten ist, sie hat objektiv die Bedingungen geschaffen, um den von der großen Mehrheit der Bevölkerung gewünschten und eingeforderten politischen Übergang ohne Blutvergießen umzusetzen.

Die Rede von Annexion sei „Propaganda", so Reinhard Merkel. Auf der Krim sei es zu einer Sezession gekommen, also zu einer „Erklärung der staatlichen Unabhängigkeit, bestätigt von einem Referendum, das die Abspaltung von der Ukraine billigte". Ihr folgte der Beitrittsantrag zur Russischen Föderation, den Moskau annahm. Der Unterschied zwischen Annexion und Sezession sei „ungefähr der zwischen Wegnehmen und Annehmen".

Professor Merkel fasst die komplizierte rechtliche Lage zusammen: „Hat Russland die Krim annektiert? Nein. Waren das Referendum auf der Krim und deren Abspaltung von der Ukraine völkerrechtswidrig? Nein. Waren sie also rechtens? Nein; sie verstießen gegen die ukrainische Verfassung (aber das ist keine Frage des Völkerrechts). Hätte aber Russland wegen dieser Verfassungswidrigkeit den Beitritt der Krim nicht ablehnen müssen? Nein; die ukrainische Verfassung bindet Russland nicht. War dessen Handeln also völkerrechtsgemäß? Nein; jedenfalls seine militärische Präsenz auf der Krim außerhalb seiner Pachtgebiete dort war völkerrechtswidrig. Folgt daraus nicht, dass die von dieser Militärpräsenz erst möglich gemachte Abspaltung der Krim null und nichtig war und somit deren nachfolgender Beitritt zu Russland doch nichts anderes als eine maskierte Annexion? Nein."

Solch differenzierte Ansichten zur Krimfrage hört man von Vertretern westlicher Regierungen vergebens. Inwieweit die USA und die EU bereit sein werden, sich mit den von der Krimbevölkerung mithilfe Russlands geschaffenen Tatsachen praktisch abzufinden, bleibt abzuwarten. Die ukrainischen Nationalisten werden sich mit diesen Tatsachen allerdings kaum arrangieren, doch gegenwärtig haben sie zu deren Revision nicht die Mittel.

Ein kleiner Lichtblick für die Bewohner der Krim konnte immerhin Anfang Juli vermeldet werden. Die Internationale Zivilluftfahrtorganisation (ICAO) kündigte die Rückkehr von internationalen Fluggesellschaften auf die Halbinsel an, nachdem sie die Krim als russisches Territorium anerkannt hatte – zumindest hinsichtlich der Regelung des Flugverkehrs über der Krim.

Quellenhinweise im Anhang ab Seite 294

Sebastian Range

geb. 1975, lebt in Berlin. Er arbeitet als Redakteur beim Nachrichtenmagazin Hintergrund und publiziert zu den Themen Geheimdienste, Terrorismus, Krieg und deren geopolitische Zusammenhänge. Schwerpunkte der letzten Jahre waren neben dem NSU-Skandal die Konflikte in Libyen, Syrien und der Ukraine.

Kai Ehlers

Und immer noch die Ukraine

Spielball auf dem Weg zu einer multipolaren Welt

Dies eine ist selbst für Petro Poroschenkos Förderer nicht zu leugnen: Sein „Friedensplan", wie er von ihm im Juni vorgelegt wurde, war kein Angebot zu Verhandlungen, sondern ein Katalog, der Unterwerfung von denen fordert, die bereit sind zu kapitulieren, während er die Übrigen mit Ausweisung oder – wenn sie weiter Widerstand leisten wollen – mit Liquidation bedroht.[1]

Vorübergehend sah es so aus, als ob selbst dieses arge Dokument dazu beitragen könnte, eine gewisse Gesprächsbereitschaft auf allen Seiten zu fördern. Es war aber sehr schnell unübersehbar, dass auch nach Vorlage des „Friedensplanes" weiter geschossen wurde und weiter geschossen wird – bis zum Abfassen dieses Schreibens. Geschossen wird von beiden Seiten, und es gilt festzustellen, dass Poroschenko selbst die Bombardierung der zivilen Bevölkerung nicht scheut und dass der Strom von Flüchtlingen, der sich in die Russische Föderation nach Norden, auf die Krim nach Süden und selbst in den Westen des Landes wälzt, in nicht zu kontrollierender Weise in die hunderttausende geht.[2]

Gerechtfertigt wird dies alles mit dem Mandat, das Wladimir Putin sich nach dem Umsturz in Kiew vom Föderationsrat Russlands ausstellen ließ, um zum Schutz „russischer Landsleute" militärisch in der Ukraine eingreifen zu können.[3] Gerechtfertigt wird es auch jetzt noch damit, nachdem Wladimir Putin den Föderationsrat längst aufgefordert hat, die ihm erteilte Vollmacht zur Intervention in die Ukraine wieder aufzuheben. Gerechtfertigt wird es weiterhin ungeachtet diverser Aufforderungen des russischen Präsidenten an die Adresse der Aufständischen im Donbass und ihrer russischen Unterstützer, die Waffen niederzulegen.

Der Absturz der malaysischen Boeing 777 über dem umkämpften ost-ukrainischen Gebiet, bei dem 298 Passagiere und eine nicht gezählte Anzahl Einwohner vor Ort den Tod fanden und für den nicht sicher ausgeschlossen werden kann, ob nicht eine der Konfliktparteien dafür die Verantwortung trägt, führte nicht etwa zur Besinnung oder wenigstens zu einem vorübergehenden Waffenstillstand. Der Absturz wurde von der Kiewer Regierung vielmehr zum Anlass für eine Intensivierung ihrer „Offensive gegen den Terrorismus" genommen und führte so zu einer weiteren Eskalation der Kämpfe im Lande selbst und einer Intensivierung der ukrainischen und westlichen Propaganda gegen Putin als dem angeblich Verantwortlichen für diese Katastrophe.

Unter dem Eindruck dieser Situation stellen sich einige grundlegende Fragen, die hier nicht erschöpfend beantwortet, aber doch wenigstens in ihrer prinzipiellen Bedeutung aufgezeigt werden sollen.

Die wichtigste Frage, die unter unterschiedlichen Aspekten immer wieder auftaucht, lautet: Wird Russland sich in der Weise provozieren lassen, dass es militärisch in die ukrainischen Konflikte eingreift? Und wenn nicht, wie die aktuellen Schritte Putins deutlich zu machen scheinen, dann stellt sich wiederum die Frage, warum nicht.

Scheut Russland vor der Gefahr einer internationalen Isolierung, einem vielleicht gar möglichen militärischen Großkonflikt mit den Westmächten, zurück? Antwort: Sicher, ja. Positiv gesprochen, Russland hat weder Interesse an einer Zerstörung seiner wirtschaftlichen und kulturellen Beziehungen zu den Ländern des Westens, auch wenn es sich China annähert, noch an einer militärischen Konfrontation. Russland ist nach wie vor damit beschäftigt, sich aus dem Trümmerfeld herauszubewegen, in das es mit dem Zusammenbruch der Sowjetunion versunken war. Die russischen Sorgen resultieren dabei aber weniger aus der Angst vor einem dritten, oder wie manche meinen, vierten Weltkrieg; ein Weltkriegsszenario gilt auch für Russland, trotz allen berechtigten Misstrauens gegenüber den Hegemonialdynamiken des Westens, der USA, aber auch der EU, als nicht aktuell.[4]

Offensichtlich aktuell sind jedoch die Sorgen Russlands, sich an der ukrainischen Krankheit anzustecken. Diese Sorgen haben Russland verleitet, sich auf eine übereilte Einverleibung der Krim einzulassen. Diese Sorgen veranlassen Russland jetzt, sich demonstrativ aus den innerukrainischen Konflikten herauszuhalten. Die ukrainische Krankheit – das ist nicht etwa nur der Separatismus, nicht etwa nur der russische Nationalismus, der sich im Zuge der Kämpfe, im Gefolge der Flüchtlingsströme in Russland spiegelbildlich zu einem ukrainischen ausbreiten könnte. Es ist vor allem die Dynamik einer sozialen Revolte, die gegen die Ergebnisse der 25-jährigen Oligarchisierung in der Ukraine rebelliert und die sich über die Grenzen der Ukraine auch auf russisches Land ausweiten könnte. Denn zwar hat Russland das Stadium des nackten, privaten Oligarchentums, wie es heute noch in der Ukraine herrscht und jetzt unter Poroschenko noch einmal gefestigt werden soll, zugunsten eines staatlich eingebundenen Oligarchentums hinter sich gelassen, aber das hat die sozialen Differenzen zwischen Arm und Reich, zwischen den glitzernden Megastädten und den prekären Lebensverhältnissen auf dem Lande und in den Regionen nicht geringer werden lassen, sondern sie zu neuen sozialen Spannungen verschärft, die auf Lösung drängen. Ein Partisanenkrieg an Russlands Bauch, ein Flüchtlingsstrom, der die russische Wirtschaft und Gesellschaft belastet, könnte unter diesen Umständen auch für Russland Unruhe bedeuten.[5]

Aber die Frage hat noch einen tieferen Kern: Was sind die Ziele der Volksrepublik Donbass/Lugansk und der mit ihnen sympathisierenden Menschen in anderen Teilen der Ukraine – selbst in Kiew und im Westen des Landes, wenn auch durch die dort zurzeit herrschenden nationalistischen Kräfte überdeckt? Auf den Punkt gebracht, wenn auch keineswegs von allen „prorussischen", „separatistischen" oder einfach nur „antioligarchischen" Kräften gleichermaßen in klarem Bewusstsein vertreten: die Forderung nach Selbstbestimmung gegenüber der Fremdbestimmung und Ausbeutung durch das oligarchische und jetzt auch noch vom Westen unterstützte Kapital, die Forderung nach räterepublikanischen Lebens- und Verwaltungsstrukturen, kurz: ein aus der Spontaneität kommender radikaler antioligarchischer, antikapitalistischer Ansatz mit starken Rückbindungen an sozialistische Traditionen. Nicht von ungefähr zogen in Donezk zehntausende Stahlarbeiter mit Forderungen nach Vergesellschaftung der großen Betriebe durch die Stadt. Solche Demonstrationen lassen die Basis der Unzufriedenheit erahnen, die unsicher, aber doch wahrnehmbar zurzeit ihren politischen Ausdruck sucht.[6]

Wenn Poroschenko gegen diese Bewegung, deren Grundziele Selbstbestimmung, regionale Selbstverwaltung und Föderalisierung des Landes sind, im Namen einer Zentralisierung der Staatsmacht Krieg führen lässt, dann ist das eine klare Aufstandsbekämpfung, dann geht es darum – unterstützt durch seine westlichen Befürworter und Financiers – den antikapitalistischen Funken, der in diesen separatistischen Impulsen liegt, niederzukämpfen.

Ganz prinzipiell verstanden, steht im ukrainischen Konflikt die Forderung nach Selbstbestimmung des Menschen als grundlegendes Menschenrecht, gegen den Willen der herrschenden Eliten, dieses Recht den Profitinteressen des Kapitals eben nicht unterzuordnen. Diese heute auf der globalen Tagesordnung stehende Auseinandersetzung wird in der Ukraine zurzeit exemplarisch ausgefochten – wobei die Motive selbstverständlich nicht in ideologischer Reinheit auftreten, nicht allen Beteiligten gleichermaßen bewusst sind, sondern vermischt sind mit unklaren, widersprüchlichen, nationalistischen, hier und da einfach abenteuernden, und wenn geplündert wird, sogar anti-asozialen Motiven. Aber wann war eine Revolution schon einmal ein Plan, den alle gleichermaßen gefasst hätten? Aufseiten der herrschenden Kräfte ist man andererseits nur in einem einig, nämlich dass diese Positionen nicht hochkommen dürfen.

Diese Haltung gilt selbstverständlich auch für das nachsozialistische Russland bzw. seine herrschende Schicht, die kein Interesse daran haben kann, sich die Unruhe aus dem Süden ins eigene Land zu holen.

Es gibt hier noch vieles zu erörtern, vor allem auch zu beobachten, wie der Konflikt weiter ausgetragen werden wird – wird der revolutionäre Impuls einfach gnadenlos niedergemacht, wird er durch Spaltung teils integriert und neutralisiert, wird er in nationalistische Fahrwasser abgeleitet, proukrainisch gegen prorussisch, in welchen realen Veränderungen der Verhältnisse wird es sich niederschlagen?

So oder so werden die Impulse aus dieser immer noch offenen Situation sich der gesellschaftlichen Wirklichkeit Russlands, Europas und generell unserer heutigen Ordnung einprägen, insofern die Ukraine das Feld ist, auf dem sich die drei entscheidenden Transformationslinien unserer heutigen Welt treffen und überlagern: Das ist die Überwindung des nachsowjetischen Traumas, aus dem heraus neue soziale Formen der Gemeinschaft gesucht werden. Das ist die nachholende Nationalisierung, die diesen sozialen Prozess überlagert. Das ist der Übergang von einer unipolaren zu einer multipolaren Welt, der sich in dem Integrationskonflikt zwischen Europäischer Union und Eurasischer Union, zwischen atlantischem und asiatischem Bündnisgeschehen ausdrückt. Russland als Teil Europas und zugleich Asiens spielt darin eine entscheidende Rolle.

Die Ukraine ist das Feld, auf dem die aus diesen drei Linien resultierenden Konflikte stellvertretend ausgetragen werden. Die Krise der Ukraine ist nicht nur eine lokale, sie ist eine Lokalisierung der globa-

len Auseinandersetzung um eine neue Weltordnung und neue Formen des Zusammenlebens.
Gehen wir zu den drei Transformationsströmen noch ein wenig ins Detail.

Zum Stichwort des nachsowjetischen Traumas

Aus dem Nachlass der Sowjetunion ging die Ukraine 1991, nicht anders als alle anderen Bestandteile der früheren Union, als atomisierte Staats- und Sozialstruktur hervor – paradoxerweise in der Form einer zentralistischen nationalstaatlichen Demokratie. Zugleich verlor sie ihre Position als eine Säule des sowjetischen Imperiums und damit ihre definierte Rolle im Weltgeschehen. Der Verzicht auf die Übernahme der Atomwaffen aus dem sowjetischen Bestand im Oktober 1991 machte das deutlich.[7]

Hier darf ein Hinweis auf die besondere Geschichte der Ukraine nicht fehlen: Über die Jahrhunderte ihrer Existenz war sie Durchgangsraum zwischen Osten und Westen und Streitobjekt zwischen Norden und Süden, angefangen bei den Hunnen im fünften über die Mongolen im 13. Jahrhundert. Danach kamen, um nur die wichtigsten zu nennen, die wechselnden Besetzungen durch Habsburg aus dem Süden, durch die Polen aus dem Norden, die Deutschen aus dem Westen und schließlich die Russen aus dem Nordosten. Auch die Westverschiebung nach der Gründung Polens hatte einschneidenden Charakter. Gerade in diesem Raum gediehen die nationalchauvinistischen Bewegungen. Ergebnis dieser Geschichte ist ein Land, das sich mosaikartig, einem ständig wechselnden Kaleidoskop vergleichbar, aus den verschiedensten historischen, ethnischen, religiösen, politischen und ökonomischen und nicht zuletzt sprachlichen Entitäten zusammensetzt. Vielfalt! Aber auch Zersplitterung pur!

Die Atomisierung der ukrainischen Gesellschaft nach dem Ende der Sowjetunion geschah auf dem Boden dieser anarchischen Diversität. Ergebnis war die extreme Parzellierung des Landes unter der Herrschaft von Oligarchen, die die Reichtümer des Landes, unter der Decke einer formaldemokratischen Ordnung, unter sich aufteilten – keineswegs immer friedlich und bei gleichzeitiger Anarchisierung der Gesellschaft. Die hieraus entstehenden Verhältnisse sind mit Korruption nicht ausreichend beschrieben; das ist vielmehr nackte Willkür von Geld und Macht. Wer überleben will, hat sich zu beugen.

Die Mehrheit der Menschen in der Ukraine wurde auf das Niveau eines Lebens auf dem unteren Existenzminimum gedrückt, viele noch darunter. Unterschiedliche Zukunftsperspektiven entwickelten sich. Ausweg war für viele die Migration nach Russland, wo heute circa sechs Millionen ukrainische Staatsbürger als Gastarbeiter leben bzw. zu überleben versuchen.[8] Andere suchten ihren Ausweg im Zugang nach Europa. Das blieb allerdings ein Traum, solange die Europäische Union die Ukraine weder als Mitglied aufnehmen wollte noch visafreien Zugang gewährte und solange auch unter den ukrainischen Oligarchen die Westöffnung umstritten war. So endete die nach Westen orientierte „orange Revolution" von 2004 mit einem Rückzug der Ukraine auf eine Schaukelposition zwischen Russland, stellvertretend für die Eurasische Union und gegenüber der Europäischen Union, wie Janukowitsch sie bis zum Ende, vor den Maidan-Protesten im November 2013, vertrat.

Im Kiewer „Euromaidan" im November 2013 sowie im Anschluss daran im „Anti-Maidan" im Osten und Süden des Landes kam diese Suche nach zukünftigen Lebensmöglichkeiten voll zum Ausbruch. Auch wenn Menschen, die unmittelbar an den Protesten beteiligt waren, die also glaubhaft versichern können, ihre Erfahrungen direkt und unverstellt gemacht zu haben, davon sprechen, dass den Protestierenden des Maidan, ebenso wie denen des Anti-Maidan Geld für ihre Teilnahme gegeben wurde[9], obgleich sich Victoria Nuland rühmte, die USA hätten seit 2004 fünf Milliarden Dollar in die „Demokratisierung“ der ukrainischen Gesellschaft investiert[10], bleibt dennoch festzuhalten, dass der tragende Impuls des Maidan und mehr noch des Anti-Maidan die existenzielle Unzufriedenheit der Bevölkerung mit dem Oligarchat war und ist.

Diese Tatsache bliebe für den Euromaidan selbst dann noch wahr, wenn sich beweisen ließe, dass auch Teile der Oligarchen die Proteste finanziell unterstützt hätten, mit dem Ziel, Janukowitsch zu stürzen. Für den Anti-Maidan gilt selbstverständlich Vergleichbares – nur dass die Financiers nicht nur auf US-amerikanischer Seite oder auf der Seite der Europäischen Union und nicht nur aufseiten prowestlicher Oligarchen, sondern auch bei den Industriebossen des Südens und Ostens und vielleicht auch in „schwarzen“ russischen Kassen zu suchen wären, die es zweifellos auch heute noch gibt.

Der soziale Grundimpuls des Maidan bleibt auch dann wahr, wenn die anfänglichen Proteste gegen Korruption und Willkür und für eine Öffnung nach „Europa“ im Zuge der Radikalisierung des Maidan durch die nationalistische Rechte usurpiert und der Anti-Maidan durch russische Nationalisten radikalisiert wurde. Es ist sogar zu erwarten, dass durch den Abschluss des Assoziierungsabkommens durch den seit Mai 2014 amtierenden Präsidenten Poroschenko die sozialen Motive der Proteste wieder mehr in den Vordergrund rücken. Spätestens mit Einbruch des kommenden Winters ist durch die in Erfüllung des Vertrages zu erwartenden Preissteigerungen bei Gas, Wasser, Mieten sowie Entlassungen in der Verwaltung wie auch in Betrieben u.a.m. mit rapider Verschlechterung der sozialen Versorgung der Bevölkerung und von daher mit erneuten, diesmal eher von Existenzfragen ausgehenden Protesten zu rechnen – ganz zu schweigen von den zunehmenden Desertionen Wehrpflichtiger und den Protesten gegen weitere Mobilisierungen junger Männer für diesen Krieg.[11]

Wichtig ist in diesem Zusammenhang zu bemerken, dass als bisheriges Ergebnis aller Proteste eine Situation entstanden ist, in der sich die ukrainischen Oligarchen schamlos der seit 1991 getragenen demokratischen Maske entledigen und aus dem Hintergrund, aus dem heraus sie bisher ihre Macht ausgeübt haben, nun unmittelbar zur Herrschaft in eigener Person übergegangen sind. Nicht nur, dass der Oligarch Poroschenko als Präsident eingezogen ist, der eine Zentralisierung des Landes mit Unterstützung faschistischer Kräfte gewaltsam durchsetzen will. Auch die regionalen Oligarchen sind als Regionalfürsten unmittelbar in Regierungsposten eingerückt, von wo aus sie ihre eigenen Truppen kommandieren.

Dies alles geschieht mit Unterstützung westlicher Regierungen, die ihrerseits ein evidentes Interesse daran haben, den prinzipiellen antioligarchischen Grundimpuls der Maidan-Proteste, in Sonderheit die noch stärker in diese Richtung entwickelten Anti-Maidan-Impulse, sofern sie dem neoliberalen kapitalistischen Globalismus gefährlich werden könnten, mit Gewalt zu unterbinden, zumindest, diese ins nationalistische Fahrwasser abzulenken und unter Druck zu halten.

Die Ukraine zeigt: Die Zeiten, in denen sich das globale Kapital – mit geringen Unterschieden zwischen USA, EU und anderen – zur Durchsetzung seiner Austeritätspolitik einer demokratischen Maske bediente, sind offenbar vorbei, sei es aus Stärke oder dem genauen Gegenteil, nämlich aus Schwäche. Das Pendel zur Beantwortung dieser Frage steht auf Mitte. Die Ukraine zeigt deshalb auch: Die Tage, in denen es keinen Widerstand gegen die weltweite neoliberale Expansion gibt, scheinen ebenfalls gezählt. Forderungen nach einem Recht auf soziale Grundversorgung, nach lokaler bzw. regionaler Selbstverwaltung, nach föderaler Kooperation statt ineffektiver nationaler Zentralstaatsdiktatur zum Nutzen des internationalen Kapitals stehen heute teils wieder, teils erstmals in dieser Form auf der Tagesordnung – allerdings nicht nur in der Ukraine.

Krim, Neurussland, Abchasien, Ossetien, Transnistrien im ehemaligen sowjetischen Raum, aber auch Katalonien, Schottland, die Forderungen nach föderativer Regionalisierung der Europäischen Union, statt deren weiterer exekutiver Zentralisierung, sind aktueller politischer Ausdruck dieser Entwicklung in Richtung autonomer Selbstbestimmung. Das Völkerrecht, das seit dem Ersten Weltkrieg in der Polarität zwischen dem Gewaltmonopol des Staates und dem Selbstbestimmungsrecht der Völker einmal so, einmal anders benutzt wird, je nachdem, wie es zu den vorliegenden Interessen passt, wird dieser Entwicklung durch Aufnahme eines dritten Elementes Rechnung tragen müssen, das sich inzwischen herausgebildet hat. Die Rede ist von den Menschenrechten, die geeignet sind, als drittes Kriterium in diesem Zusammenhang die Entscheidung des einzelnen Menschen zu berücksichtigen, unter welchen Umständen, in welcher Gesellschaft, in welchem Staat er leben will.

Stichwort: nachholende Nationenbildung

In einer Zeit, in der die Mehrheit der ehemals kolonisierten Völker auf dem Weg der antikolonialen Befreiungskämpfe längst in den Status unabhängiger Nationen übergegangen sind, wenn man von der Zeit des Ersten Weltkrieges als Beginn der Loslösung der Kolonien von Europa ausgeht, tritt die Bevölkerung der Ukraine mit einer Verspätung von ungefähr 100 Jahren erst heute, erst mit der Erklärung ihrer Unabhängigkeit von 1991, in einen solchen Prozess der nationalen Identitätsfindung ein.

Mit der Erklärung der Unabhängigkeit beginnt für die Ukraine ein Prozess der Entkolonialisierung, der durch die historische Rolle der Sowjetunion in paradoxer Weise aufgehalten, durch deren Implosion danach aber beschleunigt worden ist. Als Republik der Sowjetunion war die Ukraine Teil der Sowjetunion, der die antikapitalistischen Befreiungskämpfe im Rahmen des sowjetischen Blocks mittrug, dabei selbst aber innere Kolonie der Sowjetunion blieb. Nach dem Zerfall der Sowjetmacht wandte sich der seinerzeit nach außen gewendete antikoloniale Impuls nun gegen Russland als Kern der ehemaligen Sowjetunion. Ergebnis ist die untrennbare Vermischung der gegenwärtigen verspäteten Nationenbildung mit tief verankerten antirussischen Sentiments, vor allem in den westlichen Teilen der Ukraine, die sich als antikolonial verstehen.

Hintergrund dafür ist: Russischer, dann sowjetischer Kolonialismus, ist historisch anders gewachsen als britischer, allgemein europäischer, später US-amerikanischer. Die russische Expansion ist eine sammelnde, assoziative, integrierende. Russische Kolonien sind innere Kolonien im Gegensatz zu den europäisch-amerikanischen Überseekolonien; sie wurden zum effektiven Bestand des Zarenreiches, dann der Sowjetunion, bis hinein in die ökonomische Arbeitsteilung. Russische imperiale Realität ist eine Vielvölkerrealität, die ganze Kulturen als eigene Organe versteht.[12]

Daraus folgte zur Zeit der Implosion der Sowjetunion eine äußerst widersprüchliche, komplizierte Form der Ablösung, in der sich ideologische Emanzipation vom Sowjetismus, bis ins Rassistische gehender Antirussismus mit real existierender Verbundenheit und Abhängigkeit in untrennbarer Wechselwirkung mischt. Diese Konstellation gilt mehr oder weniger für alle ehemaligen Republiken der Sowjetunion, selbst für die inneren Republiken des heutigen Russland an der Wolga, in Sibirien und im Kaukasus, allerdings ohne dass dort zurzeit signifikante Austrittstendenzen sichtbar würden. Zu tief sind die Beziehungen im Laufe der Jahrhunderte miteinander verwachsen. Doch mag sich mancher Regime-Changer trotz dieser Tatsachen auch für Russland Hoffnung machen.

Für die Ukraine kommt aber auch hier die schon erwähnte Besonderheit ihrer Fragmentierung dazu. Aus dem Zusammenwirken von aufgestautem antirussisch gefärbtem Antikolonialismus und effektiver Zerrissenheit des Landes bauen sich heute die Mentalität und die Bewegung der nachholenden Nationalisierung, die Parole „Ukraine für die Ukrainer“ auf, die umso extremer hervorbrechen, je klarer sich Teile des Landes gegen solche unifizierenden, noch dazu gewaltsam auftretenden Tendenzen wehren. Noch härter wird die Konfrontation, wenn Teile – wie die Krim oder die südlichen und östlichen Gebiete des Landes – ihre Bindungen an den sowjetischen bzw. jetzt russischen Raum nicht nur nicht aufgeben, sondern wiederherstellen wollen. Dabei sind die separatistischen Kräfte im Süden und Osten keineswegs alle darauf aus, aus dem ukrainischen Zusammenhang auszuscheiden; sie wollen sich nur ihre Beziehungen zu Russland nicht nehmen lassen und autonom über deren Intensität und Nutzen im Rahmen einer föderalen Gesamtstruktur bestimmen.

Extremere Positionen, schon ins Nationalistische abgleitend, fordern die Absonderung der ausgerufenen „Volksrepubliken“ von der Ukraine oder auch ihre Ausgründung als wieder ins Leben gerufenes historisches „Novorossia“. Ganz extreme Stimmen fordern einen Anschluss an Russland. Die Vorstellungen über die endgültige Perspektive sind keineswegs einheitlich. Gemeinsamer Nenner ist allein die Forderung nach Autonomie. Wenn diese Forderung von Kiew akzeptiert würde, könnte ein Gespräch über deren konkrete Ausformung beginnen.[13]

Widersprüchlich sind im Übrigen auch die Positionen der ukrainischen Nationalisten, die den Euromaidan usurpiert hatten und die ihn noch immer dominieren. Obwohl sie vornehmlich aus dem Westen kommen und obwohl sie lautstark die Euro-Propaganda des Maidan propagierten, wollen sie keineswegs nach Europa. Europa gilt ihnen als „schlapp“, dekadent, das den europäischen Liberalismus und die Homosexualität toleriert, welche sie als Krankheit betrachten. Im Kern haben sie den Euromaidan nur genutzt, um ihrer nationalistischen Vision von einer „Ukraine für die Ukrainer“ die Massen zuzuführen.

Aus dieser Konstellation folgt ein Konflikt, der bei rationaler Betrachtung nur über eine Tolerierung lokaler und regionaler Autonomie in föderaler Kooperation lösbar ist. Es sieht aber so aus, als ob gerade dies den Interessen der herrschenden Oligarchen, die Poroschenko heute als Präsident vertritt, insbesondere aber den hinter ihm stehenden Interessen des internationalen Kapitals, vertreten durch die Regierungen von USA und EU, extrem zuwiderläuft, so dass man über die Ausweitung der Europäischen Freihandelszone hinaus auch noch das Projekt der Transatlantischen Handels- und Investitionspartnerschaft (Transatlantic Trade and Investment Partnership, TTIP) verfolgt. Was das europäische, aber auch das US-Kapital für sich anstrebt, sind offene Märkte, die der Realisierung ihres Kapitals keinen – kleinräumigen – Widerstand selbstbestimmter Regionen entgegensetzen können.[14]

Oligarch Poroschenko ist derjenige, der diese Interessen mithilfe nationalistischer und offen faschistischer Kräfte gegen die Aufständischen im Süden und Osten durchzusetzen versucht. Das kann, wenn überhaupt, nur mit militärischer Gewalt gelingen.

Dabei ist anzumerken, dass Poroschenko zwar als Kriegsherr gegenüber den zu „Terroristen" erklärten Separatisten auftritt, tatsächlich aber die eigenen Truppen nicht effektiv unter seinem Kommando hat. Die Einsatzkräfte Kiews zerfallen in mindestens fünf voneinander unabhängige Kategorien, die sich nach unterschiedlichen Graden an Radikalität und Brutalität unterscheiden: das professionelle Kader der Armee, die Wehrpflichtigen, die Nationalgarde, die paramilitärischen Truppen des Rechtsaußen Jarosch und schließlich noch die von Oligarchen vor Ort privat finanzierten Banden. Von diesen fünf hört bestenfalls das professionelle Kader auf Poroschenko. Die Wehrpflichtigen-Armee ist marode. Die Nationalgarde ist aus übrig gebliebenen Maidan-Aktivisten und Abenteurern zusammengestoppelt. Ganz außerhalb des staatlichen Gewaltmonopols agieren Jaroschs Truppen und die Privatbanden der Oligarchen.

Wie brutal auch immer der Vernichtungskrieg gegen die Aufständischen indes geführt wird – politisch und langfristig ist der Impuls der regionalen Selbstbestimmung im föderalen Zusammenhang, vermutlich sogar der einer vollkommenen Ausgliederung der als „Novorossia“ auftretenden Gebiete, nach den vernichtenden Angriffen aus Kiew wohl kaum mehr zu unterbinden. Die Bevölkerung der von den rechten Banden überfallenen, von Poroschenkos Truppen bombardierten Städte und Gebiete, soweit sie nicht schon als Flüchtlinge das Land verlassen hat, ist nach allem, was man von Betroffenen auf der Krim, in Russland, selbst in der zentralen und westlichen Ukraine hört, wohin sie vor dem Bürgerkriegsterror geflüchtet sind, nicht bereit – manche Menschen sind ökonomisch nicht einmal mehr dazu in der Lage –, in eine einheitliche Ukraine zurückzukehren. Mit jedem Tag, den Poroschenko seinen Vernichtungsfeldzug fortsetzt, weiterhin gedeckt durch westliche Politik, die bestenfalls, wie eine ihrer Protagonistinnen, die deutsche Bundeskanzlerin, zur Verhältnismäßigkeit bei der Vernichtungsaktion, nicht etwa zu deren Einstellung auffordert, wird eine Rückkehr dieser Menschen in eine einheitliche Ukraine unwahrscheinlicher. Statt das Land zu festigen, fördert der gewaltsame Zentralisierungsversuch dessen weiteren Zerfall.

Übergang von einer unipolaren zu einer multipolaren Welt

Die Ukraine steht schon lange im Fadenkreuz der US- und NATO-Strategen, besonders auf dem geopolitischen Schachbrett des bekannten Strategen Zbigniew Brzeziński. Er betrachtet die Ukraine als die Figur, die gebraucht wird, um das ganze Feld zu beherrschen. Genauer betrachtet, geht es allerdings inzwischen nicht mehr allein darum zu beherrschen, sondern darum, die Herrschaft zu erhalten, die den USA und in ihrem Schatten der Europäischen Union nach dem Ende der Sowjetunion in den 80ern und 90ern des letzten Jahrhunderts zugefallen war.

Seine Ausgangsposition formulierte Brzeziński nach dem Zusammenbruch der Sowjetunion in seinem Buch *The Grand Chessboard*, im deutschen Titel treffend *Die einzige Weltmacht*[15], in unverhüllter Offenheit. Bei ihm erschien die Ukraine nicht nur als „Filetstück" auf dem globalen Tablett der Ressourcen, sondern darüber hinaus als strategische Figur des globalen Spiels um die Neuordnung der Welt nach dem Ende des Kalten Krieges. Mit Rückgriff auf die geopolitischen Strategien aus der Hochzeit des englischen Imperialismus, wie sie seinerzeit Halford Mackinder in der Auseinandersetzung mit dem damaligen Russland ausarbeitete, formulierte er Anfang der 90er als Leitlinie der US-Geopolitik: Wer die Welt beherrschen wolle, müsse Eurasien beherrschen. Das hätten alle großen Reichsgründer der Geschichte gewusst, von den Mongolen bis hin zu Hitler. Mit dem Niedergang der UdSSR sei diese Aufgabe nunmehr den USA zugefallen. Um Eurasien zu beherrschen, müsse man Russland beherrschen, und um Russland beherrschen zu können, müsse man die Ukraine aus dessen Einflussbereich herausbrechen. „Die Ukraine", schrieb er, „ein neuer und wichtiger Raum auf dem eurasischen Schachbrett, ist ein geopolitischer Dreh- und Angelpunkt, weil ihre bloße Existenz als unabhängiger Staat zur Umwandlung Russlands beiträgt. Ohne die Ukraine ist Russland kein eurasisches Reich mehr."[16]

Rund zehn Jahre später beklagt Brzeziński den schlechten Umgang der drei US-Präsidenten George H.W. Bush (bei Brzeziński: Bush I), Bill Clinton, George W. Bush (bei Brzeziński: Bush II) mit dem ihnen zugefallenen Erbe. Bush I wird als phantasieloser Verwalter kritisiert, der nichts aus dem Erbe gemacht habe. Clinton erhält den Stempel des ideologischen Traumtänzers, der die US-Möglichkeiten überschätzt, zu viel versprochen und nichts erreicht habe. Bush II muss sich die globale Diskreditierung des US-Ansehens und realen Machtverlust der US-Politik vorrechnen lassen.

Unter dem Titel „*The Second Chance*" fordert Brzeziński die politische Klasse der USA auf, sich auf ihre Führungsaufgaben zu besinnen. Noch sei es Zeit, wenn eine Rundum-Erneuerung der Innen- und der Außenpolitik vorgenommen werde. Aber wie bereits zuvor wird auch in diesem Buch wiederholt: „Für einen Kreml, der unter Statusverlust leidet, war die härteste Pille, die er schlucken musste, die Unabhängigkeit von Staaten, die Teil des imperialen Russland waren, lange vor der Revolution von 1997. Die amerikanische Unterstützung für die ukrainische Unabhängigkeit war besonders spürbar für Moskau, weil Russland ohne die Ukraine nicht hoffen kann, sein slawisches Empire wieder zu errichten."[17]

Die strategische Linie ist noch die gleiche wie Anfang der 90er, ergänzt um den Hinweis, dass die USA die „second chance" nur dann hätten, wenn sie die Alleingänge der Bush-Ära hinter sich ließen und wenn sie ihre Bevölkerung für die amerikanische Weltmission zu interessieren und auszubilden vermöchten. Barack Obama, schon für den bloßen Amtsantritt als Präsident mit dem Friedensnobelpreis ausgezeichnet, war Ausdruck dieser Option.

In einem dritten Buch schließlich, 2013 unter dem Titel *Strategic Vision* veröffentlicht, konstatiert Brzeziński im Unterschied zu seinen vorherigen Analysen den aus seiner Sicht unabweisbaren Fakt, dass die USA inzwischen nicht mehr in der Lage seien, ihre Aufgabe als Weltpolizist allein wahrzunehmen. „In Anbetracht des Aufkommens eines neuen dynamischen und zugleich international komplexen und politisch erwachten Asien besteht die neue Realität darin, dass keine Macht länger versuchen kann – in Mackinder´s Worten – Eurasien zu ‚beherrschen' und so die Welt zu ‚kommandieren'. Amerikas Rolle, besonders nachdem zwanzig Jahre vergeudet worden sind, muss jetzt subtiler sein und die neuen Machtrealitäten Asiens mehr berücksichtigen. Herrschaft durch einen einzigen Staat ist nicht mehr möglich." Im Ergebnis sei es notwendig, einen „vitaleren und breiteren Westen zu bilden". Dies soll über die nächsten Dekaden allmählich, „auf transformierendem Wege“ geschehen und durch „Einrichtungen wie die EU und die NATO sowohl Russland als auch die Türkei mit einem Westen verbinden, der bereits jetzt die EU und die Vereinigten Staaten umfasse.“.[18]

Man ist erstaunt. Vor dem Hintergrund niedergehender US-Hegemonie ist Brzeziński bereit, sogar Russland mit in ein Bündnis gegen die asiatische Herausforderung einzubeziehen, ebenso wie die Türkei – wenn nicht Wladimir Putin und die von ihm verfolgte Vision einer „Slawischen Union“ in Eurasien dem entgegenstünde. Ohne Putin – ja, mit Putin – nein.

Aber Brzeziński lässt keine Unklarheit aufkommen, er erklärt auch, wie das „Putin-Problem“ zu lösen sei: „Eine systematisch aufgebaute engere Beziehung zwischen Russland und dem atlantischen Westen (ökonomisch mit der EU, in Sicherheitsfragen mit der NATO und den Vereinigten Staaten) könnte vorangebracht werden durch eine allmähliche russische Akzeptanz gegenüber einer wahrhaft unabhängigen Ukraine, die dringender als Russland nahe an Europa und tendenziell sogar ein Mitglied der Europäischen Union sein möchte. (…) Andererseits würde eine Ukraine, die vom Westen isoliert und zunehmend Russland untergeordnet wäre, Russlands unkluge Wahl zugunsten seiner imperialen Vergangenheit ermutigen.“[19]

Diese strategische Option wurde von US-Außenminister Kerry auf der Münchner Sicherheitskonferenz im Februar 2014 unter der Forderung nach einer „Renaissance des atlantischen Bündnisses“ als neue politische Linie der USA vorgestellt und sollte mit der demonstrativen Unterstützung des Regime Change in Kiew festgeklopft werden. Der deutsche Bundespräsident Gauck und die zu der Zeit frisch eingeführte deutsche Verteidigungsministerin von der Leyen nahmen den Ball auf, indem sie auf der Konferenz und auch später öffentlich und programmatisch erklärten, Deutschland werde in Zukunft „mehr Verantwortung“ in globalen Sicherheitsfragen übernehmen.

Beim Blick auf diese Absichtserklärungen und das Ergebnis der Intervention stellt sich die Frage: Ist da nicht etwas danebengegangen? Was hat nicht so geklappt, wie die Strategen der USA und der Europäischen Union sich das gedacht hatten? Die Antwort ist relativ einfach und sehr klar: Russland, konkret sein Präsident Wladimir Putin, hat nicht mitgespielt. Genauer: Putin hat mit der Offerte an Janukowitsch, die Ukraine mit einer Unterstützung von 30 Milliarden Dollar vor dem Staatsbankrott zu bewahren, darüber hinaus mit dem Angebot an die Ukraine, der Eurasischen Zollunion und tendenziell der Eurasischen Union beizutreten, die seit 1991 gültige Spielregel durchbrochen. Diese lautete: defensives Russland reagiert auf offensives Vorgehen der EU/NATO/USA. Russland hat damit die Spielregeln definitiv neu bestimmt.

Mit der Übernahme der Krim in die russische Föderation setzte Russland jedem weiteren Vordringen der NATO in den russischen Einflussbereich ein unmissverständliches *njet* entgegen. Statt dass der ukrainische Regime-Change einen vergleichbaren russischen nach sich gezogen hätte, der auch Russland in Brzezińskis Sinne „allmählich" in einen willfährigen Partner des erneuerten westlichen Bündnisses verwandelt hätte, hat die unübersehbare Aggressivität der westlichen, speziell auch der US-amerikanischen Intervention in der Ukraine Putins Position gestärkt – und dies nicht nur in der russischen Bevölkerung, sondern weltweit. Statt Russland als Bündnispartner gegen die „asiatische Gefahr" zu gewinnen, hat man es mit der Intervention in der Ukraine den Chinesen in die Arme getrieben und das BRICS-Bündnis gestärkt.

Kein Wunder, dass Russland sich in der Propaganda des atlantischen Bündnisses unter diesen Umständen im Handumdrehen von einem erwünschten Juniorpartner in eine aus allen verfügbaren medialen Rohren beschossene eurasische „Bedrohung für die Zivilisation"[20] entwickelt hat. Das erklärt auch, wie man mit allen Mitteln versucht, Russland zu provozieren, seinerseits in das ukrainische Kampffeld zu intervenieren, um Moskau gegenüber politisch wieder in die Offensive zu kommen. Russland ist auf diese Provokationen nicht eingegangen, bisher jedenfalls nicht. Dieses Mal nicht!, könnte man Brzeziński zurufen, der sich rühmt, Russland schon einmal erfolgreich provoziert, das heißt, vor 30 Jahren in die „Afghanistanfalle“[21] gezogen zu haben, was zum Ausbluten der Sowjetunion geführt habe.

Wohin die Entwicklung weiter führt, ist offen. Sicher ist nur eines. Auch wenn es Poroschenko gelingen sollte, die Aufständischen niederzuschlagen, ist die ukrainische Krise nicht beendet. Die Geister, die man rief – aber auch jene, die man nicht rief –, sind mit Waffengewalt nicht zu bändigen. Der Knoten aus den genannten Strängen der globalen Transformation ist mit gewaltsamen Interventionsstrategien nach Art derjenigen des letzten Jahrhunderts nicht zu lösen.

Was die Welt braucht und wofür die Krise der Ukraine als Signal steht, ist die vernetzte, föderal organisierte Kooperation selbstbestimmter Regionen, die den Weg in die Wiedergeburt des Sozialen im gleichberechtigten Dialog einer multipolaren Welt miteinander suchen. In diesem Sinne ist die Krise der Ukraine nicht eine lokale; sie ist eine Lokalisierung der globalen Auseinandersetzung um eine neue Weltordnung und um neue Formen des Zusammenlebens.

Quellenhinweise im Anhang ab Seite 296

Kai Ehlers

geb. 1944, ist Journalist, Publizist, Schriftsteller, Forscher und Organisator, der sich vor allem mit der politischen, wirtschaftlichen und kulturellen Entwicklung des postsowjetischen Raumes beschäftigt. Er publiziert regelmäßig in Druck- und online-Medien, wie bspw. Russland.ru und Eurasisches Magazin. Zwei seiner Buchtitel lauten: „Gorbatschow ist kein Programm – Begegnungen mit Kritikern der Perestroika“, konkret literatur Verlag, 1989, und „Kartoffeln haben wir immer. (Über) leben in Russland zwischen Supermarkt und datscha“, Horlemann Verlag, 2010.

Christoph Jehle

Da stimmt etwas nicht[1]

Der Absturz des Fluges MH17 über der Ostukraine bleibt voller Rätsel

Malaysian Airline System (MAS) galt bislang als sicher. Sie war zwar aufgrund der Erfolge des lokalen preisaggressiven Wettbewerbers Air Asia in wirtschaftliche Bedrängnis geraten. Es gibt jedoch bislang keinen Hinweis darauf, dass die mehrheitlich staatliche (inzwischen voll verstaatlichte) malaysische Fluggesellschaft im Bereich der Flugzeugsicherheit auffällig geworden wäre.[2] Nun hat sie in diesem Jahr im Abstand von etwas über vier Monaten gleich zwei Maschinen des Typs Boeing 777-200ER unter bislang ungeklärten Umständen verloren. Der Kontakt zu der Boeing 777 mit der Kennung 9M-MRO als Flug MH370 (Code Sharing mit China Southern Airlines: CZ748) unterwegs von Kuala Lumpur nach Beijing ging am 8. März 2014 um 1:21 Uhr Ortszeit vom Radar verloren und die Maschine flog offensichtlich weiter, bis der Treibstoff verbraucht war. Welchen Weg sie nach Abbruch des Funkkontaktes genommen hat, ist bis heute ungeklärt. Die Maschine blieb bis dato spurlos verschwunden. Zwischenzeitlich wurde sogar die Suche nach den Trümmern ausgesetzt. Ob es in der möglichen Absturzregion keine Satellitenüberwachung gibt oder ob vorhandene Daten nicht veröffentlicht werden, weil man nicht preisgeben will, wie flächendeckend beobachtet wird und wie hoch die Auflösung der Kameras im Orbit ist, bleibt ein Geheimnis. Da die Absturzstelle bislang unbekannt ist, konnte keine der Blackboxes geborgen werden. Der letzte Funkkontakt mit der Crew war ohne irgendeinen Hinweis auf irgendwelche Besonderheiten. In der Folge wurden von den als Fracht geladenen Lithium-Ionen-Akkus bis zu den zwei Passagieren mit gefälschten Pässen alle denkbaren Ursachen und möglichen Ursachen beleuchtet: Allein, es blieb bei den Vermutungen.

Als nun am 17. Juli 2014 gegen 13:20 bis 13:25 Uhr UTC (MESZ 15:20 bis 15:25) der Malaysian Airlines Flug MH17 (Code Sharing mit KLM Royal Dutch Airlines: KL4103), ebenfalls eine Boeing 777-200ER (mit der Kennung 9M-MRD) auf dem Weg von Amsterdam nach Kuala Lumpur über der Ostukraine abstürzte, wurden unmittelbar nach dem Absturz die sogenannten pro-russischen Separatisten in der Ostukraine für den Absturz verantwortlich gemacht. Dass sich nun auch allerlei Verschwörungstheorien ihre Bahn brachen, soll an dieser Stelle nicht weiter verfolgt werden, auch wenn es vielleicht reizvoll wäre, einen Zusammenhang zwischen den Abstürzen und dem Kuala Lumpur War Crimes Tribunal (KLWCT) herzustellen, das George W. Bush und Tony Blair aufgrund ihrer Rolle im zweiten Irak-Krieg unter anderem des Völkermords schuldig gesprochen hatte.[3]

Verblüffend war, wie schnell für die Regierung in Kiew feststand, wer für den Absturz von MH17 verantwortlich sein muss. Der ukrainische Präsident Petro Poroschenko nannte den Absturz noch am Abend des 17. Juli einen terroristischen Akt pro-russischer Separatisten.[4] Die Nachrichtenagentur *Interfax-Ukraine* zitierte einen Vertreter des Innenministeriums, der pro-russische Separatisten beschuldigte, eine Rakete vom Typ BUK abgefeuert zu haben. Von Seiten der Separatisten wurde die ukrainische Luftwaffe beschuldigt, für den Abschuss der Passagiermaschine verantwortlich zu sein.[5]

Flugdaten, Fakten und Spekulationen

Gesichert erscheint der Ablauf des Fluges von Amsterdam bis zum Zeitpunkt des Abschusses. Die Maschine startete am 17. Juli um

12:30 Uhr Ortszeit auf dem Amsterdamer Flughafen Schiphol und flog über Deutschland und Polen, bevor sie in den ukrainischen Luftraum eintrat. Die Route war offensichtlich von Eurocontrol und der International Civil Aviation Organization (ICAO) freigegeben worden.[6] Die Piloten hatten für die Ukraine eine Reiseflughöhe von 10,7 Kilometer (35 000 Fuß) beantragt, wurden von der ukrainischen Flugsicherung[7] jedoch aufgefordert, die Ukraine auf einer Flughöhe von 33 000 Fuß zu überfliegen. Dies war nur etwa 250 Meter oberhalb des gesperrten Luftraums, der zum damaligen Zeitpunkt bis in eine Höhe von 32 000 Fuß reichte. Die Besatzung einer in 25 Kilometer Entfernung von MH17 fliegenden Air India Maschine erwähnte, dass die ukrainische Flugsicherung den Malaysiern den direkten Kurs über Donezk freigegeben habe. Zum Zeitpunkt des Absturzes war MH17 im Luftraum von Dnjepropetrowsk. Der dortige Fluglotse konnte die Maschine jedoch per Funk nicht mehr erreichen.[8] Die Aufzeichnung der Gespräche der ukrainischen Flugsicherung mit der MH17 wurde unmittelbar nach dem Absturz beschlagnahmt.

Dass die malaysische Boeing abgeschossen wurde, erscheint nach heutigem Kenntnisstand inzwischen weitgehend gesichert. Dass der Abschuss nicht an der Absturzstelle erfolgte, sondern nach den Gesetzen der Physik weiter nordwestlich erfolgt sein muss, wird zwar in der Diskussion zumeist nicht berücksichtigt, ist aber kaum zu widerlegen. Wie groß die Distanz zwischen dem Ort des Treffers und der Absturzstelle ist, hängt neben der Höhe, die mit 9,75 Kilometern bekannt ist, auch von der Fluggeschwindigkeit zum Zeitpunkt des Treffers ab. Boeing nennt bei einer Reiseflughöhe von 35 000 Fuß eine typische Reisegeschwindigkeit von 0,84 Mach.[9] In einer Minute legt eine Boeing 777 damit etwa 16,5 Kilometer zurück. Somit wäre der Ort des Treffers mehr als 50 Kilometer vom Aufschlagspunkt der Trümmer erfolgt. Die Trümmer der Maschine wurden in und im Umkreis der Orte Hrabowe, Rozsypne und Petropawliwka unweit von

Tores gefunden. Nach US-amerikanischen Aussagen soll der Abschuss von einem System in der Nähe der Ortschaft Sniznhe erfolgt sein.[10] Die Boden-Luft-Rakete aus einem BUK-System wäre der Boeing somit entgegen geflogen. Mit einer erreichbaren Zielentfernung von maximal 42 Kilometern[11] wäre eine Rakete aus einem BUK-System somit durchaus in der Lage gewesen, unter den gegebenen Rahmenbedingungen das malaysische Flugzeug zu treffen. Sowohl die ukrainische als auch die russische Armee verfügen über BUK-Systeme[12], deren Bedienung als deutlich komplizierter beschrieben wird, als die der tragbaren Raketen, mit welchen die Rebellen in der Ostukraine bislang ukrainische Militärmaschinen abgeschossen haben. Dass der Abschuss, wie manchmal vermutet, von jenseits der russischen Grenze erfolgte, erscheint eher unwahrscheinlich. Ob der Abschuss aufgrund einer Fehleinschätzung der Situation auf Seiten der Separatisten erfolgte und die Boeing mit einer ukrainischen AN-26 verwechselt oder gezielt abgeschossen wurde, wie teilweise spekuliert wird[13], ist derzeit schwer zu beurteilen, da bislang durchaus umstritten ist, ob die Rebellen über einsatzfähige BUK-Systeme verfügen und ob sie diese auch bedienen können. Von US-amerikanischer Seite wurde diese Frage mit der Vermutung gekontert, dass Russland sowohl das BUK-System als auch die Bedienungsmannschaft bereitgestellt haben könnte.[14]

Als Indiz für einen Abschuss durch die Rebellen wird häufig eine Nachricht auf einem vk.com-Account herangezogen, der dem damaligen Separatistenführer Igor Wsewolodowitsch Girkin, der unter dem Pseudonym Igor Iwanowitsch Strelkow auftrat, zugeschrieben wurde und auf dem der Abschuss einer ukrainischen Militärtransportmaschine vom Typ An-26 veröffentlicht wurde. Aus welchem Grund eine ukrainische Transportmaschine auf einem Kurs fliegen sollte, der sie nach Russland führt, wird in diesem Zusammenhang nicht erläutert.

Vom russischen Militär veröffentlichte Radar-Aufnahmen aus einem System, das nur Objekte oberhalb einer Flughöhe von fünf

Kilometern erfasst, sollen zeigen, dass das Flugzeug 90 Sekunden vor seinem Aufschlag mit einer auf 200 km/h reduzierten Geschwindigkeit flog. Mit dieser Information wird nun die Annahme gestützt, dass die Boeing von einem ukrainischen Militärflugzeug abgeschossen worden sein könnte, bevor es dann von einer Rakete aus einem BUK-System getroffen wurde. Auch anhand der Form der Einschusslöcher im Bereich des Cockpits wird teilweise geschlossen, dass die Maschine von einer ukrainischen Militärmaschine abgeschossen wurde.[15]

Anhand der bislang veröffentlichten Informationen lässt sich nicht mit hinreichender Sicherheit feststellen, wie und vor allem durch wen der Abschuss erfolgte. Dass bis heute keine eindeutigen Daten aus der US-amerikanischen Luftraumüberwachung – sei es aus der satellitenbasierten Aufklärung oder aus den Informationen, welche mit Hilfe der über der Ukraine fliegenden AWACS-Maschinen gewonnen werden konnten – publiziert wurden, erscheint vor dem Hintergrund der von der Ukraine, den USA, der NATO und der EU kontinuierlich wiederholten Schuldzuweisungen höchst bedenklich. Obwohl bis heute keinerlei Belege für die Aussage vorgelegt wurden, dass die Rebellen in der Ostukraine – möglicherweise sogar unter russischer Anleitung – das Passagierflugzeug abgeschossen haben, hindert dies weder die EU noch ihre Mitgliedsstaaten, genau aus diesem Grund Sanktionen gegen Russland zu verhängen. Und so lautete die Begründung der Bundesregierung für die zum 1. August 2014 verhängten Handelsbeschränkungen: „Seit Monaten eskaliert die Gewalt – jeden Tag sterben Menschen. Trauriger Höhepunkt war der Abschuss von MH17, bei dem 300 Menschen ihr Leben verloren."[16]

Warum zieht sich die Aufklärung des Absturzes hin?

Aufgrund der Situation im Bereich der Absturzstelle konnte die Flugunfalluntersuchung nicht wie bei anderen Abstürzen sofort, sondern erst mit einer gewissen zeitlichen Verzögerung aufgenommen werden. Zum Zeitpunkt des Absturzes war das Gebiet, in welchem die Trümmer der Maschine niedergegangen waren, in der Hand der Rebellen, die jedoch mit der Situation offensichtlich weitgehend überfordert waren. Die zu diesem Zeitpunkt entstandenen Presseberichte waren durchaus tendenziös und versuchten die Rebellen möglichst unmenschlich erscheinen zu lassen. Schon ab dem 18. Juli erhielt ein OSZE-Team Zutritt zu den gefundenen Trümmern, konnte anfänglich jedoch nur für wenige Stunden unter Bewachung arbeiten. Am 19. Juli wurde zwischen der Regierung in Kiew, Russland, den Separatisten und der OSZE eine Sicherheitszone rund um die Absturzstelle vereinbart.[17] Wie geordnet oder chaotisch die Bergungsmaßnahmen in dieser Zeit waren, wurde ziemlich kontrovers beurteilt. Während sich die malaysische Regierung und die malaysischen Ermittler ebenso wie die OSZE-Beobachter positiv über die Kooperationsbereitschaft der lokalen Behörden und die Rebellen der sogenannten Volksrepublik Donezk äußerten[18], sparten westliche Medien nicht mit Kritik an dem angeblich unprofessionellen Verhalten der sogenannten Separatisten.[19] In diesem Zeitraum – unter der Aufsicht der Separatisten – wurden auch die beiden Blackboxes gefunden und in die Niederlande verbracht, von wo sie zum Auslesen nach Großbritannien weitergegeben wurden. Der mit der ukrainischen Regierung für das Absturzgebiet ausgehandelte Waffenstillstand wurde gegen Ende Juli vom ukrainischen Militär nicht mehr eingehalten, so dass die Arbeit der international zusammengesetzten Ermittlergruppe mit dem 7. August eingestellt werden musste, weil die Front durch das Absturzgebiet verlief.

Wer untersucht den Vorfall?

Für die Flugunfalluntersuchung ist im Normalfall das Land zuständig, in welchem das Unglück geschehen ist, in diesem Falle also die

Ukraine. Die für die Untersuchung zuständige nationale Behörde ist das National Bureau of Air Accidents Investigation of Ukraine (NBAAI)[20], wo man sich jedoch offensichtlich nicht in der Lage sah, eine ordnungsgemäße Ermittlung durchzuführen und den niederländischen Onderzoeksraad voor Veiligheid (Untersuchungsrat für Sicherheit) (DSB) um Mithilfe bei der Untersuchung bat. Aufgrund der großen Zahl niederländischer Opfer hat der DSB der Zusammenarbeit damals zugestimmt.[21]

Obwohl der Weltsicherheitsrat[22], die deutsche Kanzlerin und auch Wladimir Putin eine internationale Untersuchung unter Leitung der International Civil Aviation Organization (ICAO), einer Sonderorganisation der UN, gefordert hatten, gab die Ukraine die Untersuchungen dann vollständig an die Niederlande ab. Zuständig für die Koordinierung der Unfalluntersuchung ist nun der niederländische DSB.[23] Die niederländischen Ermittler waren nicht an der Unfallstelle und führen ihre Arbeit auf der Basis ihnen vorgelegter Informationen wie dem Voice-Recorder und dem Flugdaten-Recorder aus der Unglücksmaschine durch. Zudem sollen Radardaten, Satellitenaufnahmen und Bilder, die von Dritten an der Absturzstelle aufgenommen wurden, ausgewertet werden. Ob die nach verschiedenen Presseberichten vom ukrainischen Geheimdienst beschlagnahmte Aufzeichnung der Gespräche zwischen dem Fluglotsen und den Piloten von MH17 den Niederländern vorliegen, ist noch unklar.[24]

Die niederländische Untersuchungsbehörde DSB hat in einer Pressemeldung am 11. August mitgeteilt, dass fünf Flugunfallermittler inzwischen in der Ukraine so viele Informationen wie möglich gesammelt hätten und es nun nicht mehr notwendig wäre, die Ermittlungen in der Ukraine fertigzustellen und den Untersuchungsbericht dort zu schreiben.[25]

Das Ermittlerteam setzt sich zusammen aus Mitarbeitern der folgenden Länder: Ukraine, Malaysia, Australien, Russland, dem Vereinigten Königreich, den Vereinigten Staaten, Deutschland, Frankreich, Italien und Indonesien. Zusätzlich wurden die ICAO und die European Aviation Safety Agency (EASA) an der Untersuchung unter Führung des DSB beteiligt. DSB ist für die Veröffentlichung des Zwischenberichts sowie des Abschlussberichts verantwortlich. Die Entwurfsfassungen werden den beteiligten Ländern zur Verfügung gestellt und diese haben die Möglichkeit, ihre Anmerkungen an den DSB zurückzugeben. Die Niederlande können darüber hinaus auch anderen Ländern Einblick in die Entwurfsfassungen geben. Die Aufzeichnungen der Blackboxes, also des Cockpit-Voice-Recorder und des Flight-Data-Recorder sollen nur teilweise im Abschlussbericht veröffentlicht werden, da sie gesetzlich geschützt seien, also offensichtlich dem Datenschutz unterliegen. Der Zwischenbericht wurde ohne erkenntnisfördernde Informationen aus den Blackboxes veröffentlicht.

Beide Berichte dienen der Klärung des Unfallhergangs und der Optionen zur Steigerung der Sicherheit in der Luftfahrt, jedoch nicht der Klärung von Schuld oder Verantwortung für das Unglück.[26]

Nach Aussage der International Civil Aviation Organisation (ICAO) wird für die Vorbereitung eines vorläufigen Berichts üblicherweise ein Zeitraum von zwei bis vier Wochen benötigt. Unter bestimmten Bedingungen kann der Zeitbedarf jedoch auch größer sein. Aufgrund der speziellen und komplexen Umstände im Falle von MH17 hatte sich die Veröffentlichung des vorläufigen Berichts verzögert. Wie schon erwähnt sind detaillierte Ergebnisse der Untersuchungen der beiden Blackboxes im Zwischenbericht[27] nicht enthalten, sondern nur der Hinweis, dass Flugdatenschreiber und der Digital Cockpit Voice Recorder um 13:20.03 die Aufzeichnung beendet hätten, ohne dass irgendwelche Besonderheiten aufgezeichnet worden wären. Eine Veröffentlichung von Teilen der Aufzeichnung soll im Abschlussbericht enthalten sein, der für kommendes Jahr angekündigt wurde.[28] Der ursprünglich für die Veröffentlichung vorgesehene Termin – nicht später als im August 2015 – wird in den aktuellen Unterlagen der niederländischen Ermittlungsbehörde nicht mehr erwähnt.[29] Es wird nur noch von einem Zeitraum in einem Jahr gesprochen. Insofern ist fraglich, ob der Abschlussbericht das liefern wird, was einige sich versprechen oder befürchten.

Vielleicht trifft Pepe Escobar ja direkt auf den wunden Punkt mit seiner Überlegung, dass es einem gewaltigen politischen Erdbeben gleichkommen würde, wenn bei den Untersuchungen herauskommen würde, dass das Regime in Kiew für den Abschuss verantwortlich zu machen sei. Und dass man auf Seiten der USA, die er mit Vorliebe als das Empire of Chaos beschreibt, daher alles unternimmt, dass nach dem Flug MH370 jetzt auch der MH17 sich einfach verflüchtigt und dass am Ende womöglich die an der Untersuchung beteiligten Niederländer und Briten eine von den USA redigierte Pressemeldung verlesen werden, die alle Fragen offen lässt.[30]

Russland steht vor dem Dilemma, dass aufgrund der medialen Dämonisierung durch die Mehrzahl der westlichen Medien jede Aussage zum Hergang des Unglücks in der Ukraine sofort als ungültige Aussage bestritten wird. So wird es letztlich wohl entscheidend davon anhängen, ob Malaysia die Erklärungen des Westens akzeptiert und den Vorfall zu den Akten legt oder ob man dort die in Russland vorliegenden Informationen im Gegenzug zu den Ergebnissen aus London, Washington und Den Haag ebenfalls analysiert und gewichtet.

Quellenhinweise im Anhang ab Seite 298

Christoph Jehle

geb. 1956, promovierte als Geowissenschaftler an der Albert-Ludwigs Universität in Freiburg, arbeitet in der Recherche zu historischen und aktuellen – meist technischen – Entwicklungen und schreibt als freier Autor für Online- und Printmedien in Europa, darunter Telepolis.

Peter Vonnahme

MH17 – der Glaubwürdigkeits-GAU

Zwischen Vasallenpolitik und willfährigen Medien

Die malaysische Passagiermaschine Flug MH17 wurde Mitte Juli 2014 abgeschossen. Nach dem anfänglichen Streitgetöse ist es plötzlich sonderbar still geworden. Diese Stille möchte ich – vor dem Hintergrund meiner Berufserfahrungen als ehemaliger Richter – nutzen, einen ordnenden Blick auf die politischen und medialen Vorverurteilungen zu werfen.

Wer heute eine klare Antwort auf die Schuldfrage erwartet, dem sei empfohlen, diesen Aufsatz gleich wieder zur Seite zu legen und die Bildzeitung zu lesen. Denn *BILD* ist immer dabei und weiß im Gegensatz zu mir alles ganz genau! Wer jedoch politische Zerrbilder und Diffamierungskampagnen nicht für hilfreich hält, sondern Trennschärfe bei der Bewertung von Politik und glattgebürsteter Publizistik bevorzugt, der möge weiterlesen.

Der Aufsatz ist ein Versuch, die Mechanismen fremdgesteuerter Politik und die geistige Engführung des bundesdeutschen Nachrichtendschungels auszuleuchten. Er versucht, die mediale Spreu vom Weizen zu trennen. Das ist schwierig, weil in (Vor-)Kriegszeiten sogar Tatsachenberichte ideologisch eingefärbt und verfälscht werden. Die traditionellen Medien verlieren rapide an Verlässlichkeit. Umso wichtiger werden Kriterien für die eigene Bewertung von Nachrichten. Deshalb soll der Aufsatz die Beliebigkeit und Einseitigkeit politischer und publizistischer Aussagen anhand richterlicher Überprüfungsroutinen sichtbar machen. Zunächst müssen dazu möglichst viele Infor-

mationen gesammelt, auf ihre Plausibilität hin überprüft und gewichtet werden. Aus der Informationsfülle muss sodann von einer gedanklich und strukturell unabhängigen „Instanz“ ein nachprüfbar stimmiges Gesamtbild geformt werden. Unverzichtbar ist dabei, dass bei Bewertungen in jedem Fall die gleichen Maßstäbe angelegt werden. Wünschenswert ist, dass der Bewertende Unstimmigkeiten und Lügen erkennt und den Mut hat, sie als solche zu bezeichnen.
Unvermeidlich ist, dass bei einem solchen Unterfangen auch persönliche Überzeugungen des Verfassers sichtbar werden. Das ist auch so gewollt. Ich bemühe mich um Objektivität, nehme aber in Kauf, dass ich mich trotzdem angreifbar mache.

Erster Befund

Die Trümmer der MH17 lagen noch qualmend irgendwo im ostukrainischen Niemandsland, da war für die USA, für die NATO, für die EU und für die ukrainischen Machthaber bereits klar, wer an dem Flugzeugabsturz schuld ist: Putin, dem bekanntlich jederzeit und überall jede Schandtat zuzutrauen ist, hilfsweise die von ihm ferngesteuerten „prorussischen Separatisten“. Höchstvorsorglich wurde für den Fall, dass beide Varianten an Nachweisproblemen scheitern, das Modell eines raffinierten Zusammenspiels zwischen Putin und den Separatisten bereitgehalten.

Nicht unerwartet machten sich die deutsche Regierung, das vereinigte Schwarzrotgrün im Bundestag sowie die Nachrichtenagenturen und Massenmedien diese durch keinerlei Fakten gestützte Schnelleinschätzung sofort zu eigen. Warum sollte man sich auch mit Unschuldsvermutungen oder gar mit eigenen Recherchen das Leben schwer machen? Dergleichen braucht man in der Politik nur, wenn Parteifreunde im Verdacht einer strafbaren Handlung stehen. Dann warnen die Generalsekretäre mit gekräuselter Stirn und staatsmännischem

Gehabe vor übereilten Verdächtigungen. Doch rechtsstaatliche Grundregeln gelten natürlich nicht bei der Vorverurteilung „notorischer Rechtsbrecher" wie Putin, zumal dieser „selbsternannte Zar" ohnehin auf der politischen Abschussliste der NATO-Verbündeten steht. Mit der politischen Klärung der Schuldfrage am Flugzeugabsturz war bedauerlicherweise auch die Zielrichtung der deutschen Fernseh- und Rundfunkanstalten sowie der Presse vorgegeben. Die Welt war erfreulich einfach, es gab ein klares Feind- und Täterbild. Die Leitmedien stellten keine unschicklichen Fragen, sondern sie orchestrierten das politische Verdikt mit wilden Verdächtigungen und entrüsteten Vorverurteilungen. Reflexartig kamen Forderungen nach einer Bestrafung („Putin muss zahlen"), nach Sanktionen gegen Russland und nach einer verstärkten militärischen Präsenz der NATO in den russischen Vorhöfen.

Die offenkundige Möglichkeit, dass auch die ukrainische Regierung als Täter in Betracht kommt, berücksichtigten weder die NATO-Analysten noch der smarte Rechtsgelehrte im Weißen Haus. Auch der sonst so gottvatergleich abwägende deutsche Außenminister kam nicht auf diese Idee. Selbstredend ließen auch ARD, ZDF & Co. sowie die deutschen „Qualitätszeitungen" unkeusche Gedankenspiele gar nicht erst aufkommen. Sie begnügten sich mit der Rolle des Lautverstärkers einer ohnehin überlauten Antirusslandfront.

Reaktionen

Als russische Militärsprecher das Denkmodell einer Kiewer Täterschaft ins Spiel brachten, kommentierten die westlichen Leitmedien trocken, Russland „leugne" seine Verantwortung. Leugnen?? Das heißt in Klarschrift: Der Täter steht bereits fest, er gibt die Tat nur noch nicht zu, es bedarf noch weiterer Drehungen an den Daumenschrauben.
Demgemäß rief die amerikanische UN-Botschafterin den russischen

Präsidenten auf, er solle endlich seine schändlichen Anstrengungen aufgeben, sich seiner Verantwortung („very clear responsibility") zu entziehen. Obama sprach – mit dem dünnen Zeigefinger auf Russland deutend – von einer Gewalttat unvorstellbaren Ausmaßes, übersah allerdings, dass drei seiner Finger auf ihn selbst wiesen. *Der Spiegel* schloss sich den amerikanischen Richtungsweisern beflissen an und forderte, Putin für den Abschuss von Flug MH17 zur Rechenschaft zu ziehen. Er mahnte zum „Ende der Feigheit". Zur Verstärkung prangte auf der Titelseite der Ausgabe Nr. 31 das Konterfei Putins mit dem Schriftzug „STOPPT PUTIN JETZT!", hinterlegt mit Fotos von Absturzopfern. Damit hatte *Der Spiegel* endgültig Bildzeitungsniveau erreicht. Die *FAZ* wollte im Wettstreit der Scharfmacher nicht zurückstehen und ermunterte ihre Leser mit dem Appell „Stärke zeigen". Erinnert das nicht an Kaiserworte vom August 1914? Was heißt denn Stärke zeigen? Strafexpeditionscorps? Generalmobilmachung?

Auf politischer Ebene gab es business as usual: Angela tadelte den bösen Wladimir, der Friedensnobelpreisträger Obama hetzte Westeuropa gegen Russland auf und der NATO-Kriegstreiber Rasmussen drohte schmallippig „Die NATO steht bereit".

Die EU verhängte mehrmals wie von Obama angesonnen Sanktionen, die – wie man heute erkennt – nicht der amerikanischen, kaum der russischen, wohl aber der eigenen Wirtschaft schaden.

Zum ultimativen Schlag gegen Putin holte Top-Populist Horst Seehofer aus: Man müsse Russland die Fußball-WM 2018 wegnehmen – ein stilles Eingeständnis, dass sein grandioses Populismus-Thema „Ausländermaut" zum Rohrkrepierer geworden ist.

Faktencheck

Als die ersten Schuldvorwürfe gegen Putin und/oder die „Separatisten" laut wurden, waren weder die Umstände des Absturzes, geschweige denn die hierfür Verantwortlichen bekannt. Wir wissen bis heute nichts Genaues.

Zu jenem frühen Zeitpunkt war nur klar, dass ein Passagierflugzeug der Malaysia Airlines nahe der Stadt Donezk abgestürzt ist, irgendwo im umkämpften Gebiet in der Ostukraine. Schon bei der Grundfrage nach der Absturzursache gab es höchst widersprüchliche Antworten. Während das westliche Meinungskartell keine Zweifel daran ließ, dass MH17 von einer Boden-Luft-Rakete des russischen Flugabwehrsystems BUK abgeschossen worden sei, wiesen russische Militärs darauf hin, dass als Absturzursache auch ein Beschuss durch ein in nächster Nähe befindliches ukrainisches Kampfflugzeug (Typ SU 25) in Betracht komme. Hierfür sprächen neben Radaraufzeichnungen insbesondere die Einschusslöcher an den Wrackteilen.

Unterstellt, es waren – wie vom Westen behauptet – Boden-Luft-Raketen, dann wäre damit über den Täter noch nichts ausgesagt. Vielmehr wäre zu fragen: Erstens, wer verfügt über solche Waffen? Zweitens, wer ist in der Lage, sie fachgerecht zu bedienen? Und drittens, welche Beweismittel gibt es? Die Antwort auf die ersten beiden Fragen ist einfach: Russland und die Ukraine, beide haben das Waffensystem. Offen ist hingegen, ob auch die Separatisten über das BUK-System verfügen. Der Rebellenkommandeur Alexander Chodakowski bestritt dies. Da aber nicht auszuschließen ist, dass er log und die Volksmilizen im Verlauf der Kämpfe eine BUK erobert haben, wäre weiter zu prüfen, ob die Milizionäre die hochkomplizierte Abschusstechnik auch beherrschten. Insoweit gibt es Zweifel von Experten. Eine Ungereimtheit fällt auf: Wenn die ukrainische Flugsicherung wirklich annahm, dass die Separatisten BUK-Raketen haben, weshalb hat sie dann die MH17 über das Kampfgebiet umgeleitet? Alles offene Fragen, es ist zu früh für Urteile.

Beim zweiten Denkmodell – Abschuss durch ein ukrainisches Militärflugzeug – ist es nicht anders. Auch hier türmen sich die Fragen. Belastbare Antworten: bis heute Fehlanzeige!

Die Frage nach dem Motiv

Eine Täteridentifikation anhand der wenigen unstrittigen Fakten ist beim jetzigen Wissensstand spekulativ. Deshalb stellt sich zwingend die weitere Frage: Wer hat ein Motiv für eine solche – scheinbar sinnlose – Schandtat? Die nüchterne Antwort hierauf lautet: Zuzutrauen ist sie jedem. Den Separatisten, den Russen und selbstverständlich auch der ukrainischen Regierung samt Unterstützern.

Bei den zwei Erstgenannten bedarf es keiner großen Darlegungen mehr, die deutschen Medien haben hierzu in den letzten Wochen ihrer kreativen Phantasie freien Lauf gelassen und alles Erdenkliche zusammengetragen. Da das meiste mit logischen Gründen nicht ausschließbar ist, lassen wir es als Hypothese stehen.

Übergangen wird aber zumeist, dass auch die Ukraine ein veritables Tatmotiv haben kann. Es ist seit jeher Hauptziel der psychologischen Kriegsführung, dem Gegner die Rolle des Bösen, des gewissenlosen Rechtsbrechers, zuzuweisen. Konkret: Wenn es der ukrainischen Regierung (und ihren Steigbügelhaltern) gelingt, die Weltöffentlichkeit glauben zu machen, dass die prorussischen Rebellen nicht davor zurückschreckten, ein ziviles Flugzeug abzuschießen, dann hat die Regierung zumindest den Propagandakrieg gewonnen.

Diese Erwägungen sind leider nicht abwegig. Sie fügen sich in das unübersehbare US-amerikanische Streben nach vollkommener Weltherrschaft ein. Dieses Konzept umfasst alles, was Putin zumindest politisch, wenn nicht sogar militärisch in die Defensive bringen kann.

Ein Blick in die jüngere Vergangenheit zeigt, dass der USA bzw. der NATO propagandistische Tricks durchaus geläufig sind. Zumindest folgende Kriege wurden durch Lügen vorbereitet:

- Der sogenannte „Tonkin-Zwischenfall“ war eine bewusste Falschinformation und Auslöser für das amerikanische Eingreifen in den Vietnamkrieg (1964).

- Die „Brutkastenlüge“ diente als Begründung für den Kriegseintritt der USA gegen den Irak (1991).
- Der „Hufeisenplan“ und das unaufgeklärte „Massaker von Račak“ dienten zur Rechtfertigung der NATO-Militärintervention im Kosovokrieg (1999).
- Die von G. W. Bush beschworenen „Massenvernichtungswaffen“ von Saddam Hussein und die „Yellowcake-Lüge“ waren Begründungen für den völkerrechtswidrigen zweiten Irakkrieg (2003).
- Der (unbewiesene) „Sarin Gas“-Vorwurf gegen Baschar al-Assad war Vorwand für eine geplante US-Militärintervention in Syrien (2013), die jedoch in letzter Minute durch Putins Agieren verhindert worden ist.

Bis heute ist ungeklärt, wer die Todesschüsse auf dem Maidan abgegeben hat, was aber westliche Stellen nicht hinderte, den „prorussischen“ Präsidenten Janukowitsch sogleich als Täter zu bezichtigen. Umgekehrt sprachen Geschichtsklitterer angesichts der 48 Brandopfer im Gewerkschaftshaus von Odessa von einem „Unglück“ (das Gebäude sei „in Brand geraten“), obgleich mit an Sicherheit grenzender Wahrscheinlichkeit regierungsnahe Faschisten Brandsätze geworfen hatten. Und jetzt erlebt die Welt den Versuch der „westlichen Wertegemeinschaft“, dem Sündenbock Putin zumindest die mittelbare Schuld an dem Flugzeugabsturz zuzuweisen.

Derlei Meinungsmanipulationen sind demokratischer Rechtsstaaten unwürdig. Nicht weniger schlimm ist, dass sich große Teile der deutschen Presse und des staatsfrommen Rundfunks nicht gescheut haben, sich als Lokomotive vor den Propagandazug spannen zu lassen.

Globale Veränderungen

Die Vorgänge um die MH17 machen es überdeutlich: Wir leben in einer Zeit rasch zunehmender internationaler Spannungen und Krisen. Zu den ungelösten Konflikten (Afghanistan, Irak, Libyen, Iran, Syrien, Ägypten, Palästina, Südostasien, Westpazifik usw.) ist ein weiterer Problemfall hinzugekommen, die Ukraine. Dieses Land liegt vor unserer Haustüre. Es ist Interessensphäre zweier Großmächte. Mit einer verbindet uns ein in den letzten Jahren zum rücksichtslosen Interventionsbündnis verwildertes „Verteidigungs"-System, mit der anderen eine lange und teilweise leidvolle Geschichte. Europa tut gut daran, mit der Ukraine wegen der territorialen und kulturellen Verflechtung äußerst bedachtsam umzugehen.

Tragisch ist, dass Europa in dieser Krisensituation keine Außenpolitik hat, sondern – so Peter Scholl-Latour – „eine Unterwerfungspolitik gegenüber den USA" vollzieht. Auch unsere Regierung tanzt nach der Pfeife Obamas – bis an die Grenze der Selbstverleugnung. Ureigene deutsche und europäische Interessen werden vermeintlichen Bündnisinteressen untergeordnet.

Das ausufernde Putin-Bashing hat seine Urheberschaft nachweisbar nicht in Deutschland.

Erinnern wir uns! Vor nicht allzu langer Zeit flogen die deutschen Herzen Michail Gorbatschow zu. Ohne ihn hätte es die deutsche Wiedervereinigung nicht gegeben. Wir waren ihm und Russland dankbar. Das Grauen des Zweiten Weltkriegs und die lähmende Nachkriegszeit waren zwar nicht vergessen, aber für das Deutschland der ausklingenden Kohl-Ära war Russland zum geachteten Partner geworden.

Was ist seither geschehen, dass die deutsche Gorbimanie in eine dumpfe Putinphobie umgeschlagen ist? Die schlichte Antwort lautet: Nichts! Der Stimmungswandel wurde nicht durch eine gegen Deutschland oder Europa gerichtete russische Politik ausgelöst. Nein, die Eintrübung des deutsch-russischen Verhältnisses war Nebenfolge der amerikanischen Dominanz- und Einkreisungspolitik gegenüber Russland, der Deutschland blind Gefolgschaft leistete. Die schleichende Entfremdung wurde von einer zunehmend transatlantisch eingestimmten Journaille medial verstärkt.

Selbst überzeugte Amerikafreunde können nicht leugnen: Nicht Russland hat die Welt im letzten Vierteljahrhundert herausgefordert. Es waren unsere „Freunde“ jenseits des Atlantiks, die mit ständig neuen Kriegen die Welt an den Rand des Abgrunds geführt haben. Zu Recht schrieb unlängst der emeritierte Völkerrechtsprofessor Michael Bothe: Nicht Russland, der Westen ist das Problem...

Was folgt daraus?

- Die Welt muss innehalten. Es ist höchste Zeit, dass geistig abgerüstet wird. Das gilt zuvörderst für die Supermacht USA, für die von ihr beherrschte NATO, aber auch für die außenpolitisch unterwürfige EU. Die Erfahrung lehrt, dass jeder Krieg mit verbaler Aufrüstung beginnt. Verdächtigungen, Diffamierungen und Provokationen sind der Nährboden für einen Automatismus, an dessen Ende die Mobilmachung steht.
- Damit keine Zweifel aufkommen: Ich halte Putin nicht für einen „lupenreinen Demokraten“. Aber ebenso wenig halte ich ihn für den Provokateur oder Kriegstreiber, zu dem er hierzulande gemacht wurde. Der Chefredakteur einer Tageszeitung hat mich deshalb als „Putin-Versteher“ abgestempelt – und er hat in gewisser Weise Recht: Ich bin nämlich in dem Sinne Putin-Versteher, dass ich versuche zu verstehen, weshalb und wogegen er sich wehrt. Es ist das unaufhaltsame Näherrücken von NATO und EU an die russischen Grenzen und die Benachteiligung des großen russischsprachigen Bevölkerungsanteils durch das ukrainische Putschregime. Das kann Putin nicht klaglos hinnehmen: Er ist der Präsident der Russen. Dieses Volk erwartet etwas von seinem Präsidenten. Das ist in den USA nicht anders.

Ich glaube, dass Putin einen Fehler gemacht hat. Die Art und Weise, wie er die Krim in die Russische Föderation eingliederte („zurückholte"), ist nach meinem Verständnis rechtlich problematisch. Allerdings gibt es ernst zu nehmende Völkerrechtler, die den Vorgang anders beurteilen und die Annahme des Referendums durch Russland für vertretbar halten. Doch selbst wenn man das Vorgehen Putins für kritikwürdig hält, zeugt es von Geschichtsblindheit, ihn mit Hitler zu vergleichen. Es gibt auch keinen Grund für die ausufernde antirussische Hysterie; andernfalls hätten die Vereinigten Staaten angesichts der von ihnen rechtsgrundlos besetzten Staaten jahrzehntelang Ziel wilder internationaler Anfeindungen sein müssen. Vor allem aber ist Putins Verhalten kein Anlass für eine Politik, die Elemente der Kriegsvorbereitung enthält.

- Es wäre besser, wenn der Westen eine kritische Bestandsaufnahme seiner Ukrainepolitik machte. Das beginnt mit der Beantwortung einer einfachen Frage: Wollte sich Russland nach Westen ausdehnen oder der Westen Richtung Russland? Die Antwort widerlegt die These eines neu erwachten russischen Imperialismus. Sodann wäre zu fragen: Wie kam es zur Destabilisierung der Ukraine? Das Unheil begann mit dem EU-Assoziierungsangebot. Erst später folgten das Aufbegehren der Menschen auf der Krim und deren Angliederung an Russland. Die USA und Europa haben Anteil an dem neu entfachten Nationalismus, an den Pogromen und an dem köchelnden Bürgerkrieg. Schließlich: Da die Ukraine (noch) nicht zur NATO gehört, ist es schierer Bellizismus, wenn deren Generalsekretär Rasmussen in Kiew tönt: „Die Nato steht bereit, die Ukraine zu unterstützen."
- Die vom Westen begonnene Sanktionspolitik ist schädlich und gefährlich. Sie funktioniert nach der Logik des Krieges: Gibt der

Gegner nicht nach oder wendet er seinerseits Gegen-Sanktionen an, dann werden die Daumenschrauben fester angezogen usw. Es ist wie im Krieg, man bringt immer schwerere Geschütze in Stellung. Die dünne Trennlinie zwischen Sanktionen und Krieg droht verloren zu gehen.

Die EU wundert sich heute über russische Gegensanktionen. Hat sie erwartet, dass Russland zum Dank für die empfangenen Ohrfeigen die andere Wange hinhält?

- Es gibt nur einen Weg, der den leidgeprüften Menschen in der Ukraine wirklich hilft, das ist der Weg des Verhandelns. Reden ist unter vernunftbegabten Wesen besser als strafen oder schießen.

Ein Krieg zwischen Russland und der NATO ist bei Andauer der praktizierten Phantasielosigkeit nicht mehr undenkbar. Er wäre gleichbedeutend mit dem Untergang der Zivilisation auf diesem Planeten. Also bleibt nur eins, reden, reden, reden! Trotz Krim! Trotz MH17!

- Auch die Europäische Union muss sich wieder besinnen. Sie ist einst als Friedensprojekt gestartet, entstanden auf den Trümmern zweier Weltkriege. Ihre Kultur war ursprünglich die der Aussöhnung und des Gesprächs, nicht die der Drohung und der Gewalt. Im Verlauf eines halben Jahrhunderts hat sich viel verändert. Heute sind Aufrüstung und Expansion Ziele der Unionspolitik. Wer heute von „mehr Verantwortung übernehmen" spricht, denkt nicht an die Rettung schiffbrüchiger Afrikaner im Mittelmeer, sondern an die Sicherung von Rohstoffwegen und an Militäreinsätze. Die EU muss höllisch aufpassen, dass sie nicht immer mehr zur Erfüllungsgehilfin einer US-geführten NATO wird.
- Und ja, auch der deutsche Journalismus muss sich besinnen. Seine Aufgabe ist es nicht, Herold eines transatlantischen Bündnisses zu sein, auch nicht, eins zu sein mit der Politik. Er ist Vierte Gewalt im Staat! Seine Aufgabe ist es, wachsam zu sein,

selbst zu recherchieren – und die Bürger mündig zu machen. Diese Rolle erfüllen die Presseagenturen und die Leitmedien nur noch unzureichend. Auch Organe mit einer großen aufklärerischen Tradition sind zu Gleichschrittmarschierern verkommen. Die Berichterstattung über MH17 ist der Beweis dafür.

- MH17? Seit dem Abschuss ist reichlich Zeit vergangen. Gerechtigkeit braucht manchmal Zeit. Lassen wir der internationalen Inspektorengruppe diese Zeit, um Beweismittel zu sammeln, sie zu sichten und auszuwerten. Es ist gut, dass die offizielle Untersuchung unter der Leitung der Niederlande (mit Unterstützung von Australien und Malaysia) steht. Noch besser ist, dass die Streitparteien Ukraine und Russland dabei keine führende Rolle spielen. Damit steigt die Wahrscheinlichkeit sachgerechter Ermittlungen. Unschön ist allerdings, dass die Auswertung wichtiger Beweismittel (Blackbox) heute in den Händen des NATO-Landes Großbritannien liegt, ein Umstand, der auf russischer Seite nicht unbedingt Vertrauen schafft.

Und wenn demnächst Verantwortliche für das Verbrechen benannt werden, dann ist das kein Anlass für militärische Strafaktionen, für Bombardements und Artilleriebeschuss. Dann muss die Stunde der Justiz anbrechen. Die Verdächtigen gehören vor den internationalen Strafgerichtshof, nichts anderes. Das ist zumindest in Rechtsstaaten so üblich.

Peter Vonnahme

geb. 1942, war Richter am Bayerischen Verwaltungsgerichtshof und Mitglied des Bundesvorstands der Neuen Richtervereinigung. Er publiziert vorwiegend in Onlinemedien zu rechts- und medienpolitischen Themen. Kritisch betrachtete er in letzter Zeit die Arbeit der sog. Leitmedien zum Ukrainekonflikt. Er trat deshalb mit dem Chefredakteur der Augsburger Allgemeinen Zeitung in einen beachteten Briefwechsel.

Volker Bräutigam

Herrschaft beginnt bei der Sprache

Über den Missbrauch des Begriffs *OSZE-Militärbeobachter* in den Nachrichtensendungen von *ARD-aktuell*

Komplex, aber dennoch möglich, ist der Nachweis tendenziöser und partiell verfälschender (Kriegs-)Berichterstattung über die Ukraine in den Nachrichten der deutschen Fernsehsender. Einfacher, jedoch nicht weniger aufschlussreich, ist eine formale Beweisführung, die sich auf die missbräuchliche, assoziativ irreführende Verwendung von Begriffen konzentriert. Exempel: die trügerische Instrumentalisierung der Wortkombination „OSZE-Militärbeobachter".

Objektiv sind darunter die Inspektoren des von der Konferenz für Sicherheit und Zusammenarbeit in Europa (KSZE) gegründeten Institutes OSZE zu verstehen, das im Interesse von Frieden und Vertrauensbildung die konventionelle Rüstung in Europa überwacht. Wenn mit dem genannten Begriff verdeckt investigativ tätige Militärs bezeichnet werden, haben wir es zumindest mit einer Falschmeldung zu tun, bei erwiesener Absicht mit einer Nachrichtenfälschung. Findet sie fortgesetzt und trotz aller Kritik des sich indoktriniert fühlenden Publikums statt, handelt es sich um politisch motivierte Täuschungsversuche. Im hier diskutierten Fall um Täuschung im Rahmen einer den Interessen des Hegemonen USA dienenden, antirussischen Politik von NATO, EU und deutscher Bundesregierung. Die Ursache solcher medialen Gefolgschaftstreue habe ich andernorts benannt: „Der öffentlich-rechtliche Rundfunk lebt schließlich im Konkubinat mit der Politik."[1]

Den Vorwurf, absichtlich zu täuschen, mache ich hier konkret der Redaktion *ARD-aktuell.* Begründet und belegt mittels Exzerpten aus den *ARD-aktuell*-Sendungen zwischen dem 25. April und 3. Mai 2014 sowie aus einem weitgehend per E-Mail geführten Schriftwechsel ab Ende April 2014. Zunächst mit den Verantwortlichen von *Tagesschau* und *Tagesthemen*, dann auch mit dem *NDR*-Rundfunkrat, dem Intendanten des *Norddeutschen Rundfunks* und turnusmäßigen *ARD*-Vorsitzenden, Lutz Marmor, und mit dem Chefredakteur von *ARD-aktuell*, Dr. Kai Gniffke.

Zur Methodik: Die Exzerpte sind den im Online-Archiv der *ARD*[2] abrufbaren Ausgaben von 20-Uhr-*Tagesschau* und *Tagesthemen* entnommen und typografisch gekennzeichnet. Werden Textauszüge bzw. Korrespondenten oder Moderatoren mit mehr als nur einer Phrase oder wegen einer Besonderheit zitiert, erscheint ein eigener Link zur betreffenden Sendung in den Endnoten. Die Kontinuität des begrifflichen Missbrauchs wird per Datum und den Kürzeln TS (*Tagesschau*) bzw. TT (*Tagesthemen*) aufgezeigt. Auch die sonstigen Dokumente sind chronologisch geordnet. Die Hervorhebungen in meinen Protestschreiben entsprechen dem Original.

TS, Aufmacher, 25. April

„Unterdessen gehen ukrainische Spezialkräfte im Osten des Landes weiter gegen prorussische Separatisten vor. Die haben offenbar eine Gruppe von OSZE-Beobachtern in ihre Gewalt gebracht, unter ihnen auch Deutsche."[3]

„Der selbst ernannte Bürgermeister von Slawjansk äußerte sich am Abend zu seinen neuesten Geiseln, sechs internationale Beobachter einer OSZE-Mission, ein Dolmetscher, fünf ukrainische Militärs und ein Fahrer. Er wirft ihnen Spionage vor."[4]

TT, 25. April

„(...) und heute nun erfahren wir: Am Abend haben Separatisten 13 unabhängige Beobachter der OSZE, der Organisation für Sicherheit und Zusammenarbeit in Europa, in Slawjansk festgesetzt, darunter auch vier Deutsche (...).“[5] „Erst brach der Kontakt ab, wenig später wurde klar, dass prorussische Separatisten OSZE-Militärbeobachter in der Nähe von Slawjansk in ihre Gewalt gebracht hatten, darunter auch drei Deutsche. Dieses bestätigte der örtliche Separatistenführer Ponomarew. Die Gruppe werde derzeit befragt, um herauszufinden, ob es sich tatsächlich um OSZE-Mitarbeiter handle. Unter ihnen befinde sich ein Spion aus Kiew.“[6]

Anfängliche journalistische Fehleinschätzungen eines Zwischenfalls im induzierten Bürgerkrieg der Ukraine mögen verständlich erscheinen. Rundfunkinstitutionen wie *ARD-aktuell* sind jedoch zu eigener, unabhängiger Überprüfung aller Informationen verpflichtet. Der *Österreichische Rundfunk*, *ORF*, demonstrierte das im vorliegenden Fall, wie weiter unten gezeigt wird. *ARD-aktuell* unternahm keine eigene Verifizierung der tatsächlichen Identität und Aufgabenstellung der „OSZE-Militärbeobachter“.

Bei der am 24. April 2014 in Slawjansk festgesetzten Gruppe von Militärs handelte es sich keineswegs um Angehörige der zivilen (!) OSZE-Beobachtermission, die am 21. März 2014 in Genf zwischen Vertretern der EU, der USA, Russlands und der Ukraine für zunächst sechs Monate vereinbart worden war. Diese Mission sollte sich in der Ukraine um Waffenruhe sowie Ansätze einer Konfliktlösung zwischen den „prorussischen“ Aufständischen und dem „westlich orientierten“ Umsturzregime in Kiew bemühen. Vielmehr bestand die in Slawjansk festgenommene Gruppe aus sieben Offizieren der NATO-Staaten Deutschland (4), Dänemark (1), Tschechien (1), Polen (1) und aus einem schwedischen sowie fünf ukrainischen Soldaten, die in der

Ostukraine außerhalb des OSZE-Beobachterrahmens unterwegs war. Darauf verwies bereits am 25. April der stellvertretende Leiter des Zentrums für Krisenprävention der OSZE, Claus Neukirch, in der Nachrichtensendung des Ersten Programms des *Österreichischen Rundfunks, ORF.*[7] Und zwar sehr bedacht: eine „parallele, unter einem OSZE-Dokument tätige Mission". Gemeint war das „Wiener Dokument 11" der OSZE.[8]

Auf dieses Vertragswerk berief sich später ablenkend auch Bundesverteidigungsministerin von der Leyen. Sie verwies auf eine reguläre OSZE-Mission von Militärbeobachtern, auf Einladung der Ukraine und gemäß dem Wiener Dokument organisiert, aber bereits Anfang April abgeschlossen, wie eine Interview-Publikation des *Presse- und Informationszentrums der Streitkräftebasis* nachweist.[9]

Diese noch halbwegs reguläre Militärmission war schon ungewöhnlich genug: „Der Einsatz der deutschen Militärbeobachter in der Ukraine unterscheidet sich prinzipiell von den bisherigen Einsätzen des ZVBw (*Zentrum für Verifikationsaufgaben der Bundeswehr*, Anm. d. Verf.) auf Grundlage des ‚Wiener Dokumentes', weil er nicht dem Ziel routinemäßiger Rüstungskontrolle dient, sondern mitten in einem gefährlichen Konflikt stattfindet (...) ‚außergewöhnlich' und ‚in dieser Form in der Geschichte des Wiener Dokumentes noch nicht vorgekommen' (...)."[10]

Die an sich schon „außergewöhnliche" Mission wurde offenbar heimlich weitergeführt. „Nun sitzen sie also in der Gewalt der Separatisten und müssen erklären, warum sie bewaffnet und lageplanzeichnend durch die Gegend kutschiert sind (...). Jedoch ihr Leiter, Oberst Axel Schneider, hatte schon am 23. April – einen Tag, bevor die Gruppe geschnappt wurde – in einem *BR*-Interview auf die kritische Frage: ‚Sie haben doch einen diplomatischen Auftrag. Warum schickt man da Soldaten hin?' nur ausweichend geantwortet: ‚Also, die Entstehungsgeschichte und den entscheidenden Punkt, an welcher Stelle man das in die Hände der Bundeswehr gegeben hat, den kann ich jetzt so schnell nicht herzitieren.'"[11]

„Die gesamte Aktion war verantwortungslos. Und ein Skandal ist es auch, dass die Regierung die zuständigen Obleute der Bundestagsfraktionen erst informiert hat, nachdem der Einsatz gründlich danebengegangen ist."[12]

TS, 26. April

„Die Hoffnung auf eine rasche Freilassung der OSZE-Militärbeobachter in der Ostukraine hat sich bislang nicht erfüllt. Prorussische Separatisten haben das Team, zu dem auch vier Deutsche gehören, seit gestern in ihrer Gewalt. (...) Die OSZE hat inzwischen Unterhändler in die Region entsandt."[13]

TT, 26. April

„(...) halten in der Ostukraine weiter 13 OSZE-Beobachter als Geiseln fest (...). Diese Beobachter waren unter dem Dach der OSZE (...) und auf Wunsch Kiews in Slawjansk unterwegs (...)."[14]

Der begriffliche Missbrauch in den Nachrichten des öffentlich-rechtlichen Rundfunks fiel frühzeitig auf. „Überall heißt es gerade, OSZE-Beobachter würden in Slowjansk festgehalten. Es sind jedoch Militärbeobachter, darunter Bundeswehr-Soldaten, die nicht im Rahmen der OSZE-Beobachtungsmission in der Ukraine sind."[15]

„Der Vizechef des OSZE-Krisenpräventionszentrums, Claus Neukirch, erläuterte am Freitagabend im *ORF*, die OSZE sei nicht der Verhandlungspartner für die prorussischen Kräfte, da es sich bei den Festgehaltenen nicht um Mitglieder der eigentlichen OSZE-Beobachtermission handle. Es sei eine bilaterale Mission unter Leitung des Verifikationszentrums der Bundeswehr auf Einladung der ukrainischen Regierung. Daher würden Verhandlungen durch die Bundesrepublik geführt."[16]

TS, 27. April

„Im Osten der Ukraine dauert das Drama um die festgesetzten westlichen Militärbeobachter an. In Slawjansk führten heute bewaffnete prorussische Separatisten die Gruppe, unter ihnen auch vier Deutsche, der Öffentlichkeit vor. Nach stundenlangen Verhandlungen mit Unterhändlern der OSZE kam dann am Abend einer der Männer, ein Schwede, frei. Die Verschleppung der Militärbeobachter verschärft die Spannungen zwischen dem Westen und Russland."[17]

TS, 27. April

„Endlich, nach Tagen, die ersten Lebenszeichen der OSZE-Militärbeobachter, die dort von prorussischen Separatisten festgehalten werden. Am Mittag wurden sie so der Presse vorgeführt."

TT, 27. April

„Es war geradezu zynisch, welch unwürdiges Schauspiel heute in der ostukrainischen Stadt Slawjansk geboten wurde. Die von prorussischen Separatisten am Freitag verschleppten Militärbeobachter mit OSZE-Mandat (sic!), darunter sind auch vier Deutsche (...)"[18]

TT, 27. April

„Noch immer werden hier OSZE-Beobachter festgehalten (...)."[19]

An diesem Abend begann ich den Schriftwechsel mit *ARD-aktuell* und in der Folge mit den Verantwortlichen und den Aufsichtführenden des *Norddeutschen Rundfunks (NDR)*. Im Zorn und zugegebenermaßen polemisch verfasste ich folgende E-Mail:

An: redaktion@tagesschau.de

Werte Kolleginnen und Kollegen,

Die Verpflichtung des öffentlich-rechtlichen Rundfunks zu tatsachengerechter, um Objektivität bemühter Nachrichtengebung berücksichtigen Sie im Rahmen Ihrer Ukraine-Berichterstattung mittlerweile offenbar allenfalls noch zufällig.

Wann endlich machen Sie Schluss mit dem Trauerspiel, z.B. von den in der Ostukraine festgesetzten Offizieren aus Deutschland und weiteren EU-Staaten als von „OSZE-Militärbeobachtern" zu schwadronieren? Es sollte Ihnen doch bekannt sein, dass die OSZE keine verdeckten Militärmissionen ausführt, das stünde schließlich im völligen Gegensatz zu ihrer Gründungscharta! Auch hat die Organisation selbst längst klargestellt, dass es sich bei der fraglichen Gruppe eben n i c h t um Leute handelt, die im Auftrag der OSZE unterwegs waren. Es handelt sich um in Zivil und mit verdecktem Informationsbeschaffungsauftrag durch die Ostukraine reisende Offiziere, die das Label der OSZE lediglich als Deckmantel missbrauchten. Vulgo: Spione.

(...)

Die Antwort darauf kam prompt und von einem Schreibautomaten, wie sich aus Sendezeit und Inhalt ergibt:

Sehr geehrter User/Internetnutzer/Zuschauer,

haben Sie vielen Dank für Ihre E-Mail.

Wir bitten um Verständnis, wenn nicht jede einzelne Zuschrift ausführlich und individuell beantwortet werden kann. Aber die Redaktion von *ARD-aktuell* erreichen täglich viele Hunderte Rückmeldungen der Zuschauer.

Sie können jedoch versichert sein, dass alle Reaktionen der Zuschauer aufmerksam gelesen, ausgewertet und in den Redaktionssitzungen diskutiert werden.

(...)

Zuschauerservice
ARD-aktuell / tagesschau.de

TS, 28. April

„Noch immer halten Separatisten in der Ostukraine mehrere Militärbeobachter fest, unter ihnen auch vier Deutsche. (...) Die Beobachter waren im Osten der Ukraine unterwegs, am Freitag wurden sie in der Stadt Slawjansk von bewaffneten Aktivisten gefangen genommen.“[20]

TS, 28. April

„Das sind sie. Deutschlands potentielle OSZE-Militärbeobachter. Vier ihrer Kameraden werden in der Ostukraine von prorussischen Separatisten in Geiselhaft gehalten. Verteidigungsministerin von der Leyen stattete ihnen einen Besuch ab, um ihnen Mut zuzusprechen und sie vor öffentlicher Kritik in Schutz zu nehmen. (...) Die Ministerin lobte ihren Einsatz innerhalb des OSZE-Mandats als ein wertvolles Instrument der Vertrauensbildung. (...) Kritik kam dagegen aus der Opposition. Die Öffentlichkeit sei über die Entsendung der deutschen Militärbeobachter nicht informiert worden – und:

[O-Ton Alexander Graf Lambsdorff, FDP]:

‚Das ist eine Mission, der Russland nicht zugestimmt hat. Es ist nicht die große OSZE-Beobachtermission, von der ständig die Rede ist, sondern es ist eine ganz andere Mission.'

Die Ukraine hatte die europäischen Militärbeobachter allerdings im Rahmen der anerkannten OSZE-Regeln angefordert.“[21]

TT, 28. April

„(...) immer noch halten prorussische Separatisten (...) sieben OSZE-Beobachter, darunter vier Deutsche, in Geiselhaft.“

TS, Aufmacher, 29. April

„Widersprüchliche Signale gab es den Tag über von den Bemühungen um die Freilassung der OSZE-Militärbeobachter (...).“ „(...) halten die hier Militärbeobachter der OSZE-Staaten gefangen, darunter vier Deutsche.“

TT, Aufmacher, 29. April

„Wir schauen auf das Tauziehen um die OSZE-Mitarbeiter (...). Aus dem Nichts taucht eine brutal wirkende Figur auf und ernennt sich selbst zum Volksbürgermeister (...) spielt Diktator, (...) und sieben OSZE-Beobachter hält er in Geiselhaft, darunter auch vier Deutsche.“

Mein Protestschreiben an die Redaktionen von *Tagesschau* und *Tagesthemen* hatte nichts gefruchtet. Deshalb wandte ich mich mit zwei E-Mails an diesem und am folgenden Tag an die Vorsitzende des *NDR*-Rundfunkrates, Ute Schildt, (mit Kopie an Intendanz und Chefredaktionen):

Beschwerde über desinformierende Ukraine-Berichterstattung des *NDR* resp. der Redaktion *ARD-aktuell*

Sehr geehrte Frau Schildt,
hiermit mache ich von meinem Recht Gebrauch, wegen der Art der Berichterstattung des *NDR* und der von ihm zu organisierenden Sendungen fürs *Erste Deutsche Fernsehen, ARD-aktuell*, über die Ereignisse in der Ukraine **Beschwerde wegen Verletzung des *NDR*-Staatsvertrags zu erheben.**
Konkret beziehe ich mich auf zwei Komplexe von fahrlässiger, wenn nicht absichtlicher Falschinformation:

I.

Die in der Ostukraine am 25. April festgesetzte Gruppe von Offizieren, die dort angeblich auf Basis des *Wiener Dokuments* der OSZE informationssuchend tätig geworden war, wurde noch vier Tage nach dem Zwischenfall in den *NDR*- und *ARD*-Nachrichten fälschlich als „OSZE-Militärbeobachter" tituliert, obwohl die OSZE sofort klargestellt hatte, dass die Männer **nicht** zur OSZE-Mission gehörten. Beleg: Offizielle Erklärung Claus Neukirch, Vizechef des OSZE-Krisenpräventionszentrums, am 25. April, gegenüber dem ORF:

„Wir haben für diesen speziellen Besuch keine Risikoeinschätzung gemacht, weil es nicht unser Besuch ist. (...) Ich muss aber auch sagen, dass es sich genau genommen nicht um Mitarbeiter der OSZE handelt (...), sondern es sind Militärbeobachter, die bilateral dort unter einem OSZE-Dokument tätig sind. (...)" Bei den Gefangenen handle es sich um eine „bilaterale Mission unter Führung des Zentrums für Verifikationsaufgaben der deutschen Bundeswehr".

Eine allereinfachste Recherche (hier: Lektüre des allgemein zugänglichen *Wiener Dokuments* sowie der OSZE-Charta), zu der die *NDR*- und die *ARD*-Nachrichtenredakteure laut Staatsvertrag verpflichtet waren, hätte ergeben, dass die OSZE grundsätzlich **keine verdeckten Militärinspektionen** durchführt, auch nicht unter dem *Wiener Dokument*, das im Rahmen vertrauensbildender Maßnahmen Inspektionen in „Bezeichneten Gebieten" an regulären Truppenstandorten, bei Manövern und bezüglich Hauptwaffensystemen vorsieht. Das Dokument enthält ausführliche Bestimmungen über die Gestaltung militärischer Kontaktmaßnahmen und der Zusammenarbeit (Kap. IV), schafft Transparenz durch Bestimmungen zur vorherigen Ankündigung bestimmter militärischer Aktivitäten und deren Beobachtung (Kap. V bzw.

VI), z.B. auch die **förmliche Ankündigung gegenüber sämtlichen OSZE-Mitgliedern**; das inspizierende Militärpersonal reist **grundsätzlich in Uniform, unter Führung von Hoheits- und von Dienstgrad- sowie Truppenteil-Abzeichen und Orden und jedenfalls unbewaffnet zu den Inspektionsorten.**

Im hier angesprochenen Fall war bereits am 25. April bekannt (zahlreiche Quellen sind auch im Internet verfügbar), dass die Gruppe in Zivil unterwegs gewesen war, sich fälschlich als OSZE-Delegation ausgegeben hatte, bewaffnet war und sogar Sprengstoff mit sich führte (Quelle lt. *SZ* v. 26.4.: „Regierung" in Kiew!), Aufzeichnungen über Straßensperren u.Ä. gemacht hatte, was nicht vom *Wiener Dokument* abgedeckt ist; sie hatte sich keineswegs an definierten Inspektionsorten offiziell angekündigt und die gesamte Reise auch nicht allen OSZE-Staaten, speziell nicht der Russischen Föderation, bekannt gegeben. Sie war vielmehr heimlich in die ostukrainische Region gereist und hatte als Zweck touristisches Sightseeing-Interesse vorgegeben.

Diese Fakten waren auch den *NDR*-Redaktionen bekannt bzw. hätten ihnen frühzeitig bekannt sein müssen. (...)

II.

(...) Der hier kritisierte sprachliche Missbrauch ist nichts anderes als fahrlässige, wenn nicht gar absichtliche Desinformation. (...)

Kennzeichnend für die tendenziöse Informationsgestaltung:

(...) Die deutsche Bürgermehrheit der Gegner einer antirussischen Sanktionspolitik wird als „Putin-Versteher" verächtlich gemacht (Rainald Becker, *Tagesthemen*, 23.4.2014). Hetzerische Äußerungen wie: „... Um Putin in die Schranken zu weisen und eine Spaltung der Ukraine zu verhindern, wenn man es denn wirklich will, braucht es jetzt klare Kante und starke Geschütze" (Becker, ebd.) (...) sprengen den Rahmen eines zulässigen Kommentars im

öffentlich-rechtlichen Rundfunk.
Aus meiner Sicht verletzen die verantwortlichen *NDR*-Redakteure (...) folgende Bestimmungen des Staatsvertrags über den *Norddeutschen Rundfunk*:

§ 5 Programmauftrag

(1) Der *NDR* hat den Rundfunkteilnehmern und Rundfunkteilnehmerinnen einen **objektiven und umfassenden Überblick** über das internationale, europäische, nationale und länderbezogene Geschehen in allen wesentlichen Lebensbereichen zu geben. Sein Programm **hat der Information (...) zu dienen.**

§ 7 Programmgrundsätze

(2) Der *NDR* hat in seinen Programmen die Würde des Menschen zu achten und zu schützen. Er soll dazu beitragen, die Achtung vor Leben, Freiheit und körperlicher Unversehrtheit, vor Glauben und **Meinung anderer zu stärken** (...). Das Programm des *NDR* soll (...) **die internationale Verständigung fördern, für die Friedenssicherung (...) eintreten** (...) .

§ 8 Programmgestaltung

(1) Der *NDR* ist in seinem Programm **zur Wahrheit verpflichtet.** (...)
(...)
3. (...) Ziel aller Informationssendungen ist es, **sachlich und umfassend zu unterrichten und damit zur selbständigen Urteilsbildung der Bürger und Bürgerinnen beizutragen.**
(2) Berichterstattung und Informationssendungen haben den anerkannten journalistischen Grundsätzen, auch beim Einsatz virtueller Elemente, zu entsprechen. Sie müssen **unabhängig und sachlich** sein. Nachrichten sind vor ihrer Verbreitung mit der nach den Umständen **gebotenen Sorgfalt auf Wahrheit und Herkunft zu prüfen.** (...)

III. (Antrag)

„Der Rundfunkrat vertritt die Interessen der Allgemeinheit im Sendegebiet des *NDR*. Dabei berücksichtigt er die vielfältigen Meinungen der Bürger und Bürgerinnen. Er achtet darauf, dass der *NDR* seine Aufgabe nach dem *NDR*-Staatsvertrag erfüllt. Das Gremium überwacht die Einhaltung der Programmanforderungen (...)" (*NDR*-Staatsvertrag, § 18). Ich ersuche Sie, sehr geehrte Frau Schildt, höflichst, in diesem Sinne tätig zu werden, meine Beschwerde dem Programmausschuss des *NDR*-Rundfunkrats vorzulegen und angesichts der Bedeutung der Angelegenheit das gesamte Gremium, dem Sie vorsitzen, damit zu befassen.

(...)

30. April 2014

Beschwerde über desinformierende Ukraine-Berichterstattung des *NDR* resp. der Redaktion *ARD-aktuell*

Hier: Nachtrag unter Bezugnahme auf die Sendung *Tagesthemen* v. 29.4.2014

(...) im Nachgang zu meiner gestern vorgelegten Beschwerde bitte ich Sie, als Beleg für deren Begründetheit auch den gestrigen Beitrag zum *Ersten Programm*, die Sendung der *Tagesthemen*, in Betracht zu nehmen.

Erneut sprach in dieser Sendung, ein Musterbeispiel von verzerrender und einseitiger Berichterstattung über die Ukraine-Problematik, Moderator Thomas Roth verfälschend von einem „Tauziehen um die OSZE-Mitarbeiter" und „OSZE-Beobachter als Geiseln (...)".

Als Kommentator erlaubte sich Michael Strempel vom *WDR* in dieser Sendung, nicht nur ebenfalls fälschend von OSZE-Geiseln zu schwadronieren, sondern von Präsident Putin als einen „(...) sich immer mehr als skrupellosen Gewaltpolitiker gebärenden rus-

sischen Präsidenten" zu sprechen. (...)
Die Verpflichtung des öffentlich-rechtlichen Rundfunks zu faktengerechter, um Objektivität bemühter und dem Frieden zwischen den Völkern verpflichteter Informationsarbeit wurde und wird in unerträglicher Weise pervertiert (...).
Beiträge wie die von Thomas Roth und Sendungen wie die *Tagesthemen* tragen mittlerweile kräftig zum Glaubwürdigkeitsverlust des öffentlich-rechtlichen Rundfunks bei. (...)

Doch die „OSZE-Militärbeobachter" und ihre verbalen Stiefbrüder geisterten weiterhin über die Bildschirme:

TS, 30. April
„(...) sieben Militärbeobachter (...)"[22]

TT, 30. April
„(...) werden in der Stadt Slawjansk nach wie vor von prorussischen Separatisten die sieben OSZE-Mitarbeiter einschließlich der vier Deutschen in Geiselhaft gehalten."[23]

TT, 1. Mai
„Die Bundeskanzlerin hat heute mit dem russischen Präsidenten Putin telefoniert. Sie bat ihn um Mithilfe, damit die von prorussischen Separatisten in der Ukraine in Geiselhaft gehaltenen OSZE-Mitarbeiter tatsächlich freikommen."[24]

TS, 2. Mai
„(...), dass die Anti-Terror-Operation Kiews die Verhandlungen zur Freilassung der Militärbeobachter der OSZE-Staaten heute verzögert und erschwert hat."[25]

TT, 3. Mai

„Die freigelassenen OSZE-Beobachter aus der Ukraine wurden am Abend von der deutschen Verteidigungsministerin Ursula von der Leyen empfangen. (…) Volle acht Tage waren die Militärbeobachter der OSZE in den Händen der prorussischen Separatisten. (…) blieben die OSZE-Mitarbeiter aber unverletzt.“[26]

Mit Datum 9. Mai 2014 bestätigte die Vorsitzende des *NDR*-Rundfunkrates, Frau Ute Schildt, den Eingang meiner Beschwerde. Und teilte mit:

„(…) Gemäß § 7 der Geschäftsordnung des *NDR*-Rundfunkrates ist zunächst dem Intendanten des *Norddeutschen Rundfunks* die Möglichkeit einzuräumen, zu Beschwerden Stellung zu nehmen. Ich habe Ihr Anliegen daher an Herrn Lutz Marmor weitergeleitet mit der Bitte, Ihnen innerhalb von vier Wochen eine Antwort zukommen zu lassen.

Sollte die Antwort des Intendanten Sie nicht zufriedenstellen, können Sie sich erneut an den Rundfunkrat wenden (…).“

Knapp vier Wochen später, am 2. Juni, nahm der *ARD*-Vorsitzende Lutz Marmor tatsächlich Stellung:

„(…) in Ihren E-Mails vom 29. und 30. April 2014 an Frau Ute Schildt, Vorsitzende des *NDR*-Rundfunkrates, kritisieren Sie die Berichterstattung von *ARD-aktuell* über die Krise in der Ukraine. (…) Ich habe die Programmverantwortlichen um eine Stellungnahme zu Ihrer Kritik gebeten, die Sie im Anhang finden.

(…)

Die „Stellungnahme des Programmverantwortlichen“ war ein vom Chefredakteur von *ARD-aktuell*, Dr. Kai Gniffke, unterzeichneter Text mit der Überschrift

Stellungnahme der Redaktion zur Beschwerde von Herrn Volker Bräutigam

Ukraine-Berichterstattung *ARD-aktuell*, 16.05.2014

Wir haben den Begriff „OSZE-Militärbeobachter" richtig verwendet. Die Militärbeobachter waren im Rahmen des Wiener Dokuments tätig, das ein zentrales Instrument zur Rüstungskontrolle und Vertrauensbildung zwischen den 57 Mitgliedsstaaten der OSZE ist. (...) Jeder Mitgliedsstaat der OSZE wird unterrichtet, welche Reisen geplant sind. (...). In der Ukraine haben sich nach Angaben der Bundesregierung seit Anfang März Inspektoren unter deutscher Beteiligung aufgehalten. Die Bezeichnung „OSZE-Militärbeobachter" trifft diesen Zusammenhang und steht im Einklang mit dem Wording von Nachrichtenagenturen und Qualitätszeitungen. Die OSZE verwendet selbst den Begriff „military inspectors".

(...) Die Gruppe ist in der Tat nicht als „Mission" der OSZE – die einstimmig von allen Mitgliedsstaaten beschlossen wurde – unterwegs, das aber haben wir auch nie behauptet.

Wie sehr der Auftrag der Beobachter und ihr Agieren in der Ukraine mit der OSZE verknüpft sind, lässt sich auch daran ablesen, dass die OSZE die Verhandlungsführung innehatte, als es um die Freilassung der festgehaltenen Beobachter ging.

Den Vorwurf der Parteinahme weisen wir scharf zurück. (...)

(...) ist sicherlich äußerste Sorgfalt vonnöten, wenn wir dem politischen Konflikt um die Ukraine gerecht werden wollen. In diesem Sinne haben wir uns immer bemüht, allen Seiten und Blickweisen auf die Ukraine-Krise Rechnung zu tragen. (...) In der Gesamtheit der Berichterstattung ist es uns gelungen, den Konflikt in seiner Breite abzubilden. (...).

Zunächst eine Richtigstellung. Die OSZE hatte nicht, wie Gniffke behauptet, die Verhandlungsführung über die Freilassung der Beobachtergruppe inne. Das geht bereits aus dem *ORF*-Interview mit dem OSZE-Repräsentanten Claus Neukirch hervor.

Es versteht sich von selbst, dass mich Gniffkes Replik nicht zufriedenstellte und ich mich, der Empfehlung der *NDR*-Rundfunkratsvorsitzenden folgend, erneut an deren Gremium zu wenden hatte.

Drei Tage später, am 5. Juni 2014, schrieb ich an Frau Schildt:

> „(...)
>
> **Berichterstattung der Redaktion *ARD-aktuell*, datiert v. 29.4. und 30.4.2014. Hier: intellektuell und argumentativ notleidende Stellungnahme der *ARD-aktuell*-Chefredaktion**
>
> (...) Die vorgelegte kasuistische Argumentation kann keinen Beschwerdeführer zufriedenstellen. Deshalb und gemäß Ihrem Hinweis vom 9.5.2014 bitte ich den Rundfunkrat erneut, sich selbst mit der Angelegenheit zu befassen. (...)
>
> Zum Schreiben des Chefredakteurs:
>
> **Entgegen seiner Behauptung war die Verwendung des Begriffs „OSZE-Militärbeobachter" in den beklagten Sendungen manipulativ verkürzend, sie war eine zur Missinterpretation zwingende Nachrichtenfälschung.** Gniffkes salvatorische Bezugnahme auf das „Wiener Dokument" (WD 11) kann man auch als präventiven Versuch werten, den Rundfunkrat über die irreführende *Tagesschau*-Berichterstattung hinwegzutäuschen.
>
> Diesen Vorwurf stütze ich im Folgenden auf eine Würdigung des Wiener Dokuments (WD) 11 – es wurzelt schließlich im KSZE-Vertrag – seitens des Auswärtigen Amtes Berlin und auf Auszüge aus dem WD 11 selbst (vollständig ist es hier im Anhang beigefügt).

Zunächst das **Auswärtige Amt**:
„Der Vertrag über konventionelle Streitkräfte in Europa (KSZE-Vertrag) wurde 1990 zwischen den damaligen Mitgliedstaaten der NATO und des Warschauer Pakts geschlossen und trat 1992 in Kraft. Durch ihn sollte in Europa ein sicheres und stabiles Gleichgewicht der konventionellen Streitkräfte auf niedrigerem Niveau geschaffen und **die Fähigkeit zu Überraschungsangriffen und groß angelegten Offensivhandlungen in Europa beseitigt werden** (...).“ [27]

WD 11, Einleitung, Abs. 1 und 2:
„Die Teilnehmerstaaten erinnern daran, dass es das Ziel (...) des durch die Konferenz über Sicherheit und Zusammenarbeit in Europa eingeleiteten multilateralen Prozesses ist, etappenweise neue, wirksame und konkrete Schritte zu unternehmen, die darauf gerichtet sind, **Fortschritte bei der Festigung des Vertrauens und der Sicherheit und bei der Verwirklichung der Abrüstung** zu erzielen, um der Pflicht der Teilnehmerstaaten, sich der **Androhung oder Anwendung von Gewalt in ihren gegenseitigen Beziehungen** sowie in ihren internationalen Beziehungen im allgemeinen zu enthalten, Wirkung und Ausdruck zu verleihen.“
Aus beiden Zitaten ergibt sich glasklar die Zielsetzung, auf die das WD 11 mit seinen „vertrauens- und sicherheitsbildenden Maßnahmen“ (VSBM) gerichtet ist: **Abrüstung und Rüstungskontrolle**. Das Dokument bietet hingegen keine Rechtsgrundlage in einem darüber hinausgehenden, etwa allgemeinen politischen Sinn, erst recht nicht für verdeckte Operationen wie im Fall der Offiziere, die in der Ostukraine festgesetzt worden waren.
Zitat Wiener Dokument, Kapitel IV (25) und (35) sowie Kapitel VI (50), jeweils letzter Satz:

„Militärische Besucher werden während des Besuchs in der Regel ihre Uniformen und Abzeichen tragen.“
Die am 24. April in der Ostukraine festgesetzten Soldaten waren, wie auch Claus Neukirch, Vizechef des OSZE-Krisenpräventionszentrums, bereits am 25. April klargestellt hatte, **weder Mitarbeiter der OSZE, noch waren sie im Rahmen einer OSZE-Kontrollmission tätig.** Somit liegt bei der Entsendung der deutschen Beobachter durch Ministerin von der Leyen ein klarer Verstoß gegen Geist und Buchstaben des WD vor. Zum fraglichen Zeitpunkt fanden in der Ukraine keinerlei Abrüstungsmaßnahmen statt. Von einem speziellen deutschen Sicherheits- und Kontrollinteresse konnte keine Rede sein. Die deutschen militärischen Beobachter waren Mitwirkende einer mit dem Putschistenregime in Kiew abgesprochenen Aktion. Zu deren Rechtfertigung berief sich die politisch verantwortliche Entsenderin, Ministerin von der Leyen, erst zwei Tage nach dem Scheitern auf das Wiener Dokument. Sie vertuschte dabei, dass weder die im WD aufgelisteten formalen Voraussetzungen und Modalitäten erfüllt waren noch der Auftrag der Offiziere dem Geist des WD oder der KSZE-Akte entsprach:

· unterblieben war eine Unterrichtung aller OSZE-Mitglieder inklusive Russlands, mit Angabe der zu verifizierenden Abrüstungsmaßnahmen und militärischen Kapazitäten (konkreter Kontrollzweck), Reiseroute und Besuchsorte
· die Offiziere waren bei ihrer Festnahme in Zivilkleidung
· sie hatten heimliche Aufzeichnungen (u.a. über Straßensperren!) gemacht
· die Gruppe führte Waffen mit

Frau von der Leyen überging, was längst öffentlich diskutiert wurde: dass die Offiziersgruppe, als Touristen auf Sightseeing getarnt, heimlich in der Ostukraine operiert hatte, dass dieses Vabanquespiel im

Kabinett nicht abgesprochenen gewesen und sie selbst nur haarscharf an ihrer Amtsentlassung vorbeigeschrammt war (...).
Gniffke kennt die Fakten natürlich und erst recht den gravierenden Unterschied zwischen offiziellen OSZE-Beobachtern und soldatischen „Touristen“, vulgo: Spionageverdächtigen. Er redet sich jetzt darauf hinaus, die Diktion von *Tagesschau* und *Tagesthemen* stimme mit dem „Wording“ der Nachrichtenagenturen und der Qualitätszeitungen überein. Wer solch eine Aussage für ein Argument hält, spielt ein intellektuelles Null ouvert. Gniffke belegt zugleich die zumindest mentale Gleichschaltung und scheint das selbst nicht einmal zu merken. (...)
Gniffkes Darlegung erweckt stattdessen den Eindruck, der Verfasser sei vom kriegsbereiten NATO-Weltverbesserungsauftrag tief beseelt und nicht fähig, sich überhaupt vorzustellen, die Realität könne auch eine andere sein als die von ihm behauptete. Er zeigt keine eigene Positionierung, seine Replik demonstriert vielmehr staatsfrommen Konformismus. In der Öffentlichkeit wird dergleichen Eigenschaft nicht von ungefähr als Bedingung für die Besetzung der wichtigsten Schaltstellen der Meinungsgängelei betrachtet. Wie auch der von Gniffke indirekt für *Tagesschau* und *Tagesthemen* beanspruchte „Qualitätsjournalismus“ im medienpolitischen Diskurs längst eine sarkastische, Ablehnung und Verachtung demonstrierende Note hat. (...)
Dass sich der *NDR*-Rundfunkrat mit meiner Beschwerde ordentlich befasst, kann ich wohl als selbstverständlich voraussetzen. Dass er sich zu einer bestätigenden Kritik der offenkundigen Misere der Ukraine-Berichterstattung herbeilässt, erwarte ich allerdings nicht. Und schon gar nicht eine generelle Weisung des Aufsichtsgremiums an *ARD-aktuell*, wenigstens künftig seriöse journalistische Standards zu wahren. (...)

Die Antwort der Rundfunkratsvorsitzenden Ute Schildt kam zwei

Wochen später per Post, mit Datum 18. Juni 2014:

> „(...) die o.g. Beschwerden habe ich an den Rechts- und Eingabenausschuss des *NDR*-Rundfunkrates mit der Bitte um Beratung überwiesen.
> Der Rechts- und Eingabenausschuss wird sich voraussichtlich in seiner Sitzung am 11.08.2014 mit Ihrer Beschwerde befassen. Die abschließende Beratung erfolgt voraussichtlich in der Sitzung des Rundfunkrates am 31.10.2014.
> Über das Ergebnis werde ich Sie unterrichten. (...)"

Das wird nach aller Erfahrung nicht vor Mitte des Monats November passieren. Jedenfalls nicht vor Fertigstellung dieses Buches.

Zur Erinnerung: Meine Beschwerde trägt das Datum 29. April 2014 und richtet sich gegen eine Serie von sachlich unrichtigen, irreführenden, tendenziösen und teils sogar hetzerischen Sendebeiträgen in *Tagesschau* und *Tagesthemen*, die auf ein Millionenpublikum einwirkten. Der zynische Umgang eines öffentlich-rechtlichen Fernsehsenders mit seinem kritischen Publikum ist – deshalb hier dokumentiert – kein Einzel- oder Ausnahmefall. Er belegt die Unterordnung des Informationsauftrages unter politische Vorgaben und die Arroganz der gleichgeschalteten Funktionselite gegenüber dem Zwangsbeitragszahler.

Quellenhinweise im Anhang ab Seite 301

Volker Bräutigam

geb. 1941 in Gera, Schul- und Lehrzeit in Bayern. 12 Jahre Lokal- resp. Regionalredakteur bei mehreren süddeutschen Tageszeitungen, u.a. in Stuttgart und Wetzlar. 1975 Redakteur der ARD-Tagesschau beim NDR in Hamburg. 1985 Wechsel in den Personalrat, 1991 in die NDR-Kulturredaktion. 1995 Abschied vom Lohnschreibertum im öffentlich-rechtlichen TV, wissenschaftliche Tätigkeit an Universitäten in Taipeh. 2001 Rückkehr nach Deutschland.

Sabine Schiffer

Einspruch unerwünscht

Kritische Stimmen in der Ukraine-Berichterstattung

Die Massivität tendenziöser Berichterstattung im Ukraine-Konflikt 2014 führte zu ungehaltenen Zuschauer-, Leser- und Zuhörerreaktionen und zu einigen medienkritischen Beiträgen in den kritisierten Medien selbst. Diese stehen im Zentrum dieses Aufsatzes, denn sie stellen dem übrigen Mediendiskurs einige zentrale Fragen: Warum verhallten diese Stimmen? Warum erreichten ihre Hinweise und Erkenntnisse nicht die Nachrichtenredaktionen des eigenen Mediums? Warum fanden keine Korrekturen des Mainstreams statt?

Im Folgenden werden die medienkritischen Stimmen in In- und Outsider unterteilt. Zu ersteren gehören einige Journalisten, also Vertreter des Fachs, zu letzteren Institutionen oder Privatpersonen – auch Blogs werden in dieser Rubrik erörtert. Zu guter Letzt wird auf Magazin-Sendungen verwiesen, die ebenfalls geeignet sind, den russophoben Mainstream infrage zu stellen.

Kritik von Insidern

Als Kronzeugin der Anklage kann die ehemalige Moskau-Korrespondentin (1987–1991) der *ARD*, Gabriele Krone-Schmalz, gelten. Sie hat inzwischen als Professor für Journalistik und TV einen Lehrstuhl an der Business and Information Technology School in Iserlohn inne. In unterschiedlichen Beiträgen machte Sie auf Schieflagen in der

Ukraine-Berichterstattung aufmerksam und kritisierte die starke Russland- und Putin-Dämonisierung. Dazu gehörten ein Artikel im *Cicero* vom 5. März 2014, in dem Sie für einen Perspektivwechsel plädierte, dazu aufforderte, sich in die Lage Putins zu versetzen, und vor vorschnellen Schuldzuweisungen gegenüber Russland warnte. Seither ergänzte sie in ihren diversen Beiträgen immer wieder ausgeblendete Fakten, etwa die Interessen von EU, USA und NATO. Im *Focus* vom 11. März 2014 geht sie verstärkt auf die sich ändernde Rolle Wladimir Putins ein, dessen Westorientierung nicht honoriert wurde und der nun auf die jahrzehntelangen Zurückweisungen mit Verhärtung antworte, obwohl er immer noch realistische Gesprächsangebote gemacht habe. Ihr Verweis auf doppelte Standards macht sie am älteren Diskurs über Russlands Präsidenten fest: Während George Bush als Staatsmann kaum noch mit seiner Rolle als Geheimdienstmann in Verbindung gebracht wird, ist dies bei Putin bis heute der Fall.

Unter dem Titel „Die neue Achse des Bösen – Wie gefährlich sind die Diktatoren?“ nimmt sie in Maybrit Illners Talk-Show im *ZDF* am 11. April kritisch Stellung, ebenso wie Peter Scholl-Latour in der Defensive. Nach Anne Wills Talkrunde vom 12. März 2014 mit dem Titel „Putin weiter auf dem Vormarsch – Ist die Krim erst der Anfang?“ wird Krone-Schmalz ein zweites Mal in die *ARD* eingeladen, am 30. April zu einer weiteren Anne-Will-Runde mit der Fragestellung: „Geiseln, Terror, Kriegsgefahr – Ist die Ost-Ukraine außer Kontrolle?“ Ihre liberale Haltung bezüglich der gemeinsamen Geburtstagsfeier der Freunde Gerhard Schröder und Wladimir Putin stößt auf heftige Kritik. Ebenso wenig kann sie sich mit ihren Hinweisen zu den fälschlich als „OSZE-Beobachter“ bezeichneten Geiseln durchsetzen. Dies kann sie erst in einem Gespräch mit Frank Elstner in Ruhe darlegen, das dieser im *SWR* am 3. Mai 2014 mit ihr führt. Inhaltlich werden hierbei einige relevante Punkte angesprochen – OSZE-Mission oder nicht, Russland-Bild in Medien und Politik,

Putin-Kaprizierung, Geschichte der Krim und journalistische Standards –, wie dies auch im Rahmen des ausführlichen Interviews mit dem *ZAPP*-Medienmagazin möglich war. Während in der *ZAPP*-Sendung vom 16. April 2014, die in Bezug auf die Ukraine- und Russland-Berichterstattung einen medienkritischen Ansatz verfolgt, nur kurze Sequenzen von ihr und anderen Kollegen wie beispielsweise auch des Journalisten und Medienwissenschaftlers Uwe Krüger gezeigt werden, wird das Interview mit Krone-Schmalz in seiner Gesamtlänge von fast 25 Minuten komplett auf der Website des Medienmagazins veröffentlicht. In diesem Interview macht Krone-Schmalz neben einigen wichtigen Hintergrundinformationen vor allem auf das Messen mit zweierlei Maß anhand diverser Beispiele aufmerksam: Etwa die tendenziöse Benennungspraxis – „Demonstranten" für die Westukrainer, „pro-russischer Mob" für die Ostukrainer beispielsweise – wird deutlich wie auch die vielen Unterschiede in den Bewertungen von Handlungen des „Westens" oder „Russlands/Putins", obwohl diese durchaus vergleichbar seien. Warum das EU-Assoziierungsabkommen eine Zerreißprobe für die Ukraine darstellt, legt sie dar. Einiges greift sie erneut in ihrem Interview mit *n-tv* am 24. April 2014 auf.

Manche Kollegen reagieren empfindlich. Ein Beispiel für den Spott und Hohn, den sie dafür teilweise erntete, liefert Thore Barfuss mit seinem Kommentar in der *Welt* vom 1. Mai 2014, wo er sie auf schwer zu domestizierende Pferde anspielend als „Putin-Flüsterin" bezeichnet.[1] Außerhalb des Medienbetriebes erhielt sie bei denen, deren Unbehagen mit der Berichterstattung sie ernst nahm, entsprechend positive Resonanz.[2]

Aber Gabriele Krone-Schmalz ist nicht die einzige Journalistin, die die Medien kritisiert. Der ehemalige *Tagesschau*-Redakteur Volker Bräutigam legte Programmbeschwerde bei *ARD-aktuell* und schließlich beim *NDR*-Rundfunkrat ein bezüglich der kontinuierlichen Falschbezeichnung „OSZE-Beobachter" für eine bilaterale Mission, die nicht unter der Ägide der OSZE durchgeführt wurde (s. Beitrag in diesem Buch). Ein Interview mit dem OSZE-Verantwortlichen Claus Neukirch im *ORF* am 25. April 2014 stellte den Sachverhalt klar und sorgte über wenige Tage für eine korrigierte Berichterstattung. So räumte *Spiegel Online* bereits am 25. April das Missverständnis ein, und auf der Website der *Tagesschau* erschien ebenfalls die Meldung. *Süddeutsche Zeitung, Frankfurter Allgemeine* und das *Handelsblatt* korrigierten im Zeitraum vom 26. bis 28. April 2014 die Begriffsverwendung und schrieben nunmehr „Militärbeobachter". Wenige Tage später – etwa in der *Süddeutschen Zeitung* vom 5. Mai 2014 – waren die Nicht-OSZE-Beobachter zu „OSZE-Militärbeobachtern" re-mutiert. Medienbeiträge wie die genannten sind im Grunde auch als „kritische Stimmen" der eigenen Berichterstattung zu werten. Sie stellen die Art der Darstellungen nachhaltig infrage. Warum sie aber keine dauerhafte Korrektur zu bewirken vermochten, ist eine interessante Frage.

Am 31. Mai 2014 hielt der ehemalige Redakteur der *Frankfurter Rundschau*, Eckart Spoo, im Rahmen einer Kundgebung der Friedensbewegung eine medienkritische Rede, die in der linken Tageszeitung *junge Welt* abgedruckt wurde. Spoo prangert ebenfalls die Art von Sprachfälschung an, die der *Tagesschau*-Verantwortliche Kai Gniffke in seinem Antwortschreiben an Volker Bräutigam als „Wording" zu verteidigen sucht.[3] Welch weitreichende Folgen diese Art der Sprachregelung hat, macht er auch am Umgang mit dem Massaker in Odessa deutlich, wo nicht nur ein Gewerkschaftshaus „in Brand geraten" war, sondern gezielt von Faschisten angezündet wurde.

Bereits am 10. Mai hatte der Journalist David Goeßmann beim *Deutschlandfunk* einen Beitrag mit dem Titel „Rebellion der Leser" untergebracht, der ebenfalls auf den tendenziösen Sprachgebrauch sowie auf die fehlende Selbstreflexion von Medienmachenden eingeht (s. Beitrag in diesem Buch). Und bereits am 31. Januar 2014 stellte der Journalist Stefan Korinth nüchtern auf dem Blog *NachDenkSeiten* fest: „Der Qualitätsjournalismus versagt“ – was Korinth mit eindrücklichen Beispielen aus der Ukraine-Berichterstattung belegen kann.

Kritik von Outsidern

Politische Schwergewichte wie Helmut Schmidt, Egon Bahr und Willy Wimmer äußerten und äußern sich immer wieder kritisch zur antirussischen Hetze und plädieren für eine andere Politik. Alt-Bundeskanzler Helmut Schmidt (SPD) hält das Krim-Votum für legitim, zeigt Verständnis für die russische Politik und sieht die Verantwortung für die Eskalation in der Ukraine eindeutig auf westlicher Seite. G8-Ausschluss und Sanktionen kritisiert er heftig. Sein Nachfolger im Amt, Gerhard Schröder (SPD), tat es ihm gleich. Schmidt warnt und zieht Vergleiche zur Vorbereitung des Ersten Weltkrieges.[4] Der EU wirft er „Größenwahn“ vor, was ihm nicht nur die Kritik seines Parteikollegen Günter Verheugen einbrachte, sondern gar rundum für Verwirrung sorgte – wobei manche Kritik unsachlich ausfiel und ihm Unzurechnungsfähigkeit unterstellte.[5]

Egon Bahr (SPD), der ehemalige Berater Willy Brandts und Architekt der Ostpolitik gemäß der Maxime „Wandel durch Annäherung“, plädiert fürs Im-Gespräch-Bleiben mit Russland wie zu Hochzeiten des Kalten Krieges, auch nach dem Referendum der Krim, und verweist auf die deeskalierende Möglichkeit, Moskau gegenüber „Sicherheitsgarantien“ auszusprechen.[6] In Maybrit Illners Talk-Show vom 6. März 2014 findet Bahr klare Worte zur nicht legitimierten „Übergangsregierung“ in Kiew.

Auch der ehemalige CDU-Staatssekretär im Verteidigungsministerium, Willy Wimmer, betrachtet die Entwicklung mit Sorge und warnt vor der Vorbereitung eines Krieges und verweist dabei u.a. auf Pläne der NATO.[7]

Der Schriftsteller Eugen Ruge nahm am 7. März 2014 in der Wochenzeitung *Die Zeit* kritisch zur Ukraine-Berichterstattung Stellung, indem er aufforderte: „Nicht mit zweierlei Maß messen!“. Der Beitrag war zunächst mit „Verständnis für Putin bitte!“ übertitelt und wurde auf Wunsch des Autors am 11. März geändert.[8] Wie die Titel schon sagen, geht es auch Ruge um einen Perspektivwechsel in der einseitigen Berichterstattung.

Der ehemalige NATO-Mitarbeiter Stefan Slaby fühlte sich an die Rhetorik zur Einläutung des Ersten Weltkrieges erinnert und an die Eskalationen im Jugoslawien-Krieg in den 1990er Jahren. Während er den verschärfenden Ton von NATO-Generalsekretär Rasmussen kritisiert, zeigt er auf, dass unsere Medien teilweise noch einen Schritt darüber hinausgehen. Seine Programmbeschwerde bei *ARD-aktuell* bzw. dem *NDR*-Rundfunkrat über die aufbauschende Berichterstattung der *Tagesthemen* über einen organisierten Protest des Oligarchen Achmetow im Osten der Ukraine verhallte ebenso wie die Volker Bräutigams und wurde von der *NDR*-Redaktion als unbegründet zurückgewiesen.[9]

Auch das Goethe-Institut nahm kritisch zur Gesamtberichterstattung Stellung und veröffentlichte im Mai 2014 einen Beitrag der Journalistin Katja Döhne. Darin stellt die Autorin die Aussagen von *ARD*-Korrespondentin Golineh Atai und die des Medienwissenschaftlers Uwe Krüger gegenüber. Bei allem Bemühen um Ausgewogenheit wird doch das im Titel als Frage formulierte Anliegen deutlich: „Berichterstattung über die Ukraine – unausgewogen, schablonenhaft?“[10]

Am 6. August 2014 veröffentlichte die *Neue Rheinische Zeitung (nrhz.de)* den offenen Beschwerdebrief von Niki Müller an den *NDR*-Rundfunkrat mit dem Titel „Systematische Verdummung und Gehirnwäsche“. Müller, langjähriger Gewerkschafter, geht allgemein auf die als einseitig und hetzerisch empfundene „Berichterstattung“ der Nachrichtenmedien der *ARD* ein und macht seine Kritik am Rundfunkstaatsvertrag fest – als ungefragter Beitragszahler.[11] Er weist auf Fehlleistungen und sogar Lügen in der Ukraine-Berichterstattung der *ARD* hin – etwa in Bezug auf die Vorverurteilung in Sachen MH17-Abschuss.

Bereits frühzeitig hat der Blog *NachDenkSeiten* in Sachen Ukraine-Berichterstattung Aufklärungsarbeit geleistet. So am 24. Februar und am 21. März 2014 durch den Website-Mitbegründer Albrecht Müller, der die „US-nah organisierte Gleichschaltung wichtiger Leitmedien" beklagt.[12] Auch Jens Berger, der sich bereits 2008 auf seinem Blog *Spiegelfechter* damit einen Namen machte, die Zensur eines Interviews von Wladimir Putin in der *ARD* aufgedeckt zu haben, antwortet am 30. Juli 2014 auf die Reaktion des Wochenmagazins *Der Spiegel* auf die Kritik am Titel „Stoppt Putin jetzt!" mit dem Titel „Getroffene Hunde bellen".[13]

Und auch die politische Seite des Online-IT-Fachportals *heise.de*, *Telepolis*, widmet sich regelmäßig der Thematik. Etwa am 15. Juli 2014 unter dem Titel „Ukraine: Wirrwar im Propagandakrieg", widmet sich Chefredakteur Florian Rötzer dezidiert dem Meinungskampf in den Medien. Unter dem Titel „Die Inszenierung des Ukraine-Konflikts durch die USA" bezieht er am 5. August 2014 Position in Sachen Verantwortlichkeit. Den medialen Diskurs fokussiert auch Mathias Bröckers in einem Beitrag vom 29. Juli 2014, in dem er klar von „Lüge in Kriegszeiten" spricht.[14]

Als linke Nachrichten- und Meinungsseite, die gegen den Mainstream gebürstet ist, betätigt sich auch die bereits erwähnte *Neue Rheinische Zeitung* als Kritiker der aktuellen Ukraine-Berichterstattung. Beispielsweise erhält Ulrich Gellermann immer wieder Gelegenheit, einzelne Aspekte der Meinungsmanipulation aufzuarbeiten bzw. gegen diese zu polemisieren.[15]

Konterkarierende Recherchen der kritisierten Medien

Last but not least trugen einige Reportagen der öffentlich-rechtlichen Sendeanstalten zur Kritik bei, denn sie stellen durch ihre Rechercheergebnisse den Mainstream – teils auch des eigenen Senders – infrage. Dazu gehören mindestens zwei *Monitor*-Sendungen der *ARD*, die zum einen der Frage nachgingen: „Wer schoss auf dem Maidan?" (10.4.2014) – und zum anderen dem Thema „Der Kampf ums Erdgas in der Ukraine" (13.3.2014), sowie das bereits genannte *ZAPP*-Medienmagazin. Während das Medienmagazin Anhaltspunkte für die Berechtigung der Medienkritik findet, recherchieren die *Monitor*-Beiträge wichtige Hintergrundaspekte der Ereignisse in der Ukraine. Das Ergebnis der *Monitor*-Sendung vom 10. April 2014 macht deutlich, dass Scharfschützen auf dem Maidan in Kiew am 20. Februar 2014 auf alle Anwesenden zielten, also sowohl auf Demonstranten als auch auf Polizisten. Gleichzeitig wird klar, dass die Verantwortlichen an einer ernsthaften Untersuchung der Abläufe gar nicht interessiert sind – die Vorverurteilung Janukowitschs wird vom Oberstaatsanwalt getragen, der der rechtsradikalen Swoboda-Partei angehört.[16] Diese Feststellungen scheinen die eigenen Nachrichtenredaktionen nicht zu tangieren. Auch die Recherchen der *Monitor*-Sendung vom 13. März 2014 interessieren die *ARD*-Nachrichtenredaktionen nicht.[17] In dieser geht das *Monitor*-Team den Interessen auf US-Seite in der Ukraine nach, Stichworte: Gasvorkommen, Energiesektor. Es wird aufgezeigt, wie die Kooperation zwischen Politik und Unternehmen funktioniert und welche Pläne einzelne Firmen wie ExxonMobil und Chevron haben und wer in welchem Gebiet was fördern möchte. Wie sehr die Energieförderung in der gesamten Region bereits international verflochten ist, belegt eine Schlagzeile bei *Bloomberg* vom 11. März 2014: „Die Ukraine-Krise bedroht Exxons Gasförderung im Schwarzen Meer".[18]

Über die im *Monitor*-Bericht klar benannten Interessen von Unternehmen, vornehmlich aus den USA, hinaus stellt das Institut für sozial-ökologische Wirtschaftsforschung e.V. (isw) in München noch weitere Interessenschwerpunkte zusammen, die sich etwa aus der „Unterstützung" bestimmter ukrainischer Oppositionsgruppen durch Monsanto ergeben.[19] Dass Monsanto dabei eine grundlegende Umgestaltung der „Kornkammer Europas" plant – davon darf ausgegangen werden, wie erste Großprojekte bereits nahelegen.[20]

Das sind Beispiele aus einem exotischen Bereich, wo nicht selten sehenswerte Sendungen im Nachtprogramm von *Arte* oder *3sat* platziert werden. Wenn auch die Politmagazine nicht gerade zur besten Nachrichten-Sendezeit ausgestrahlt werden und ihre Sendezeit insgesamt gekürzt wurde, so erreichen sie doch immer noch eine beachtliche Anzahl interessierter Bürger. Dennoch verhallten auch die Inhalte der hier beispielhaft gezeigten Aufklärungsbeiträge im Strom der antirussischen Meinungsmache, in dem sich Springers *Bild* (27.7.2014) von dem einst renommierten *Spiegel* (28.7.2014) mit der Forderung nach „Stoppt Putin!" nicht mehr unterscheidet.[21]

Quellenhinweise im Anhang ab Seite 303

Sabine Schiffer

geb. 1966, promovierte zur Islamdarstellung in den Medien und leitet seit seiner Gründung das Institut für Medienverantwortung. Schiffer forscht zu Minderheitendarstellungen, Vierter und Fünfter Gewalt, Kriegspropaganda und Medienbildung. Sie publizierte zuletzt „Bildung und Medien" (2013) und kuratierte 2014 die Ausstellung „Im Osten nichts Neues – alte Feindbilder, moderne Propaganda".

David Goeßmann

Berichterstattung mit Schlagseite

Halbwahrheiten, Doppelstandards und Schweigen

> *„Welche Sanktionen könnten den Brandstifter in Washington D.C., zum Rückzug bewegen? Was will George W. Bush überhaupt: Will er nur Guantánamo kontrollieren, plant er, sich Kuba einzuverleiben, vielleicht noch mehr vom ‚Hinterhof Amerikas' an sich zu reißen, wie man in Washington die an die USA grenzenden Gebiete nennt? Und tut er das als angeschlagener Boxer in einem imperialen Rückzugsgefecht – oder glaubt er wirklich, eine Art moderner Supermacht made in USA aufleben lassen zu können? Ende voriger Woche haben Russland und China erste Sanktionen gegen Washington beschlossen. Moskau schickte militärische Verstärkung nach Venezuela und Haiti. Und die deutsche Bundespolizei stellte umgehend ein halbes Dutzend Kooperationen mit den USA ein. Doch ansonsten herrscht erschreckende Ratlosigkeit."*[1]

Sie reiben sich die Augen? Sanktionen gegen die USA? Der Text ist tatsächlich ein Auszug aus der *Spiegel*-Titelgeschichte vom 10. März 2014 „Bis jenseits der Grenze". Mit einer kleinen Einschränkung: Es ging darin nicht um Guantánamo und Kuba, sondern um die Krim. Man muss nur Washington durch Moskau, Russland durch USA, China durch EU und Venezuela/Haiti durch Polen/Baltikum ersetzen, schon erhält man die *Spiegel*-Originalversion, die Putin als „Brandstifter" ins Visier nahm. Auf dem Titelbild des *Spiegel* war natürlich auch kein übergroßer Bush abgebildet, die Arme auf dem Rücken verschränkt, wie er nach unten schielt, zu seinen Füßen der russische Präsident Putin mit erhobenem Zeigefinger, der chinesische mit einem weißen Fähnchen in der Hand und dahinter der nach oben rufende ehemalige Staatschef Venezuelas, Hugo Chávez. In der real existierenden deutschen Presse thronte Putin als „Brandstifter" über den hilflosen Zwergen Merkel, Cameron und Obama. Der *Spiegel* fragte auch nicht: „Wer stoppt Bush?", sondern: „Wer stoppt Putin?"

Vor über hundert Jahren zwangen die USA, die Kuba damals militärisch besetzten und eine US-freundliche Regierung installiert hatten, Kuba einen Pachtvertrag auf, der Washington die Nutzung von Guantánamo erlaubte. Seit der Unabhängigkeit Kubas in den späten 50er Jahren hat die kubanische Regierung den Vertrag immer wieder für ungültig erklärt und die USA aufgefordert, Guantánamo zu verlassen. Zwar haben Verträge unter militärischem Zwang und Besatzung per se keine Gültigkeit, doch alle US-Regierungen haben sich darüber hinweggesetzt. Präsident George W. Bush und Barack Obama betreiben seit 2002 zudem auf dem kubanischen Territorium ein Folter-Gefängnis für „enemy combatants". Die kubanische Regierung schickte Anfang 2002 nach Errichtung des Guantánamo-Gefangenenlagers einen Brief an die US-Administration und erinnerte erneut daran, dass Guantánamo Teil des kubanischen Staatsterritoriums sei.[2] Guantánamo hat für die USA keinerlei Nutzen. Selbst die vertragsverletzende Funktion der Gefangenen-Internierung hätten „black sites" in Kriegsgebieten wie Bagram oder in befreundeten Diktaturen übernehmen können und tun es teilweise auch. Für Kuba hingegen bedeutet die Besetzung Guantánamos den Verlust eines bedeutenden Wirtschaftshafens. Die Aneignung des Hafens ist Teil einer harschen Embargo-Politik der USA gegen die Nachbarinsel, eines Wirtschaftskrieges, der seit Jahrzehnten andauert und die kubanische Bevölkerung und Ökonomie des Landes hart trifft. Die Vereinten Nationen haben den Boykott der USA immer wieder in Resolutionen verurteilt und ein Ende der Wirtschaftsblockade gefordert.[3]

Beide Aneignungen von Territorien, ob nun Krim oder Guantánamo, sind widerrechtliche und kriminelle Akte. Die Angliederung der Krim an Russland verstößt gegen die UN-Charta und diverse Verträge, daran ändert auch ein Referendum nichts. Die Vereinnahmung Guantánamos wird andererseits nicht durch einen Pachtvertrag legitimiert, der unter militärischer Okkupation aufgezwungen wurde.[4]

Geteilte Empörung: Das Spiel mit „roten Linien"

Doch während die Angliederung der Krim-Halbinsel an Russland eine Empörungswelle in den USA, Europa und den westlichen Medien auslöste, ist die Aneignung Guantánamos durch die USA der Presse bis heute so gut wie keine Zeile wert. Die Linke-Fraktion im Bundestag hatte die Bundesregierung 2007 aufgefordert, ihren Einfluss geltend zu machen, um die USA zum Verlassen von Guantánamo zu bewegen.[6] Diese Forderung fand keinerlei Echo, weder bei der Regierung noch in der Presse. Lediglich als im Zuge einer Entscheidung des Obersten Gerichtshofes in den USA 2004 der Rechtsstatus der Guantánamo-Gefangenen diskutiert wurde[6], verwiesen ein paar Artikel auf den Pachtvertrag.[7] In der *NZZ* nannte man Guantánamo den „kuriose(n) Außenposten der USA auf Kuba"[8], vergaß wie andere Medien, aber zu erwähnen, dass dieser „Außenposten" widerrechtlich unter militärischem Zwang angeeignet wurde. Bei einer Pressedatenabfrage von rund 160 überregionalen und regionalen Print- und Onlinemedien in Deutschland[9] findet sich nur ein Artikel im Wirtschaftsmagazin *Focus Money*, der im Zuge des Krim-Anschlusses an Russland auf den moralischen Doppelstandard des Westens und die völkerrechtlich „nicht ganz saubere" Guantánamo-Nutzung hinweist.[10] Chefredakteur Frank Pöpsel fragte ironisch in der Schlagzeile: „Warum pachtet Putin nicht die Krim?"[11]

US-Kritiker Noam Chomsky hat zu Recht darauf hingewiesen, dass der Vergleich Guantánamo/Krim eher schmeichelhaft für die US-

Besatzung ausfalle. Denn anders als bei der Krim hätten die USA keinerlei Anspruch auf Guantánamo.[12] Die Krim ist historisch russisch geprägt. Sie bietet Russland zudem den wichtigsten Zugang zu einem eisfreien Hafen. Sewastopol hat eine wichtige militärstrategische Bedeutung für Moskau. Dort ist die Schwarzmeer-Flotte Russlands stationiert. Über die Angliederung der Krim an Russland fand zudem ein Referendum statt. Keinen dieser Ansprüche könne die USA im Fall Guantánamos geltend machen, so Chomsky.

Man sollte sich auch daran erinnern: Es gibt Völkerrechtsverstöße in der nahen Vergangenheit, ganz zu schweigen von den Verbrechen in Indochina und Lateinamerika, die weit größere Dimensionen besitzen und katastrophale Folgen zeitigten. Der Überfall der USA und Großbritanniens auf den Irak ist ein Musterbeispiel für einen Angriffskrieg, der den Irak verwüstete, Hunderttausende Iraker tötete und einen Bürgerkrieg zwischen Sunniten und Schiiten in Gang setzte, die Region destabilisierte und, wie von britischen und US-amerikanischen Sicherheitsanalysten vorhergesagt, die Terrorgefahr stark erhöhte. Doch in keinem dieser Fälle wurde für die Medien in den USA und Europa eine „rote Linie" überschritten wie im Fall der Krim. Es folgten keine Sanktionen, keine schwarzen Listen, keine Militärmanöver russisch-chinesischer Verbände an den Grenzen der Kriegsschauplätze, keine Drohungen, militärisch zu intervenieren und Bush und Obama zu stoppen. Auch die deutschen und US-Medien forderten kein hartes Vorgehen gegen die USA. Anders im Ukraine-Konflikt. Die *Wirtschaftswoche* kommentierte am 2. März 2014 nach der Krim-Sezession: „Putin hat eine rote Linie überschritten".[13] Der tschechische Präsident Zeman wird einen Monat später von der *Zeit* bis zur *Welt* mit seiner Drohung gen Moskau zitiert. Sollte Russland in den Osten der Ukraine marschieren, so Zeman, sei eine „rote Linie" überschritten. Dann müssten NATO-Soldaten in die Ukraine geschickt werden.[14] Deutsche und US-amerikanische Journalisten werden seit

Beginn der Krise nicht müde, Obama und die EU aufzufordern, endlich gegenüber Russland eine rote Linie zu ziehen. Sie mahnen härtere Sanktionen oder gar Militärinterventionen an. „Auf der Krim überschreitet Moskau die rote Linie des Westens, um die Ordnung nach dem Kalten Krieg in Frage zu stellen“, schreibt *Die Zeit* am 14. März 2014.[15] Im *Boston Globe* bringt Kolumnist Thanassis Cambanis den Sachverhalt auf den Punkt: “(President Vladimir V.) Putin's annexation of the Crimea is a break in the order that America and its allies have come to rely on since the end of the Cold War – namely, one in which major powers only intervene militarily when they have an international consensus on their side, or failing that, when they're not crossing a rival power's red lines.”[16]

Die deutschen und US-Medien sind den Vorgaben der US-Regierung, EU und NATO-Staaten schlicht gefolgt: Die roten Linien der USA und des Westens verlaufen an der Grenze Russlands. Andere Staaten wie der Irak oder der von den USA und Israel bedrohte Iran haben keine rote Linien, selbst nicht an ihren eigenen Grenzen, außer, die USA und seine Alliierten billigen ihnen solche zu. Rote Linien wurden weder im Kosovo-, Afghanistan- oder Irak-Krieg noch bei der Libyen-Bombardierung oder den Gaza-Invasionen Israels überschritten. Obwohl alle diese Militäroperationen illegitime Aggressionsakte darstellen, wurden sie – und das gilt selbst für das unliebsame Irak-„Abenteuer“, für das auch Deutschland durch Bereitstellung von Infrastruktur, Überflugrechte usw. Verantwortung trägt – weder als solche in den Medien diskutiert noch kritisiert.

Die Halbwahrheiten der real existierenden *Tagesschau*, *Taz* & Co.

Insofern fügt sich die mediale Behandlung des Ukraine-Konfliktes in das ideologische Muster ein, in dem nicht jedes widerrechtliche Ereignis und nicht jede Verletzung territorialer Souveränität und Integrität „rote Linien“ und „Krisen“ erzeugt und einen neuen kalten Krieg in Gang setzt. Doch in einem Punkt stellt die Ukraine durchaus einen Sonderfall dar. Zum ersten Mal gab es eine breite Kritik an der Parteinahme in der medialen Darstellung, eine Kritik, die über Friedensgruppen und medienkritische Plattformen hinausging. In vielen tausenden Kommentaren üben Leser und User immer wieder zum Teil scharfe Kritik an der Einseitigkeit der Berichterstattung. Sie bemängeln, dass Russland in deutschsprachigen Medien dämonisiert werde, Putins „Griff nach der Ukraine“ und sein angeblicher Expansionsdrang Subtext vieler Schlagzeilen und Artikel sei. Sie vermissen kritische Stimmen zum Vorgehen der ukrainischen Übergangsregierung in der Ostukraine, eine angemessene Darstellung der rechten bzw. faschistischen Kräfte innerhalb der Maidan-Bewegung bzw. Kiewer Regierung und Analysen zur eskalierenden Rolle des Westens sowie zu den ökonomischen und militärischen Interessen von USA und EU. Eine vergleichbare Welle an Kritik hatte es in dieser Form bisher nicht gegeben. „Wir haben uns natürlich bemüht, ausgewogen zu berichten“, verteidigt *taz*-Chefredakteurin Ines Pohl im *Deutschlandfunk*-Interview die eigene Berichterstattung. Hinter den kritischen Kommentaren sieht Pohl jedoch wie viele ihrer Kollegen von Moskau bezahlte Trolle am Werk.[17] Belege für diese Anschuldigungen werden nicht vorgelegt. Die *taz*, die sich über weite Strecken weigerte, den Konflikt mit journalistischer Distanz darzustellen und Russland als neue Bedrohung präsentierte, büßte im Laufe von 2014 laut *MA Medienanalyse*[18] 20 % ihrer Reichweite ein. Statt 300 000 Leser pro Ausgabe sind es jetzt nur noch 240 000.[19] Andere meinungsbildende Zeitungen wie die *FAZ, SZ* oder der *Spiegel* verloren ebenfalls drastisch an Leserschaft.

Auch innerhalb des ideologischen Rahmens wichen die deutschen und die US-Medien bei der Darstellung des Konfliktverlaufes nicht von der Linie der US-Administration und der NATO-Staaten ab. Auslöser des Konfliktes war demnach der ukrainische Präsident Viktor Janukowitsch, der das EU-Assoziierungsabkommen ablehnte, gelockt von russischen „Milliardengeschenken", worauf die ukrainischen Bürger aus Protest gegen die Regierung auf die Straße gingen. Der Maidan wurde zum Symbol des Widerstandes gegen ein autokratisches und korruptes System, eine Art „ukrainischer Frühling" gegen einen „ukrainischen Mubarak". Janukowitsch unterdrückte den Aufstand gewaltsam. Doch die Maidan-Bewegung konnte sich letztlich erfolgreich durchsetzen und eine neue Übergangsregierung mit Arsenij Jazenjuk an der Spitze des Parlamentes einsetzen, die von den USA und europäischen Staaten sofort anerkannt wurde und nun für Stabilität und demokratische Verhältnisse steht. Der neue Präsident Petro Poroschenko unterzeichnete schließlich das EU-Assoziierungsabkommen, das als „historisch" bezeichnet wurde. Gegen die europafreundliche Bewegung in Kiew positionierte sich der russische Präsident Putin aggressiv, annektierte die Krim und unterstützte die aufständische Separationsbewegung in der Ostukraine, um wieder Kontrolle über die Region zu erhalten – so die Lesart. Um gegen die destabilisierende Einmischung Russlands vorzugehen, verhängten die USA und die EU Sanktionen, die nach dem Absturz des malaysischen Passagierflugzeuges Flug MH17 noch ausgeweitet wurden. USA und EU fordern nun die Umsetzung des Poroschenko-„Friedensplanes", um den Konflikt zu deeskalieren, doch Putin und die Separatisten blockieren den Frieden.

Es wäre die Aufgabe der Medien gewesen, diese offizielle Erzählung und Darstellung der Ereignisse zu überprüfen, relevante Informationen und Hintergründe zu liefern und den Konflikt mit seinen diversen Akteuren fair darzustellen. „Insgesamt geben wir ein realistisches Bild dieser sehr diffusen Lage ab, immer wissend, dass jede Partei ein Interesse daran hat, ihre Seite, ihre Sichtweise besonders bevorzugt darzustellen", weist der Redaktionsleiter von *tagesschau.de*, Andreas Hummelmeier, den Vorwurf einseitiger Berichterstattung zurück.[20] Doch das „realistische Bild", das *Tagesschau*, *Süddeutsche Zeitung* oder *Spiegel* skizzierten, war und ist, wenn überhaupt, nur die halbe Wahrheit. Die halbe Wahrheit ist aber nun einmal nicht die Wahrheit, so wenig ein Sportreporter, der nur von den Toren seiner Lieblingsmannschaft berichtet, ein Ereignis wahrheitsgemäß wiedergibt.

Es gab zum Beispiel gute Gründe, warum der ukrainische Präsident Janukowitsch das EU-Assoziierungsabkommen ablehnte. Die EU stellte der ukrainischen Regierung ein Ultimatum, verlangte von ihr eine Entscheidung. Ein Abkommen mit der EU gäbe es nur ohne Zollunion mit Russland. Die daraus resultierende Schwächung der Wirtschaftsbeziehungen mit Russland hätte weitreichende negative Folgen für die Ukraine gehabt. Russland ist der wichtigste Handelspartner der Ukraine, beide sind ökonomisch eng miteinander verbunden. Die vorgesehene „militärische Kooperation", wie sie das EU-Abkommen vorsah, war zudem ein unmissverständliches Signal Richtung NATO-Beitritt, was von Moskau nicht akzeptiert werden konnte. Gleichzeitig ließen die Medien weitestgehend unberücksichtigt, dass die Ukraine aus mindestens „zwei Ukrainen" besteht, wie der US-amerikanische Russland-Experte Stephen Cohen, Professor emeritus für Russland-Studien und Politik an der New York University und Princeton University, immer wieder betonte. „One tilts toward Poland and Lithuania, the West, the European Union; the other toward Russia. This is not my notion. This is what every public opinion poll has told us since this crisis unfolded, that about 40 percent of Ukrainians want to go west, 40 percent want to stay with Russia, and, as usually true in these polls, 20 percent just don't know or they're not sure."[21]

Die Haltung gegenüber dem EU-Assoziierungsabkommen war in der ukrainischen Bevölkerung daher gespalten, wie Umfragen zeigten.

Die eine Hälfte wollte es, die andere nicht. Doch die Medienberichte konzentrierten sich fast ausschließlich auf die Befürworter einer EU-Annäherung, die dann als Haltung der „Ukrainer" gekennzeichnet wurden.[22] Es ist daher zumindest irreführend, Janukowitschs Ablehnung als Auslöser der Krise zu bezeichnen, wie es die Medien taten, ohne zu erklären, warum es zu dieser Ablehnung kommen musste. Auch verschwiegen sie, dass eine Lösung möglich gewesen wäre, aber von der EU blockiert wurde. Stefan Kornelius schrieb am 24. Februar 2014 in der *Süddeutschen Zeitung*: „Der Präsident (Janukowitsch, d. Verf.) akzeptierte die Logik, dass die Ukraine eine Wahl zu treffen habe zwischen dem Westen und Russland. Diese Logik prallt aber an der EU ab. Die Gemeinschaft erträgt unter ihren Mitgliedern ökonomische und politische Unterschiede, sie schafft keine Fronten. Die EU bietet vielmehr Optionen für Staaten, die sich Regeln für gute Regierungsführung unterwerfen. Die EU sucht nicht nach neuen Mitgliedern, neue Staaten streben in die EU."[23] Eine Verkehrung der tatsächlichen Geschehnisse. Während die EU der Ukraine ein Ultimatum stellte, zwischen Russland und der EU zu wählen, bot Moskau der EU eine „tripartite"-Regelung an, also Zollunion und EU-Abkommen gleichzeitig, doch die EU lehnte das ab.[24] Der Konflikt eskalierte.

„Ein Meilenstein": Mythos und Realität des EU-Assoziierungsabkommens

Als der neue Präsident Poroschenko das EU-Assoziierungsabkommen schließlich nach dem Staatsputsch und der folgenden Wahl unterzeichnete, folgten die deutschen Medien den Vorgaben Poroschenkos und des EU-Ratsvorsitzenden Herman Van Rompuy, dass es sich um einen „historischen Tag", einen „Meilenstein" handele[25], der der Ukraine nun einen „verbesserten Marktzugang mit 500 Millionen Verbrauchern" ermögliche.[26] „Historisch" war an dem Tag vielmehr, dass eine kaum entwickelte Agrargesellschaft in Zukunft mit einem der größten Wirtschaftsräume der Welt ohne nennenswerte Schutzmaßnahmen wie Zölle, Industriesubventionen, Agrarhilfen, Heizzuschüsse etc. auf dem „freien Markt“ konkurrieren muss und von seinem wichtigsten Handelspartner abgeschnitten zu werden droht. Die Journalisten vergaßen auch mitzuteilen, dass das EU-Abkommen einherging mit einem zweistelligen Milliardenkredit des Internationalen Währungsfonds (IWF), der gekoppelt wurde an ein rigides Sparprogramm, vergleichbar dem in Griechenland. Der IWF-Kredit bedient wie in anderen Staatsschulden-Fällen die Gläubiger der Ukraine, also vor allem europäische und US-amerikanische Banken und Finanzinstitute.[27] Die Kosten tragen die ukrainischen Bürger. Die Austeritätsmaßnahmen im Sinne des EU-IWF-Reformpaketes sind bereits angelaufen. Die Folgen sind u.a. sinkende Löhne, steigende Inflation, drastisch hochschnellende Gas-, Wasser und Strompreise für die Ukrainer, und das bei einem monatlichen Durchschnittslohn von 275 US-Dollar, wobei der größte Teil für Lebensmittel ausgegeben werden muss.[28] Zudem wurden im Rahmen des Sparprogramms bereits Staatsangestellte entlassen.[29] Ökonomen gehen davon aus, dass die Kaufkraft der Ukrainer im Zuge der „Reformprogramme“ weiter sinken werde und damit die Wirtschaft tiefer in die Rezession getrieben wird.[30] Die Regierung in Kiew hat zudem angekündigt, Sozialprogramme, Unterstützung für Arbeitslose und Behinderte drastisch zu kürzen und die Löhne für Angestellte des öffentlichen Dienstes nicht an die galoppierende 16-prozentige Inflation anzupassen, während man das Staatsbudget für Sicherheit und Militär stark ausbauen will. Im aktuellen Bericht der UN, des Büros des Hohen Kommissars der Vereinten Nationen für Menschenrechte (OHCHR), heißt es dazu: “The full enjoyment of social and economic rights by everyone throughout Ukraine was one of the main aims of the civil society activists, experts and journalists who united after Maidan to lobby for the necessary reforms. However, the new society that they hoped would be created by the 'reanimation package of reforms' is still far from reality."[31] Angesichts der wirtschaftlichen Lage mit immer weiter steigenden Arbeitslosenzahlen, hochschnellender Inflation, eines zerfallenden Gesundheitssystems und des drohenden Zusammenbruchs des industriellen Zentrums der Ukraine im Osten zitiert der UN-Bericht die Sorge von ukrainischen Gewerkschaften, dass es im Herbst dieses Jahres zu massiven sozialen Unruhen kommen könnte: „The trade unions are warning that because of these factors, coupled with the lack of meaningful social dialogue or transparency in government, there may be major social unrest in autumn."[32] Ein neuer Maidan? Der Ökonom Vasilij Koltaschow vom Institute of Globalization and Social Movements in Moskau sieht in dem "reanimation package of reforms" den Grund für zunehmende Unzufriedenheit mit der Regierungspolitik in Kiew: "This may take on a pro-Russian tone, not because Russia is good and is calling them to do it, but because people see Crimea joining Russia as a way to jump off a burning train, to get out of the Ukrainian crisis."[33] Solche Nachrichten sucht man vergeblich in westlichen Mainstreammedien. Sie würden der Formulierung „Meilenstein" anlässlich der Unterzeichnung des EU-Abkommens und der IWF-Kredite eine andere Bedeutung geben.

Kommen wir zu den Protesten. Der Maidan war ein legitimer Protest gegen soziale, wirtschaftliche und politische Missstände der Regierung. Die Medien begleiteten das Geschehen von Anfang an mit täglichen, ausführlichen Reportagen. Man hätte sich eine ähnliche Berichterstattung auch über Proteste in Griechenland und Spanien gegen die EU-Sparpolitik gewünscht. Erinnern wir uns: Die *Tagesschau*-Redaktion betrachtete massive Anti-Austeritätsproteste gegen die EU und den IWF in Madrid mit tausenden Demonstranten, die das Parlament umzingelten und von der spanischen Polizei gewaltsam zerschlagen wurden, als irrelevant und sendete nicht einmal eine kurze

Meldung darüber.[34] In einem Bericht von amnesty international „Spain: The right to protest under threat“, heißt es: “In 2012, there were nearly 15,000 demonstrations throughout Spain, amounting to around 40 per day. In 2013, there were 4,500 demonstrations in Madrid alone: an increase of 1,000 from the year before.” Fast nichts konnte man darüber aus den deutschen Mainstreammedien erfahren. Die brutale Polizeigewalt und staatlichen Einschränkungen von Versammlungsfreiheit und Meinungsfreiheit, von der konservativen Regierung unter Ministerpräsident Mariano Rajoy in Spanien verordnet, wurde als Fußnote abgetan bzw. mit Formulierungen wie „gewaltsame Auseinandersetzungen mit der Polizei“ gerechtfertigt.[35] Der ai-Bericht stellt jedoch fest, dass selbst nach Angaben der spanischen Regierung, bei nur einem Prozent der Demonstrationen Protestierende Gewalt anwendeten. „The excessive use of force by Spanish police and plans to strengthen repressive legislation are a damning indictment of the Spanish government’s determination to crush peaceful protest”, so der Bericht.[36]

„Wertvolle“ und „wertlose“ Proteste

Anders beim Maidan. Die Proteste wurden selbst dann noch als eine Art „ukrainischer Frühling“ präsentiert, als sie längst alle Unschuld verloren hatten. Stellen Sie sich vor, die faschistische „Goldene Morgenröte“ und andere rechte Kräfte hätten sich in die berechtigten Sparpolitik-Proteste in Athen 2011 eingeklinkt, den Konflikt mit dem Staat immer weiter eskaliert, während die moderaten Kräfte die Kontrolle über die gewaltbereiten Gruppen zunehmend verlieren. Die moderaten Kräfte bestehen im Wesentlichen aus Oppositionsparteien mit zum Teil wenig Rückhalt in der Bevölkerung. Sie werden zudem seit Jahren vom russischen und chinesischen Staat und dortigen Parteistiftungen maßgeblich finanziert und unterstützt.[37] Die Sprecher der Oppositionsparteien in Griechenland stellen sich schließlich an die Spitze der Protestbewegung. Die Technokraten-Regierung unter dem ehemaligen Goldman-Sachs-Banker Loukas Papademos geht mit Polizeieinheiten hart gegen die Demonstrierenden vor, es kommt zu Gewalt und Toten auf beiden Seiten.[38] Papademos macht im Verlauf des Konfliktes weitreichende Zugeständnisse an die drei Sprecher der Protestbewegung, darunter ein Vertreter der „Goldenen Morgenröte". Papademos bietet ein „power sharing"-Modell an, in dem die Oppositionsparteien den Ministerpräsidenten stellen würden. Er verspricht überdies, Gefangene freizulassen und Neuwahlen einzurichten. Papademos unterzeichnet schließlich ein diplomatisches Abkommen, eingefädelt von den BRICS-Staaten und zieht die Polizei zurück. Daraufhin überrennen Neonazi-Schlägertruppen den Regierungssitz. Papademos, der Banker, flieht in die USA. Mit einem Rumpfparlament wird verfassungswidrig eine griechische Übergangsregierung ins Amt gehoben, wobei Vertreter der „Goldenen Morgenröte" wichtige Positionen im Staatsapparat und die Leitung einiger Ministerien erhalten. Die rechtsradikale Partei stellt den stellvertretenden Ministerpräsidenten und den Generalstaatsanwalt. Ein Mitbegründer der „Goldenen Morgenröte" wird Chef des mächtigen „Nationalen Sicherheits- und Verteidigungsrates". Griechenland tritt aus dem Euro aus und unterzeichnet ein Freihandelsabkommen mit Russland.

Das ist in Kiew passiert. Doch es gibt einen entscheidenden Unterschied zwischen dem inszenierten „griechischen Frühling" und den realen Vorgängen in der Ukraine: Der Banker Papademos, der nie zuvor in ein öffentliches Amt gewählt worden war, ist mit Unterstützung der EU-Troika ohne Wahlen ins Amt gehoben worden, Janukowitsch ist von der Mehrheit der Ukrainer demokratisch gewählt worden – ob man ihn nun mag oder nicht.

Die Maidan-Berichterstattung ist ein Tiefpunkt im deutschen Journalismus. Dieselben Medien, die sonst friedliche Proteste im eigenen

Land gern auf ein paar Randalierer reduzieren und eskalierende Polizeigewalt unerwähnt lassen, übersahen auf dem Maidan die immer präsenter werdenden extremistischen Kräfte rechter und faschistischer Gruppierungen oder spielten ihre Bedeutung für den Staatscoup herunter. Offen geäußerte rassistische Einstellungen wurden als Petitesse abgetan, die sonst so fein eingestellten Antisemitismus-Sensoren der meinungsführenden Rundfunkanstalten und Zeitungen, die bei Protesten gegen Israels Gaza-Kriegen zuverlässig immer neue Wellen von Judenhass entdecken, wurden schlicht abgeschaltet. Nach dem Staatssturz mit Hilfe der Rechtsextremen titelte die *Süddeutsche Zeitung*: „Russland erklärt sich zum antifaschistischen Schutzwall". Mit ein paar Sätzen relativierte die *Süddeutsche Zeitung* die Rolle rechtsextremer Gruppen auf dem Maidan als umstritten und marginal. Anklagen wegen Volksverhetzung, Juden-, Russen-, Roma- und Schwulen-Hetze, Verherrlichung des Vernichtungskrieges gegen die ukrainischen Juden, dem 1,5 Millionen Menschen zum Opfer fielen, enge Kontakte zur NPD, der militanten Neonazi-Szene und anderen europäischen rechtsextremistischen Parteien usw.? Fehlanzeige. Man erfuhr im *SZ*-Artikel auch nicht, dass der Jüdische Weltkongress die Partei „Swoboda", deren Vorsitzender Oleg Tjagnibok die Hände vieler westlicher Politiker wie Steinmeier, Ashton oder McCain schüttelte, als neonazistisch einstuft und ein Verbot der Partei fordert.[39] Man beschäftigte sich lieber 14 Absätze lang mit Rassismus in Russland, einem Land, so die *SZ*, das sich nun „zynisch" als „antifaschistischer Schutzwall" im Ukraine-Konflikt inszeniere.[40]

Der doppelte Standard der Medienberichterstattung setzte sich fort bei den Protesten in der Ostukraine. Wie von Kritikern des Staatssturzes erwartet, brach der Konflikt, angefeuert von US-amerikanischen und europäischen Solidaritätsadressen, entlang der ethnischen, kulturellen und politischen Trennlinien in offenen Bürgerkrieg aus. Die deutschen und US-amerikanischen Medien schalteten ihr Bewertungsschema jedoch jetzt um. Der Übergangspräsident „Jats", wie Victoria Nuland, zuständig für Europa und Eurasien im US-Außenministerium, ihren „favorite" in einem geleakten Telefonat[41] nannte (anders als Janukowitsch von den Medien jetzt nicht als „Marionette" diffamiert), und der neu gewählte Oligarch Poroschenko (Wie war das noch einmal mit dem Aufstand gegen die „Macht der Oligarchen" auf dem Maidan?) sind nun Garanten von Stabilität, Demokratie, legitimer Gewaltanwendung, auch wenn sie brutal gegen das eigene Volk in der Ostukraine vorgehen. Doch über diese Gewalt berichten die Medien so gut wie nicht. Die Aktivisten sind demgegenüber Aufständische, Separatisten, Terroristen, die von Russland infiltriert sind bzw. gesteuert werden, um Teile der Ostukraine an Russland anzugliedern. Die Wahrheit ist komplizierter. Auch in der Ostukraine erhalten rechte und gewaltbereite Kräfte im Verlauf der Eskalation mehr Einfluss, aber darin unterscheidet sich der Protest nicht von dem auf dem Maidan. Zudem: Ukrainische Bürger, darunter etliche junge Aktivisten und Studenten, protestierten in Lugansk, Donezk oder Odessa oft friedlich für Reformen. Sie fordern nicht Abspaltung von Kiew, keine Angliederung an Russland, sondern Rechtsschutz für die russischstämmige Bevölkerung und mehr Autonomie in einem föderalen System. Von diesen Protestierenden und ihren politischen Ansichten erfährt man so gut wie nichts in der Presse – anders als bei der Maidan-Berichterstattung. Der Eindruck musste entstehen: In der Ostukraine, anders als bei den europafreundlichen Protesten in Kiew, zündelten ausschließlich militante Umstürzler ohne legitime politische Interessen. „Prorussische Separatisten" ist heute eine feste Wortfügung in allen Nachrichten. Das Bild in der Ostukraine ist weitaus gemischter.

Und was ist mit der destabilisierenden Einmischung Moskaus in der Ostukraine? Nehmen wir den Kernvorwurf, die russischen Waffentransporte ins Krisengebiet. Der Vorwurf wird mit Verweis auf Social-Media-Fotos und Satellitenbilder erhoben, bereitgestellt von der

US-Administration. Eindeutige Belege liegen nicht vor, die Lage ist unübersichtlich, trotz Indizien.[42] Journalisten sollten zudem auch die Frage stellen: Was ist mit der anderen Seite? Was ist mit den US-Militärhilfen? Die militärische „Einmischung“ des Pentagon liegt anders als im Fall Moskaus offen zutage. Im US-Senatsausschuss für Internationale Beziehungen hat das Verteidigungsministerium seine militärische Unterstützung für die Ukraine erläutert. Die Hilfen sollen danach im Zuge der Krise vervierfacht werden. Neben Militärausrüstung wie Körperpanzer, Nachtsichtgeräte, Bomben-Spürroboter usw. sollen auch amerikanische Berater und Trainer in die Ukraine geschickt werden „to train and professionalize Ukraine's military“. In das ukrainische Verteidigungsministerium will man US-Berater „einbetten“, um mit der Regierung zusammen eine „Nationale Sicherheitsstrategie“ zu entwerfen, die eine „cohesive vision for the Ukrainian military, border guards, national guard and other security institutions“ bereitstelle, so der Staatssekretär für Internationale Sicherheit im Pentagon, Derek Chollet, im US-Senatsausschuss Anfang Juli dieses Jahres.[43] Der Vorwurf von russischer Seite, dass die USA 100 Berater im Sicherheitsapparat der ukrainischen Regierung bereits einsetze, ist daher nicht aus der Luft gegriffen. Nach dem Absturz von MH17 erwägen die USA sogar, Echtzeit-Zielkoordinaten für Angriffe des ukrainischen Militärs bereitzustellen, im US-Kongress fordern Politiker sogar Waffenlieferungen an das ukrainische Militär. Im *Kölner Stadt-Anzeiger* heißt es dazu: „Würden die Pläne umgesetzt, wäre das eine kraftvolle Botschaft an den russischen Präsidenten Wladimir Putin, dass die USA neben Sanktionen auch noch andere Mittel einsetzen, um die Unterstützung Moskaus für die Separatisten zu beenden.“[44]

Während die möglichen Waffenlieferungen Russlands von den meisten deutschen Medien als Tatsache präsentiert werden und als Beweis für die von Moskau betriebene Eskalation des Konfliktes erscheinen[45], gilt die militärische Unterstützung des ukrainischen Militärs durch die USA als eine legitime Schutzmaßnahme und wird als stabilisierend kommentiert. Wir erinnern uns: Im UN-Bericht wird beiden, dem ukrainischen Militär wie den Separatisten, vorgeworfen, gegen die Zivilbevölkerung in der Ostukraine Menschenrechtsverletzungen zu begehen.[46] Sollte Moskau Waffen an die Separatisten liefern, dann ist das ein Verstoß gegen das Verbot, Waffen in Bürgerkriegsregionen zu liefern, in denen Zivilisten nicht ausreichend geschützt werden. Das Gleiche gilt jedoch auch für die USA. In einem der wenigen abwägenden Kommentare in deutschen Medien fordert der Moderator des *ARD*-Politmagazins *Monitor,* Georg Restle, in den *Tagesthemen* auch vom Westen seinen Einfluss geltend zu machen, um den Konflikt zu deeskalieren. Die Schlussfolgerung wird jedoch auch von Restle nicht gezogen. Nimmt man den an Russland angelegten Maßstab, würde „Einfluss geltend machen" bedeuten: Keinerlei Unterstützung für die ukrainische Regierung, weder politische, diplomatische, finanzielle noch militärische, solange die Regierungstruppen nicht die Waffen niederlegen. Eine Forderung, die in deutschen und US-Medien außerhalb des Debattenradius' liegt.

„Versöhnliche Geste" vs. „vergiftetes Geschenk"

Was ist mit der Lösung des Konfliktes in der Ukraine? Anfang Juli 2014 legte Poroschenko einen Friedensplan vor, der durchaus eine Chance zur Deeskalation hätte sein können, so Stephen Cohen in der Zeitschrift *The Nation*: „Except for their two core conditions: fighters in the southeast first had to 'lay down their arms,' and he alone would decide with whom to negotiate peace. The terms seemed more akin to conditions of surrender, and were probably the real reason Poroshenko unilaterally ended the cease-fire on July 1 and intensified Kiev's assault on eastern cities, initially on the smaller towns of Slovyansk and Kramatorsk, which their defenders abandoned- to prevent more civilian casualities, they said – on July 5–6". Auf *Spiegel Online* zitierte man überschwänglich Poroschenko mit den pazifistischen Worten: „Ich will keinen Krieg, ich will keine Rache. Ich möchte Frieden" – um dann fortzufahren: „Die Separatisten zeigten sich allerdings unbeeindruckt von der versöhnlichen Geste Poroschenkos." Janukowitschs Zugeständnisse an die Maidan-Sprecher im Januar 2014, mit denen er sich immer wieder an einen Tisch gesetzt und verhandelt hatte und verhandelte, gingen weit über Poroschenkos Zugeständnisse im „Friedensplan" hinaus. Sie wurden von den Qualitätszeitungen allerdings nicht als „versöhnliche Geste" bezeichnet, sondern als „unmoralisches Angebot", als „vergiftetes Geschenk", das von der Gegenseite zu Recht abgelehnt wurde, auch wenn es weitreichende Zugeständnisse enthielt.[47] „Die Gewalt beenden, ohne die eigene Integrität zu opfern", das sei Klitschko & Co. gelungen, hieß es dazu in der *Süddeutschen Zeitung*.

Man könnte unzählige Beispiele herausgreifen und daran aufzeigen, wie gegen elementare journalistische Standards beim Ukraine-Konflikt verstoßen wurde. Über 40 Aktivisten sterben in einem brennenden Gewerkschaftshaus in Odessa, einige davon wurden im Gebäude erschossen. Augenzeugenberichte, etliche Videos und Indizien deuten auf Brandstiftung hin, auf ein Massaker an den Kiew-kritischen Demonstranten, die vor dem Gewerkschaftshaus kampierten, in das sie vor einem gewalttätigen Mob flohen, der einige aus dem Gebäude wieder zurückholte und auf offener Straße brutal zusammenschlug. Es gibt belastende Hinweise, dass rechtsradikale Gruppen und Milizen, möglicherweise aus dem Umfeld der in Kiew mitregierenden Swoboda-Partei, für das Massaker verantwortlich gewesen sind.[48] Die *taz* wie viele andere Zeitungen und Rundfunksender beließ es bei einem „brennenden Gewerkschaftshaus", ohne zu vermelden, wer für die „Tragödie" verantwortlich gewesen sein könnte. Bei den Scharfschützen auf dem Maidan präsentierten die meinungsmachenden Medien hingegen ein staatlich organisiertes Massaker, obwohl, wie sich später zeigte, daran erhebliche Zweifel bestehen.[49] Bei beiden Vorfällen fordert das Büro des Hohen Kommissars für Menschenrechte der UN unabhängige Untersuchungen, um die Verantwortlichen zur Rechenschaft zu ziehen. Der Menschenrechtsrat beklagt die „slowness and inefficiency of the investigations“ und berichtet, dass man “alarming information from different sources on violations of human rights by law enforcement agencies and free legal aid incompetence” erhalten habe.[50]

In den deutschen Medien wurde die Eskalation des Konfliktes durchaus auch mit Sorge betrachtet. Am 16. April 2014 meldete das *Handelsblatt*: „Ukraine-Eskalation alarmiert deutsche Wirtschaft“. DIW-Präsident Marcel Fratscher warnte vor konjunkturellen Rückschlägen für Europa bei Wirtschaftssanktionen gegen Russland.[51] Im *ZDF*-Interview verteidigte Siemens-Chef Joe Kaeser seinen Besuch bei Putin, sprach von „kurzfristigen Turbulenzen“ im Zusammenhang mit der Krim-Angliederung an Russland und warnte vor weiterer Eskalation. Der Siemens-Konzern hatte Ende 2011 Investitionen von rund einer Milliarde Euro in Russland zugesagt, wovon etwa 750 bis 800 Millionen Euro schon umgesetzt sind. Deutsches Kapital in Höhe von 20 Milliarden US-Dollar finanziert insgesamt 6 200 Firmen in Russland.[52] Dazu kommen die russischen Gas- und Öllieferungen nach Europa. Allein in Deutschland decken sie 35 Prozent des Bedarfs ab. Die drohenden „Marktturbulenzen“ im Zuge einer weiteren Eskalation mit Russland haben den politischen und medialen Diskurs in Deutschland zur Ukraine-Krise, wenn auch nur an den Rändern, in seiner Schärfe sicherlich abgemildert.

Eine lange Liste von Paria-Abschüssen

In den USA ist die Situation eine andere. Der investigative US-Journalist Robert Parry, bekannt geworden durch die Aufdeckung der Iran-

Contra-Affäre, hat immer wieder darauf hingewiesen, dass die enormen Auswüchse der Putin- und Russland-Dämonisierung in US-Medien auch dem Druck der Neokonservativen innerhalb und außerhalb der Obama-Administration geschuldet seien. „Neocons" wie Victoria Nuland, der Republikaner und Senator John McCain oder der neokonservative Vordenker Robert Kagan dominieren den öffentlichen Diskurs, so Parry, und drängen die Obama-Regierung, nicht erneut, wie im Syrien-Konflikt, „Schwäche" gegenüber Moskau zu zeigen. *Washington Post*, *CNN* oder *New York Times* seien dabei zum Sprachrohr des „Informationskrieges" der US-Regierung geworden, so Parry: „As nuclear-armed America hurtles into a completely avoidable crash with nuclear-armed Russia over Ukraine, you can now see the dangers of 'information warfare' when facts give way to propaganda and the press fails to act as an impartial arbiter."[53] So meldete die New York Times am 26. Juli 2014 nach dem Absturz der MH17 als Fakt: "Those missiles (russische Raketen, die den Separatisten bereitgestellt wurden, d. Verf.) have taken down at least five aircrafts in the past 10 days, including Malaysia Airlines Flight 17."[54] Sie vergaßen hinzuzufügen, dass es dafür bis dato keinen einzigen Beweis gibt und die Behauptung schlicht auf Aussagen von US-Regierungsbeamten basiert.

Auch in Deutschland ist seit dem Absturz der MH17 eine Verschärfung des Tones zu vernehmen. Die großen Wirtschaftsverbände in Deutschland vollzogen einen Schwenk und stellten sich nun hinter die Wirtschaftssanktionen der EU und der USA.[55] Der *Spiegel* druckte auf seine Titelseite Fotos der Toten des Absturzes mit der Aufschrift: „Stoppt Putin jetzt!" Im Text heißt es: „Hier, in der ostukrainischen Einöde, hat sich Putins wahres Gesicht gezeigt. Der russische Präsident steht enttarnt da, nicht mehr als Staatsmann, sondern als Paria der Weltgemeinschaft. Die Toten von Flug MH17 sind auch seine Toten, er ist für den Abschuss mitverantwortlich, und es ist nun der Moment gekommen, ihn zum Einlenken zu zwingen – und zwar mit harten wirtschaftlichen Sanktionen."[56] Den Begriff „pariah" verwendet auch das US-amerikanische *Newsweek*-Magazin vom 1. August 2014 – und zwar auf der Titelseite.[57] Wenn auch schwammiger formuliert als in der *New York Times*, suggeriert auch der *Spiegel*, dass die „Hintermänner" des Abschusses in Moskau zu suchen seien. Beweise, dass es sich um einen „Abschuss" handelte, an dem Putin „mitverantwortlich" war, kann auch der *Spiegel* bis dato nicht liefern. Wieder einmal wird die Unschuldsvermutung medial einkassiert.[58] Auch für MH17 aber muss gelten: Liegen Beweise für ein Verbrechen vor, dann sollten die Verantwortlichen für den Absturz zur Rechenschaft gezogen werden. Wer zwischenstaatliche Eskalation und Konfrontation im Ukraine-Konflikt mit unberechenbaren Folgen fordert und billigt, sollte sich an andere Ereignisse erinnern, die sich jedem Journalisten aufdrängen sollten. 1988: Für den Abschuss des Iran-Air Fluges IR655 mit 290 Toten, darunter 66 Kinder, haben sich die USA bisher nicht entschuldigt, niemand ist dafür zur Rechenschaft gezogen worden, obwohl die militärisch Verantwortlichen auf dem US-Kriegsschiff „USS Vincennes" bekannt sind. Die Vincennes befand sich in iranischen Gewässern, die USA kämpften damals an der Seite des „Schurken", damals Verbündeten, Saddam Hussein gegen den Nachbarstaat Iraks. Der Iran und die USA einigten sich schließlich vor dem Internationalen Gerichtshof auf eine Entschädigung in Höhe von 61,8 Millionen US-Dollar. Teheran ist bis heute der Überzeugung, dass das Flugzeug gezielt abgeschossen wurde und eine Verwechselung mit einem Kampfjet, wie von den USA behauptet, nicht glaubwürdig sei. Der Befehlshaber eines anderen US-Kriegsschiffes in direkter Nähe der Vincennes, David Carlson, schrieb im *Proceedings*-Magazin des U.S. Naval Proceedings Institute, dass er „wondered aloud in disbelief", als „the Vincennes announced her intentions", ein klar auszumachendes ziviles Flugzeug zu attackieren. Carlson spekulierte, dass man eine Gelegenheit sah, das Anti-Raketen-System der Vincennes und seine Verlässlichkeit zu prüfen.[59] Am 6. Oktober 1976 starben 73 Menschen bei einem Anschlag auf das kubanische Verkehrsflugzeug Flug CU455. Der berüchtigte Terrorist Luis Posada Carriles wurde von einem Gericht in Venezuela angeklagt, den Anschlag ausgeführt zu haben. Posada lebte in den USA, doch die US-Regierung setzte sich gegen vertragliche Verpflichtungen 2005 über einen Auslieferungsantrag Venezuelas hinweg und verhinderte, dass sich Posada vor Gericht verantworten musste. Posada stand auf der Gehaltsliste der CIA ebenso wie sein Komplize Orlando Bosch, der als Drahtzieher des Anschlages verdächtigt wird. Nachdem Bosch für ein Dutzend Terrorverbrechen vom FBI angeschuldigt wurde, begnadigte ihn Präsident Bush senior schließlich gegen den Widerstand des US-Justizministeriums. Den Entschluss kommentierte das Justizministerium als "inescapable that it would be prejudicial to the public interest for the United States to provide a safe haven for Bosch." Bosch durfte wie Posada in Florida weiter residieren, bis er dort im Jahr 2011 friedlich verstarb.[60] Die Liste an Abschüssen durch „Paria-Staaten" ließe sich weiter fortsetzen. 1980: Der verfehlte Anschlag auf das Flugzeug Gaddafis durch einen NATO-Kampfflieger, der zum Abschuss der Passagiermaschine DC09 mit 81 Toten führte. Massive Vertuschungen behinderten jahrzehntelang die Ermittlungen. Erst über 30 Jahre später kann Italiens höchstes Gericht den italienischen Staat zu einer Entschädigung von 110 Millionen Euro an die Hinterbliebenen „juristisch bewegen". 1973: Zwei israelische Kampfjets, bereitgestellt von den USA, schießen ein libysches Passagierflugzeug ab. 110 Menschen sterben. Israel gab dem französischen Piloten die Schuld. Noam Chomsky berichtet: „The incident was passed over quickly in the United States, with little criticism. When Israeli Prime Minister Golda Meir arrived in the US four days later, she faced few embarrassing questions and returned home with new gifts of military aircraft."[61]

Die unschuldigen Flugzeugopfer dieser Verbrechen schafften es nie auf ein Titelblatt der westlichen Mainstreammedien. Kein Journalist der meinungsführenden Medien im Westen fragte: „Wer stoppt die USA?" Niemand forderte in Artikeln und Kommentaren „harte Sanktionen", um die Supermacht zum Einlenken zu zwingen. Nehmen wir an, es werden Beweise für Russlands Verantwortung für den Abschuss von MH17 vorgelegt: Was werden *Süddeutsche Zeitung*, *Spiegel* oder die *Frankfurter Allgemeine Zeitung* titeln, wenn der „Paria der Weltgemeinschaft" die Tat trotzdem weiter abstreiten wird und sich niemals bei Malaysia, den Niederlanden und den Opfern entschuldigt, mit rund 60 Millionen US-Dollar das Ganze begleicht und jenen ukrainischen Rebellen, die die Anschläge durchgeführt hätten, ein gemütliches Leben auf der Krim verschafft, während Moskau sie vor jeder weiteren gerichtlichen Verfolgung schützt? Würden die Medien auch darüber den Mantel des historischen Schweigens legen?[62]

„Media are more powerful than bombs", sagt die Alternative Nobelpreisträgerin Amy Goodman vom unabhängigen US-Nachrichtenmagazin *Democracy Now*. Massenmedien können durch Halbwahrheiten, Doppelstandards und Schweigen die eskalierende Rolle der eigenen Regierungen und ihrer Verbündeten bei Konflikten kaschieren, relativieren oder rechtfertigen und deren Gegner zum „Paria der Weltgemeinschaft" ernennen. Theoretisch könnten sie auch das Gegenteil tun: Fair, akkurat und professionell arbeiten und zur Deeskalation beitragen, ein Forum für Stimmen des Friedens und der Diplomatie bieten. Die Journalisten sollten sich daran erinnern, welche zentrale politische, gesellschaftliche und moralische Funktion sie besitzen, nicht nur im Ukraine-Konflikt. Druck vom Publikum kann da nur in die richtige Richtung weisen.

Quellenhinweise im Anhang ab Seite 305

David Goeßmann

geb. 1969, ist freier Journalist. Er arbeitet für Deutschlandfunk, WDR und SWR. Seine Artikel sind u.a. erschienen in der Frankfurter Rundschau, bei Spiegel Online, im Freitag oder im Medienmagazin Der Journalist. Von 2005 bis 2007 war er freier Auslandskorrespondent in Boston/USA, davor Parlamentsreporter und CvD der Deutschen Fernsehnachrichten Agentur. 2009 gründete er zusammen mit dem Dramatiker und Journalisten Fabian Scheidler das unabhängige TV-Nachrichtenmagazin Kontext TV. 2010 deckte er den Missbrauch von „Fake TV News“ in deutschen TV-Nachrichtensendungen auf.

Reinhard Lauterbach: Gegen Polen, Juden und Russen

1 http://www.historisches-lexikon-bayerns.de/artikel/artikel_44452#5.
2 Punkt 13; vgl. http://www.dhm.de/lemo/html/dokumente/14punkte.
3 Ebd., Punkt 10.
4 Munzinger Archiv; Włodzimierz Borodziej, Geschichte Polens im 20. Jahrhundert, München 2010; Wikipedia deutsch gibt 3,4 Millionen an http://de.wikipedia.org/wiki/Zweite_Polnische_Republik#Minderheitenpolitik.
5 edd.
6 Vgl. mit vielen Einzelheiten: Frank Golczewski: Deutsche und Ukrainer 1914–1939, Schöningh Verlag, 2010.
7 Ebd., S. 546.
8 Franziska Bruder: Den ukrainischen Staat erkämpfen oder sterben. Die Organisation Ukrainischer Nationalisten 1929–1948, 2007, S. 35. In der Ukraine wird die Faschismusnähe der Nationalisten jener Zeit teils als zeitbedingt relativiert, teils auch geradeheraus bestritten. Vgl. ebda., passim.
9 Die Formulierung „schwerstes Verbrechen" wurde später in „gefährlichste Taten" geändert, um der polnischen Polizei die Verhaftung von Anhängern allein schon wegen dieses Bekenntnisses zu erschweren. In dieser abgemilderten Formulierung steht der Text in den meisten Dokumentationen.
10 Golczewski, S. 556.
11 Bruder, a.a.O., S. 32.
12 Ebd., S. 52f., zur zahlenmäßigen Stärke der OUN S. 62.
13 Vgl. Bruder, S. 140ff., zum Pogrom ab S. 145 und den Beitrag von Hannes Heer http://www.zeit.de/2001/26/200126_a-lemberg.xml.
14 Vgl. den zuletzt zitierten Beitrag von Hannes Heer, S. 4, sowie ausführlich: Thomas Sandkühler: „Endlösung" in Galizien, 1996, S. 110–119.
15 Richard Breitman und Norman J. W. Goda: Hitler's Shadow. Nazi War Criminals, US Intelligence, and the Cold War, 2007, S. 74. Die Veröffentlichung der National Archives in Washington, D.C. ist online abrufbar unter http://www.archives.gov/iwg/reports/hitlers-shadow.pdf.
16 Der wesentliche Unterschied zwischen beiden Fraktionen beruhte auf persönlichen Rivalitäten zwischen Bandera und Melnyk.
17 Hierzu mit vielen plastischen Einzelheiten Bruder, S. 153–225.
18 Andreas Kappeler: Kleine Geschichte der Ukraine, 1994, S. 222.
19 Franziska Bruder, a.a.O., S. 212, nennt „mindestens 80–90.000" polnische Opfer allein in Wolhynien.
20 Das Protokoll dieses Gesprächs liegt im Bundesarchiv Berlin-Lichterfelde, Signatur NS 19/1513.

21 Ebda., Blatt 3.

22 Stefan Meining: Nazis, Geheimdienste und der Aufstieg des politischen Islam im Westen. C.H. Beck 2011, S. 36ff.

23 Breitbach/Goda, S. 81f.

24 Ebda., S. 83

25 Zur Teilnahme von Hrynioch und Lebed in Lemberg: Bruder, 141ff.; zu ihrer Werbung durch die US-Dienste und der folgenden langjährigen Zusammenarbeit Breitman/Goda, a.a.O., S. 85ff.

26 Hierzu und dem Folgenden der materialreiche russische Wikipedia-Eintrag zur UPA: vgl. Bruder, a.a.O., S. 231ff., Kappeler, a.a.O., S. 225ff., Hrycak, Jarosław, Hitoria Ukrainy. 17721-1999. Narodziny nowoczesnego narodu. Lublin 2000, S. 257ff.; Bilas, I.G., represivno-karal'na sistema v Ukraini 1917–1953, 2 Bde, Kyiv 1994, Bd. 2, passim; Dz'jobak, V.V. u.a. (Hg.), Orhanizacija ukrainskich nacionalistiv i Ukrains'ka povstans'ka armija: istorični narysy. Kyiv 2005, Abschnitt V und VI, passim.

Hannes Hofbauer: „Orange Revolution“

1 Ian Traynor: US campaign behind the turmoil in Kiev, In: The Guardian 26.11.2004, http://www.theguardian.com/world/2004/nov/26/ukraine.usa.

2 Keith A. Darden: Blackmail as a Tool of State Domination - Ukraine under Kuchma, In: European Constitutional Review 67, 2–3/2001.

3 U.S. Spent $65M To Aid Ukrainian Groups, In: Fox News 10.12.2004 http://www.foxnews.com/story/2004/12/10/us-spent-65m-to-aid-ukrainian-groups.

4 Vgl. Interview des Autors mit dem „Pora“-Aktivisten Mihajlo Svistowitsch am 27.4.2005 in Kiew.

5 Vgl. Hannes Hofbauer: Ukraine orange - Neue Orientierung, alte Verhältnisse, In: Mitten in Europa. Politische Reiseberichte aus Bosnien-Herzegowina, Belarus, der Ukraine, Transnistrien/Moldawien und Albanien, Wien 2006, S. 99f.

6 Vgl. Peter Bachmaier: Die „Strategie der Spannung“, In: Zeit-Fragen Nr. 10, 6.5.2014.

7 Interview des Autors mit Wladimir Schepetin am 26.4.2005 in Kiew.

8 Erna Lackner: Kiewer Wahlkampf in Wien, In: FAZ 12.12.2004 http://www.faz.net/aktuell/politik/ausland/ukraine-kiewer-wahlkampf-in-wien-1193320.html.

9 Vgl. History of "Svoboda" party, 24.7.2014 http://en.svoboda.org.ua/about/history.
10 Vgl. Hannes Hofbauer: Verordnete Wahrheit, bestrafte Gesinnung. Rechtsprechung als politisches Instrument, Wien 2001, S. 208.
11 Hans-Heinrich Nolte: Kleine Geschichte Rußlands, Stuttgart 2003, S. 230.
12 Interview des Autors mit Natalia Witrenko am 25.4.2005 in Kiew.
13 Interview des Autors mit Oleksandr Schnirkow am 26.4.2005 in Kiew.

Thomas Immanuel Steinberg: Reiches Land – arme Menschen

1 Louisa Schneider: Die Kornkammer Europas, In: FAZ.net 10.3.2014 http://www.faz.net/aktuell/wissen/ukraine-die-kornkammer-europas-12838136.html.
2 Anne Wäschle: Der Vormarsch der Agrarbarone in der Ukraine, In: Wirtschaftsportal, OWC-Verlag für Außenwirtschaft 30.11.2012 https://owc.de/2012/11/30/der-vormarsch-der-agrarbarone-in-der-ukraine; und Ukraine – Wirtschaftsdaten http://www.heilbronn.ihk.de/ihkhninteuropaukraine/infothek.aspx?idIT=1105.
3 Martin Gerth: Land Grabbing. Die Tücken des Landkaufs, In: Wirtschaftswoche 4.4.2014 http://www.wiwo.de/finanzen/boerse/land-grabbing-die-tuecken-des-landkaufs/9680760.html.
4 Bauernverband – Aldi nutzt Verunsicherung wegen Ukraine-Krise aus, In: FAZ.net 4.9.2014 http://www.faz.net/aktuell/wirtschaft/unternehmen/bauernverband-aldi-nutzt-verunsicherung-wegen-ukraine-krise-aus-13134822.html.
5 Allerdings gibt es ca. 2 500 verschiedene Stahlsorten ganz unterschiedlicher Qualität. Der in Deutschland produzierte Stahl ist überwiegend höherwertig. http://de.wikipedia.org/wiki/Stahl/Tabellen_und_Grafiken#Nach_L.C3.A4ndern.
6 Christian Overhoff: Ukrainische Stahlindustrie 2013 wieder mit besseren Aussichten. Stahlkocher investieren in Kohlenstaubfeuerung – Margen 2012 sehr unter Druck, In: Germany Trade & Invest 15.1.2013 http://www.gtai.de/GTAI/Navigation/DE/Trade/maerkte,did=741902.html.
7 Zum Vergleich: Der gesamte Jahres-Erdgasverbrauch der Ukraine lag 2013 bei 50 Milliarden Kubikmetern, siehe http://www.bpb.de/internationales/europa/ukraine/186549/analyse-der-ukrainisch-russische-erdgaskonflikt-2014.
8 Eva Konzett: Wie Moskau den ukrainischen Stahl modernisierte, In: Wirt-

schaftsBlatt 28.1.2014 http://wirtschaftsblatt.at/home/nachrichten/europa_cee/1554501/Wie-Moskau-den-ukrainischen-Stahl-modernisierte.

9 http://de.wikipedia.org/wiki/Lokomotivfabrik_Luhansk; Yatseniuk – Ukraine may lose Luhanskteplovoz, In: ForUm 9.7.2009 http://en.for-ua.com/news/2009/07/09/104631.html.

10 John Marone: Big plant on sale block for small price, In: Kyivpost 2.4.2010 http://www.kyivpost.com/content/business/big-plant-on-sale-block-for-small-price-63041.html; Luhanskteplovoz denies media reports on stoppage of plant, In: Kyivpost 10.7.2014 http://www.kyivpost.com/content/ukraine/luhanskteplovoz-denies-media-reports-on-stoppage-of-plant-355410.html.

11 Heiko Pleines: Analyse – Der ukrainisch-russische Erdgaskonflikt 2014. Streitpunkte, Verhandlungen und Perspektiven für die Ukraine, In: Bundeszentrale für politische Bildung, 17.6.2014 http://www.bpb.de/internationales/europa/ukraine/186549/analyse-der-ukrainisch-russische-erdgaskonflikt-2014. Pleines empfiehlt als Vertiefung den faktenreichen Beitrag von Simon Pirani u. a.: What the Ukraine gas crisis means for gas markets, In: Oxford Energy Comment 10.3.2014 http://www.oxfordenergy.org/2014/03/what-the-ukrainian-crisis-means-for-gas-markets, dort http://www.oxfordenergy.org/wpcms/wp-content/uploads/2014/03/What-the-Ukraine-crisis-means-for-gas-markets-GPC-3.pdf.

12 US Energy Information Administration April 2014 http://www.eia.gov; vgl. dazu Monitor: Der Kampf ums Erdgas in der Ukraine, In: ARD 13.3.2014.

13 UBS Wealth Management September 2012 http://www.ubs.com/us/en/wealth/misc/AccountDisclosures.html.

14 Der Sprachenstreit in der Ukraine, In: Ukraine Nachrichten 26.6.2012 http://ukraine-nachrichten.de/sprachenstreit-ukraine_3632_meinungen-analysen.

15 Gregor Postl: Ukraine – Ein Phänomen sind die nach wie vor relativ niedrigen Löhne; In: Standort Mittel- und Osteuropa 3.12.2012 http://www.estandort.com/ukraine-ein-phanomen-sind-die-nach-wie-vor-relativ-niedrigen-lohne.

16 Ukrainisches Parlament ermöglicht Transit-Verbot für russisches Gas, In: Russische Staatliche Rundfunkgesellschaft Stimme Russlands 14.8.2014 http://german.ruvr.ru/news/2014_08_14/Ukrainisches-Parlament-ermoglicht-Transit-Verbot-fur-russisches-Gas-1317.

17 Marko Jošilo: Wirtschaftlicher Selbstmord der Ukraine, In: NEOPresse 3.9.2014 http://www.neopresse.com/wirtschaft/wirtschaftlicher-selbstmord-der-ukraine.

Hannes Hofbauer: Die Krise hinter dem Krieg

1 Why is Ukraine's economy in such a mess? In: The Economist 5.3.2014 http://www.economist.com/blogs/freeexchange/2014/03/ukraine-and-russia.

2 Pressekonferenz des Wiener Institutes für Internationale Wirtschaftsvergleiche (wiiw) 13.3.2014 in Wien.

3 Ebd., Eurostat-Statistiken.

4 Angaben Natalia Witrenkos im Artikel von Peter Bachmaier: Die „Strategie der Spannung", In: Zeit-Fragen 6.5.2014 http://www.zeit-fragen.ch/index.php?id=1790.

5 Vgl. in diesem Buch Jürgen Wagner: Ukraine – Assoziierungsabkommen und EU-Expansionspolitik.

6 EU-Ukraine Association Agenda to prepare and facilitate the implementation of the Association Agreement, In: Europa.eu 24.6.2013 http://eeas.europa.eu/ukraine/docs/eu_ukr_ass_agenda_24jun2013.pdf.

7 Ukraine - Letter of Intent, Memorandum of Economic and Financial Policies and Technical Memorandum of Understanding, In: International Monetary Fund 11.3.2004 https://www.imf.org/external/np/loi/2004/ukr/01/index.htm.

8 Hannes Hofbauer: Im Griff des IWF, In: junge Welt 22.10.2009 https://www.jungewelt.de/loginFailed.php?ref=/2009/10-22/001.php.

9 Vgl. Julien Vercueil: Die Ukraine im Schraubstock. Der wirtschaftliche Hintergrund einer unsinnigen Ost-West-Konfrontation, In: Le Monde diplomatique 11.7.2014 http://www.monde-diplomatique.de/pm/2014/07/11.mondeText.artikel,a0044.idx,12.

10 Als ersten Schritt nach der Machtübernahme durch den Euromaidan beschloss die Regierung Jazenjuk am 19. März 2014 den Austritt aus der GUS.

11 Štefan Füle: Statement on the pressure exercised by Russia on countries of the Eastern Partnership, In: European Commission, Speech 13/687, 11.9.2013; zit. in: Jürgen Wagner: Ukraine - Ringen um die Machtgeometrie. Neoliberales Assoziationsabkommen und europäisch-russische Machtkonflikte, In: Informationsstelle Militarisierung e.V. 10.2.2014 http://www.imi-online.de/2014/02/10/ukraineringen-um-die-machtgeometrie.

12 Russia weighing tougher Ukraine sanctions, In: Ukrainian Journal 18.8.2013 http://www.ukrainianjournal.com/index.php?w=article&id=17036.

13 Vgl. Hannes Hofbauer: Ukraine bankrott. Der IWF übernimmt beim Nachbarn Rußlands das Kommando, In: junge Welt 17.5.2014 https://www.jungewelt.de/loginFailed.php?ref=/2014/05-17/016.php.

14 Sebastian Gerhardt: Erdgas, Waffen und Vergangenheit. Russland und die Ukraine verbindet mehr als die Grenze, In: Lunapark21, Heft 26, Sommer 2014, S. 60f.

15 David X. Noack: Die Ukraine-Krise 2013/2014. Versuch einer historischen, politökonomischen und geopolitischen Erklärung, In: Dresdner Studiengemeinschaft Sicherheitspolitik e.V. (DSS), Heft 112, Berlin 2014, S. 21.

16 Peter Havlik: Vilnius Eastern Partnership Summit - A Milestone in EU-Russia Relations – not just for Ukraine, In: wiiw Policy Note, Policy Report No. 11, 25.11.2013, S. 18ff.

17 Ebd., S. 17 u. 20.

18 Russia bans agricultural products from EU, USA, Australia, Norway, Canada, In: Russia Today 7.8.2014 http://rt.com/business/178636-russia-bans-products-medvedev.

19 Vgl. Gazprom puts Ukraine on gas prepayment plan after "chronic" failure to pay debt, In: Russia Today 7.8.2014 http://rt.com/business/166104-gazprom-ukraine-gas-prepay.

20 House votes to expedite US natural gas exports, In: Russia Today 26.6.2014 http://rt.com/usa/168496-house-expedite-natural-gas-exports.

21 Letter of Intent (Anm. des Verf.: in der ukrainischen Führung an den IWF), In: IWF 22.4.2014 https://www.imf.org/external/np/loi/2014/ukr/042214.pdf.

22 Vgl. Interview with Reza Moghadam - Ukraine Unveils Reform Program with IMF Support, In: International Monetary Fund (IMF) 30.4.2014 http://www.imf.org/external/pubs/ft/survey/so/2014/new043014a.htm.

Jürgen Wagner: Der lange Arm der EU

1 Martin Schulz: Die Außenpolitik der Europäischen Union im 21. Jahrhundert – Vision, Ambition, Wirklichkeit, Brüssel 26.2.2013 http://www.martin-schulz.eu/index.php?link=4&bereich=1&details=1&id=1037.

2 Five EU countries call for new military "structure", In: EUobserver 16.11.2012 http://euobserver.com/defence/118226.

3 Thomas Renard: Libya and the Post-American World - Implications for the EU, Egmont Security Policy Brief no. 20, April 2011, S. 5.

4 Vgl. zur „Group on Grand Strategy" ausführlich Jürgen Wagner: Grand Area. Ein imperiales Raumkonzept für die Weltmacht Europa, In: Wissenschaft & Frieden, 1-2013, S. 11–14.

5 Die Zitate des folgenden Abschnittes wurden - sofern nicht anders gekenn-

zeichnet - diesem Papier entnommen: James Rogers: A New Geography of European Power? Egmont Paper no. 42, January 2011.

6 Thomas Renard, James Rogers: Group on Grand Strategy, Strategic Snapshot No. 3, 13th December 2011 – "High politics in the "Grand Area" – Can Europeans have global impact in a multipolar age? In: Egmont - The Royal Institute for International Relations, http://www.egmontinstitute.be/wp-content/uploads/2011/12/renard-rogers_strategicsnapshot3.pdf.

7 Andrea Gilli, James Rogers: Enabling the future - European military capabilities 2013–2025 - challenges and avenues, EUISS, Report No. 16, May 2013.

8 Vgl. Nicola Casarini: The European "pivot", EUISS Alert, no. 3, März 2013.

9 Was den Anspruch auf globale Militärpräsenz anbelangt, heißt es darin: „Die Seestreitkräfte der Mitgliedsstaaten sollten auf See und von See aus strategische Aufgaben wahrnehmen und im globalen Maßstab Reichweite, Flexibilität und Zugangsmöglichkeiten bieten (…). Ihre anhaltende Präsenz muss die Freiheit der Schifffahrt unterstützen und trägt durch Abschreckung, Vorbeugung und Bekämpfung rechtswidriger und illegaler Handlungen im globalen maritimen Bereich zur Good Governance bei (…)." (Strategie der Europäischen Union für maritime Sicherheit, In: Rat der Europäischen Union, Brüssel, 24.6.2014, S. 10).

10 Hannes Hofbauer: EU-Osterweiterung. Historische Basis - ökonomische Triebkräfte – soziale Folgen, Wien 2007, S. 254.

11 Denkbar ist allenfalls noch die Aufnahme der restlichen Balkanstaaten, denen eine Beitrittsperspektive explizit eingeräumt wurde.

12 Georg Vobruba: Expansion ohne Erweiterung. Die EU-Nachbarschaftspolitik in der Dynamik Europas, In: Osteuropa 2–3/2007, S. 7–20, S. 7.

13 Um genau zu sein, umfasst die ENP die Palästinensische Autonomiebehörde und 15 Staaten. Im Süden Algerien, Ägypten, Israel, Jordanien, Libanon, Libyen, Marokko, Syrien und Tunesien. Im Osten Armenien, Aserbaidschan, Weißrussland, Georgien, Moldawien und die Ukraine.

14 Größeres Europa - Nachbarschaft - Ein neuer Rahmen für die Beziehungen der EU zu ihren östlichen und südlichen Partnern, In: Mitteilung der Europäischen Kommission 11.3.2003, S. 5
http://eeas.europa.eu/enp/pdf/pdf/com03_104_de.pdf.

15 Vgl. Raymond Hinnebusch: Europe and the Middle East - From Imperialism to Liberal Peace? In: Review of European Studies Vol. 4, No. 3, July 2012, S. 18–31; Andrea Teti: The EU's First Response to the 'Arab Spring' - A Critical Discourse Analysis of the Partnership for Democracy and Shared Prosperity, In: Mediterranean Politics, Nr. 3/2012, S. 266–284; Vicky Reynaert, Preoccupied with the Market: The EU as a Promoter of 'Shallow' Democracy in the Mediterranea, In: European Foreign Affairs Review, Nr. 16/2011, S. 623–637;

Martin Brand: Die Europäische Nachbarschaftspolitik – ein neoliberales Projekt? In: Utopie kreativ, H. 217 (November 2008), S. 988–1006.

16 Bohdana Dimitrovova: Imperial re-bordering of Europe – the case of the European Neighbourhood, In: Cambridge Review of International Affairs, Nr. 2/2012, S. 249–267, S. 254.

17 Im Zeitraum 2007 bis 2013 waren es ursprünglich 12 Milliarden Euro, wobei dieser Betrag später noch einmal um 1,24 Milliarden Euro aufgestockt wurde.

18 Joachim Becker: Assoziierung Teil des Problems, nicht der Lösung. Die EU-Strategie im Ukrainekonflikt, In: Weltwirtschaft & Entwicklung 03-04/2014, S. 1–4, S. 1.

19 Assoziierungsabkommen zwischen der Europäischen Union und ihren Mitgliedstaaten einerseits und der Ukraine andererseits, In: Amtsblatt der Europäischen Union, 57 Jg. 29.05.2014. (Die im Fließtext in Klammern angegebenen Artikel beziehen sich auf dieses Dokument).

20 EU-Ukraine Deep and Comprehensive Free Trade Area, Reading Guide, In: European Commission, S. 2 http://trade.ec.europa.eu/doclib/docs/2013/april/tradoc_150981.pdf.

21 Freier Markt mit EU wird die Ukraine bankrott machen, In: Stimme Russlands 7.11.2013 http://german.ruvr.ru/2013_11_07/Der-freie-Markt-mit-der-EU-wird-die-Ukraine-bankrott-machen-5009.

22 In der Ukraine stehen Modernisierungen an, In: Germany Trade & Invest 24.4.2014
http://www.gtai.de/GTAI/Navigation/DE/Trade/maerkte,did=999998.html.

23 Becker 2014, S. 1.

24 James Rogers: A letter from Prof. Sir Halford Mackinder to European leaders on Russia's invasion of Ukraine, In: European Geostrategy 9.3.2014 http://www.europeangeostrategy.org/2014/03/letter-prof-sir-halford-mackinder-european-leaders-russias-invasion-ukraine.

25 Catherine Ashton: Preparing the December 2013 European Council on Security and Defence, Final Report by the High Representative/Head of the EDA on the Common Security and Defence Policy, Brussels, 15 October 2013, S. 2.

Kurt Gritsch: Die Folgen der NATO-Entwicklung

1 Pentagon: Russia Wants War! Look How Near They Put Their Country to Our Military Bases! In: Socio-Economics History Blog 23.7.2014, http://socioeco-history.wordpress.com/2014/04/05/pentagon-russia-wants-war-look-how-near-they-put-their-country-to-our-military-bases.

2 Theo Sommer: Und nun Kalter Krieg? In: Die ZEIT 18.3.2014.

3 Martin Winter: Der erste Schuss, In: Süddeutsche Zeitung 30.9.2009 http://www.sueddeutsche.de/politik/bericht-zu-georgien-der-erste-schuss-1.45887.

4 Independent International Fact-Finding Mission on the Conflict in Georgia: Report September 2009, S. 20 http://www.ceiig.ch/pdf/IIFFMCG_Volume _I.pdf.

5 Antje Vollmer, Hauke Ritz: Mutwillig verspielt, In: Frankfurter Rundschau 24.1.2014.

6 Andreas Buro, Martin Singe: Expansion und Eskalation - 60 Jahre NATO, In: Blätter für deutsche und internationale Politik 4/2009, S. 53–63, S. 55.

7 Zur Diplomatie der NATO nach Ende des Kalten Krieges vgl. Jussi Hanhimäki, Georges-Henri Soutou, Basil Germond (Hg.): The Routledge Handbook of Transatlantic Security, Part II - Transatlantic Security Beyond the Cold War, London 2011.

8 Mark Kramer: The Myth of a No-NATO-Enlargement Pledge to Russia, In: The Washington Quarterly, 4/2009, S. 39–61, S. 41.

9 Sommer: Die ZEIT 18.3.2014.

10 Michael R. Gordon: The Anatomy of a Misunderstanding, In: The New York Times 25.5.1997 http://www.nytimes.com/1997/05/25/weekinreview/the-anatomy-of-a-misunderstanding.html; Dieser Hinweis bei Kramer: Myth, S. 39.

11 Otfried Nassauer: Das NATO-Russland-Verhältnis – Eine Geschichte der Enttäuschungen, In: Streitkräfte und Strategien, NDR Info, ausgestrahlt am 28.6.2014 um 19:20 Uhr, als Podcast auf der Homepage des NDR abrufbar unter http://media.ndr.de/progressive/2014/0627/AU-20140627-1331-0042.mp3.

12 Gordon: The New York Times, 25.5.1997.

13 Ebd.

14 Michael Beschloss, Strobe Talbott: At the Highest Levels - The Inside Story of the End of the Cold War, Boston 1993, S. 185f; zit. nach. Kramer, Myth, S. 39.

15 Walter Feichtinger: Ukraine – ein nationales und geopolitisches Drama, In: IFK Monitor 7/2014, 18.7.2014

http://www.bundesheer.at/pdf_pool/publikationen/ifk_monitor_23_ukraine_nationales_geopolitische_drama_wf.pdf.

16 Interview mit Stefan Slaby: „Ich hätte nie gedacht, dass so eine schrille Art der politischen Kommunikation 100 Jahre nach Ausbruch des 1. Weltkrieges möglich ist", In: hintergrund.de, 19.7.2014 http://www.hintergrund.de/201406053116/feuilleton/zeitfragen/ukraine-berichterstattung-programmbeschwerde-beim-rundfunkrat.html.

17 Buro, Singe: 60 Jahre NATO, S. 56f.

18 Vgl. 23.7.2014 http://www.nato.int/docu/comm/49-95/c911107a.htm.

19 Vgl. bes. den Artikel 20 im Kapitel security challenges and risks, zit. nach 23.7.2014 http://www.nato.int/docu/pr/1999/p99-065e.htm.

20 Buro, Singe: 60 Jahre NATO, S. 56.

21 Ebd., S. 53.

22 Ebd., S. 53.

23 Ebd., S. 57.

24 Ebd.

25 Rambouillet Agreement: Interim Agreement for Peace and Self-Government in Kosovo, Chapter IV Economic Issues, Article I, 1, http://www.state.gov/www/regions/eur/ksvo_rambouillet_text.html; Dieser Hinweis bei Maria Mies: Der Zusammenhang zwischen neoliberaler Wirtschaftspolitik und Krieg, In: Wolfgang Richter, Elmar Schmähling, Eckart Spoo (Hg.): Die Wahrheit über den NATO-Krieg gegen Jugoslawien, Schkeuditz 2000, S. 33–42, S. 36.

26 Rambouillet Agreement: Interim Agreement for Peace and Self-Government in Kosovo, Chapter IV Economic Issues, Article II, http://www.state.gov/www/regions/eur/ksvo_rambouillet_text.html; Dieser Hinweis bei Neil Clark, The Spoils of another War. Five years after Nato's attack on Yugoslavia, its administration in Kosovo is pushing through mass privatisation, In: The Guardian 21.9.2004 http://www.theguardian.com/world/2004/sep/21/kosovo.comment.

27 Clark: The Guardian 21.9.2014.

28 Hannes Hofbauer: Balkankrieg. Zehn Jahre Zerstörung Jugoslawiens, Wien 2001, S. 261.

29 Maria Mies: Krieg ohne Grenzen. Die neue Kolonisierung der Welt (Neue Kleine Bibliothek 94), Köln [2]2005, bes. die Kapitel „Krieg ist gut für die Wirtschaft", S. 20–29, und „Freihandelslogik und Kriegslogik", S. 30–39.

30 Ebd., S. 88.

31 NATO: The Alliance's Strategic Concept 24.4.1999 http://www.nato.int/cps/en/natolive/official_texts_27433.htm.

32 Buro, Singe: 60 Jahre NATO, S. 55.

33 Vgl. Putin macht Angst, In: ZEIT Online 4.3.2014

http://www.zeit.de/politik/ausland/2014-03/ukraine-russland-presseschau-international.

34 Vollmer, Ritz: Frankfurter Rundschau 24.1.2014.

35 Ebd.

36 Ebd.

37 Nikolas Busse: Was Nuland sagen wollte, In: FAZ 7.2.2014 http://www.faz.net/aktuell/politik/europaeische-union/fuck-the-eu-fauxpas-was-nuland-sagen-wollte-12790254.html.

38 Gregor Peter Schmitz: Fauxpas einer US-Diplomatin: „Fuck the EU", In: Spiegel Online 6.2.2014 http://www.spiegel.de/politik/ausland/diplomatischer-fauxpas-von-obama-beraterin-nuland-fuck-the-eu-a-952005.html.

39 So die Abteilungsleiterin des Büros für Europäische und Eurasische Angelegenheiten im State Department, Victoria Nuland, in ihrer auf der Homepage des Verteidigungsministeriums dokumentierten Rede auf der U.S.-Ukraine Foundation Conference in Washington am 13.12.2013 http://www.state.gov/p/eur/rls/rm/2013/dec/218804.htm.

40 European Neighbourhood and Partnership Instrument: Ukraine, National Indicative Programme 2011-2013 http://ec.europa.eu/world/enp/pdf/country/2011_enpi_nip_ukraine_en.pdf, zit. nach Jürgen Wagner: Ukraine - Ringen um die Machtgeometrie. Neoliberales Assoziationsabkommen und europäisch-russische Machtkonflikte, IMI-Studie Nr. 02b/2014, 4.4.2014, S. 7.

41 Hans Springstein: 5 Milliarden Dollar für den Staatsstreich, In: Der Freitag 1.3.2014, http://www.freitag.de/autoren/hans-springstein/5-milliarden-dollar-fuer-den-staatsstreich; (dpa, afp,rtr): Zwischen Hoffen und Bangen in Kiew, In: Deutsche Welle 21.2.2014 http://www.dw.de/zwischen-hoffen-und-bangen-in-kiew/a-17448315.

42 Janukowitsch siegt – Timoschenko gibt sich nicht geschlagen, In: ZEIT Online 8.2.2010 http://www.zeit.de/politik/ausland/2010-02/ukraine-wahl-timoschenko-janukowitsch.

43 Zur Geschichte Russlands vgl. u.a. Andreas Kappeler: Russische Geschichte, München 1997; Günther Stökl: Russische Geschichte. Von den Anfängen bis zur Gegenwart, Stuttgart [6]1997 sowie das sechsbändige Handbuch von Manfred Hellmann, Stefan Plaggenborg: Handbuch der Geschichte Russlands, Stuttgart 1986/2004.

44 Vgl. CIA: The World Fact Book 21.8.2014 https://www.cia.gov/library/publications/the-world-factbook/geos/up.html.

45 Präsident Janukowitsch spricht sich gegen Abkommen mit EU aus, In: ZEIT Online 27.11.2013 http://www.zeit.de/news/2013-11/27/parlament-

janukowitsch-ukraine-noch-nicht-reif-fuer-abkommen-mit-eu-27103604; Vgl. Tacheles, Verheugen schockiert über Westerwelles Auftritt in Kiew, In: Deutschlandradio Kultur 21.12.2013, http://www.deutschlandradiokultur.de/ukraine-diplomatie-verheugen-schockiert-ueber-westerwelles.990.de.html?dram:article_id=272689.

46 Hannes Hofbauer: Europas Schlusslicht, In: Neues Deutschland 13.3.2014.

47 Ebd.

48 Wagner: Ukraine, S. 4.

49 Hannes Hofbauer: Aufgerieben. Zwischen Brüssel, Moskau und dem IWF, In: International II/2014, S. 13-14, S. 14.

50 Mittal kauft ukrainischen Stahlriesen, In: Wirtschaft.ch 24.10.2005 http://www.wirtschaft.ch/Mittal+kauft+ukrainischen+Stahlriesen/224872/detail.htm.

51 Hofbauer: Aufgerieben, S. 13.

52 Nicu Popescu: The Russia-Ukraine trade spat, In: Issue Alert 26/2013 (European Union Institute for Security Studies) 30.8.2013, S. 1–2, S. 2; Dieser Hinweis bei Wagner: Ukraine, S. 4.

53 Hofbauer: Aufgerieben, S. 14.

54 Ebd.

55 George Friedman: Russia Examines Its Options for Responding to Ukraine, In: Stratfor Geopolitical Weekly 18.03.2014, zit. nach Wagner, Ukraine, S. 5.

56 Zbigniew Brzeziński : Die einzige Weltmacht. Amerikas Strategie der Vorherrschaft, Berlin 1997, S. 74f.

57 Lilia Shevtsova: Maidan – und wie weiter?, In: Süddeutsche Zeitung 25.2.2014. Dieser Hinweis bei Wagner: Ukraine, S. 6.

58 James Rogers: A letter from Prof. Sir Halford Mackinder to European leaders on Russia's invasion of Ukraine, In: European Geostrategy 9.3.2014 http://www.europeangeostrategy.org/2014/03/letter-prof-sir-halford-mackinder-european-leaders-russias-invasion-ukraine. Dieser Hinweis bei Wagner: Ukraine, S. 6.

59 John McCain: An Enduring Peace Built on Freedom. Securing America's Future, In: Foreign Affairs 6/2007, 1.11.2007 http://www.foreignaffairs.com/articles/63007/john-mccain/an-enduring-peace-built-on-freedom.

60 McCain - Russland wird möglicherweise gleiche Erfahrungen wie Libyen machen, In: Fox News, Fars News 25.8.2011 http://german.irib.ir/nachrichten/politik/item/129355-mccain-russland-wird-moeglicherweise-gleiche-erfahrungen-wie-libyen-machen.

61 McCain - Arabischer Frühling kommt auch nach China, In: Der Standard 4.2.2012.

62 Vgl. Bernd Stöver: Die Befreiung vom Kommunismus. Amerikanische ‚Liberation Policy' im Kalten Krieg 1947–1991, Köln 2002.
63 Lutz Mükke: Bequem auf der Welle reiten - Interview mit Mária Huber, In: Zeit-Fragen Nr. 53, 19.12.2012.
64 Paul Blumenthal: U.S. Obscures foreign Aid To Ukraine, But Here's Where Some Goes, In: Huffington Post 7.3.2014 http://www.huffingtonpost.com/2014/03/07/us-foreign-aid-ukraine_n_4914682.html.
65 Mükke, Huber: Zeit-Fragen Nr. 53, 19.12.2012.
66 Ebd.
67 In diesem Zusammenhang ist es erhellend, sich daran zu erinnern, wozu die NATO, so der erste Generalsekretär Lord Hastings Ismay, am 12. April 1949 gegründet worden ist: „To keep the Americans in, to keep the Russians out, to keep the Germans down." Nicht von ungefähr ersetzte die International Herald Tribune 1999 anlässlich europäisch-amerikanischer Spannungen in der Kosovo-Krise in diesem Satz den Begriff „Germans" durch „EU". Vgl. William Pfaff, A New Start for NATO, or the Beginning of the End? In: International Herald Tribune, 23.2.1999.
68 Heinz Gärtner: Die Karikatur des Kalten Krieges, In: International II/2014, S. 10–11, S. 10.
69 Fritz Edlinger: Editorial des Herausgebers, In: International I/2014, S. 1–2, S. 2.

Jochen Scholz: Ukraine. Worum es geht

1 Rosa Luxemburg, 1916, Die Krise der Sozialdemokratie 16.
2 Uwe Krüger: Meinungsmacht. Der Einfluss von Eliten auf Leitmedien und Alpha-Journalisten, Herbert von Halem Verlag, 2013.
3 „Die Anstalt", In: ZDF 29.4.2014.
4 Paul Schreyer: Mit dem gebotenen Hohn, In: Telepolis 24.5.2014 http://www.heise.de/tp/artikel/41/41850/1.html.
5 Björn Stritzel: Putin gründet die Sowjet-Union 2.0, In: BZ Berlin 29.5.2014 http://www.bz-berlin.de/welt/putin-gruendet-die-sowjetunion-2-0; Stoppt Putin jetzt! Titelbild von Der Spiegel 31/2014 http://www.russland.ru/wp-content/uploads/2014/07/42371_2.jpg.

6 Russland schickt Europas Galileo-Satelliten in falsche Umlaufbahn, In: Focus 23.8.2014 http://www.focus.de/wissen/videos/navigationssystem-fuer-europa-panne-im-weltall-rakete-setzt-galileo-satelliten-in-der-falschen-umlaufbahn-aus_id_4080044.html.

7 Reinhard Merkel: Kühle Ironie der Geschichte, In: FAZ.net 7.4.2014 http://www.faz.net/aktuell/feuilleton/debatten/die-krim-und-das-voelkerrecht-kuehle-ironie-der-geschichte-12884464.html?printPagedArticle=true#pageIndex_2.

8 NATO-Generalsekretär: Annexion der Krim „Weckruf" für den Westen, In: WDR 1
http://www1.wdr.de/radio/nachrichten/wdr345/radiohomepage107052.html.

9 Michael Wala: War and Peace Studies", In: Winning the Peace, 1989 S. 48ff.

10 Keynes' Bancor Plan, (deutsch) Universität Oldenburg, April 1043 http://postwachstumsoekonomie.org/assets/applets/Keynes-Bancor_Version2.pdf.

11 Hans-Jürgen Krysmanski: Power Structure Research. Deskriptionsmodelle der herrschenden Klassen heute, In: Wissenschaft und Frieden, 4/2004 http://www.wissenschaft-und-frieden.de/seite.php?artikelID=0333.

12 Bundeszentrale für politische Bildung: Das Bretton-Woods-System 12.1.2012 http://www.bpb.de/politik/wirtschaft/finanzmaerkte/54851/bretton-woods-system?p=all.

13 William Engdahl: A Century of War, Pluto Press London, 2004.

14 Vgl. William Greider: The Secrets of the Temple. How the Federal Reserve runs the Country, 1987.

15 Marlies Uken: Sandy zeigt, wie marode Amerikas Infrastruktur ist, In: Die Zeit 31.10.2012
http://www.zeit.de/wirtschaft/2012-10/usa-sandy-infrastruktur.

16 Auf die weiteren Ursachen – Fokussierung auf Dienstleistungen und den Finanzsektor sowie die gewöhnlich als Neoliberalismus bezeichnete Ideologie des „Washington Consensus"– kann hier nicht eingegangen werden.

17 2013: 749,50 US-Dollar http://de.statista.com/statistik/daten/studie/15635/umfrage/handelsbilanz-der-usa.

18 http://www.paulcraigroberts.org.

19 http://www.studien-von-zeitfragen.net/Zeitfragen/Uncle_Sam__/uncle_sam__.html.

20 http://www.jahrbuch2006.studien-von-zeitfragen.de.

21 Memo to the President-elect, http://askaboutpolitics.blogspot.de/2008/11/from-newsweek-memo-to-president-elect.html.

22 Neil Smith: American Empire, University of California Press, 2004.

23 Pepe Escobar: BRICS against Washington consensus, In: Asia Times Online

15.7.2014 http://www.atimes.com/atimes/World/WOR-01-150714.html; Summit: Fortaleza Declaration and Action Plan http://brics6.itamaraty.gov.br/category-english/21-documents/223-sixth-summit-declaration-and-action-plan.

24 Chalmers Johnson: 737 U.S. Military Bases = Global Empire, In: Third World Traveller 19.2.2007,
daraus: „If there were an honest count, the actual size of our military empire would probably top 1,000 different bases overseas, but no one -- possibly not even the Pentagon -- knows the exact number for sure.“ http://www.thirdworldtraveler.com/Chalmers_Johnson/737_US_Military_Bases.html.

25 Präsident Obamas Rede bei der Abschlussfeier des Offizierslehrgangs in West Point, NYT 28.5.2014 http://www.nytimes.com/2014/05/29/us/politics/transcript-of-president-obamas-commencement-address-at-west-point.html?_r=1.

26 Andre Gunder Frank: ReOrient – Global Economy in the Asian Age, University of California Press, 1998.

27 Chalmers Johnson: Blowback. The Costs and Consequences of American Empire, Little Brown & Company, 2000.

28 Niall Ferguson, Moritz Schularick: The Great Wallop, In: The New York Times 15.9.2009
http://www.nytimes.com/2009/11/16/opinion/16ferguson.html?_r=1&.

29 Hans-Christof Kraus: Und ihr denkt, es geht um einen Diktator, FAZ.net 24.7.2012
http://www.faz.net/aktuell/feuilleton/syrien-und-ihr-denkt-es-geht-um-einen-diktator-11830492.html?printPagedArticle=true#pageIndex_2.

30 (Ü: Der geographische Dreh- und Angelpunkt der Geschichte)
http://www.jstor.org/discover/10.2307/1775498?uid=3737864&uid=2&uid=4&sid=21104639063923.

31 http://ia700308.us.archive.org/22/items/democraticideals00mackiala/democraticideals00mackiala_bw.pdf.

32 Mackinders Herzland oder Pivot Area umfasst das Herrschaftsgebiet des russischen Zarenreichs, die Weltinsel Eurasien und Afrika.

33 Nicholas John Spykman: „The Geography of Peace, Brace and Company“, New York 1944.

34 Ambrose Evans-Pritchard: Euro-federalists financed by US spy chiefs, In: The Telegraph 19.9.2000
http://www.telegraph.co.uk/news/worldnews/europe/1356047/Euro-federalists-financed-by-US-spy-chiefs.html.

35 http://www.cfr.org.

36 Zbigniew Brzeziński: The Grand Chessboard: American Primacy and Its Geo-

strategic Imperatives, New York 1997; Deutsche Ausgabe: Die einzige Weltmacht. Amerikas Strategie der Vorherrschaft, Fischer, 1999 (Vorwort von Hans-Dietrich Genscher).

37 Vgl. Francis Fukuyama: The End of History 1992 http://www.marxists.org/reference/subject/philosophy/works/us/fukuyama.htm.

38 Naomi Klein. The Shock Doctrine, Metropolitan Books 2008 http://www.naomiklein.org/shock-doctrine; siehe: http://shockdoctrinesummary.blogspot.de/2009/04/1990s-russia.html.

39 Wirtschaftsdaten Russland http://ahk.de/fileadmin/ahk_ahk/GTaI/russland.pdf.

40 George Friedman: From Estonia to Azerbaijan American Strategy After Ukraine, In: Stratfor Global Intelligence 25.3.2014 http://www.stratfor.com/weekly/estonia-azerbaijan-american-strategy-after-ukraine; vgl. http://www.stratfor.com/image/new-containment.

41 Willy Wimmer zum NATO-Gipfel September 2014 in Wales http://www.nachdenkseiten.de/?p=22855.

42 George Friedman: US-Defense Policy in the Wake of the Ukrainian Affair, In: Stratfor Global Intelligence 8.4.2014 http://www.stratfor.com/weekly/us-defense-policy-wake-ukrainian-affair.

43 Victoria Nuland admits: US has Invested $5 Billion in the development of Ukrainian "Democratic Institutions" http://www.informationclearinghouse.info/article37599.htm.

44 http://www.state.gov/r/pa/ei/biog/214343.htm; abgehörtes Telefonat mit US-Botschafter in Kiew https://www.youtube.com/watch?v=r5n8UbJ8jsk.

45 Übersetzung durch Sekretariat der deutschen Bischofskonferenz, Privatarchiv.

46 Präsident Obamas Rede bei der Abschlussfeier des Offizierslehrgangs in West Point, NYT 28.5.2014 http://www.nytimes.com/2014/05/29/us/politics/transcript-of-president-obamas-commencement-address-at-west-point.html?_r=1.

47 Guido Giacomo Preparata: Wer Hitler mächtig machte, 2010, Einleitung http://www.guidopreparata.com/chpg/2CH-German-Kap1.pdf.

48 Anmerkung des Verfassers: Hier geht es nicht um eine Relativierung der deutschen Mitverantwortung für den Ersten, und nicht um eine Verharmlosung der verbrecherischen Ziele Hitlers im Zweiten Weltkrieg, vielmehr um eine Entmythologisierung der Motive der USA, sich an beiden Kriegen zu beteiligen.

49 http://www.bundestag.de/kulturundgeschichte/geschichte/gastredner/putin/putin_wort.html.

50 http://www.atlanticcouncil.org/publications/reports/anchoring-the-alliance.

51 Stratfor, NATO's Ordinary Future 9.5.2012.

52 http://www.bundestag.de/bundestag/ausschuesse18/a12/auslandseinsaetze.

53 http://www.lto.de/recht/hintergruende/h/bundeswehr-ausland-einsatz-parlament-beteiligung.

54 Der Verfasser war zu dieser Zeit Referent im Bundesministerium der Verteidigung. Die regelmäßigen Besuche des SPD-Fraktionsvorsitzenden auf der Bonner Hardthöhe dienten der Vorbereitung einer Großen Koalition im Hinblick auf die in jenem Jahr anstehenden Bundestagswahlen.

55 Vgl. dazu die Rede von Dr. Peer Bundeswehruniversität Hamburg „Souveränität, Bündnisloyalität und mehr Verantwortung in der Welt – Sinnhaftigkeit und Grenzen von Bundeswehreinsätzen im Ausland" am 4.6.2014 http://www.nachdenkseiten.de/?p=22062#h07 oder http://www.peter-gauweiler.de/pdf/reden/Rede%2004.06.14.pdf.

56 Andrew Rettman: Brzeziński – EU-US trade pact can halt West's decline, In: EUobserver 19.4.2013 http://euobserver.com/economic/119871.

57 US Ambassador Anthony L. Gardner: Beyond growth, TTIP must happen for geostrategic reasons, In: EurActiv 16.7.2014 http://www.euractiv.com/sections/trade-industry/us-ambassador-eu-anthony-l-gardner-beyond-growth-ttip-must-happen.

58 EU shunned from US-Russia meeting on Ukraine, In: EurActiv 14.3.2014 http://www.euractiv.com/global-europe/eu-regrets-absence-us-russia-mee-news-534141.

59 Mogherini: Russland ist kein strategischer Partner mehr, FAZ 3.9.2014, S. 1.

60 http://www.sectsco.org/EN123.

61 So bezeichnet Brzeziński im englischen Original seines Buches „Die einzige Weltmacht" (The Grand Chessboard) die „tributpflichtigen Staaten".

62 Siehe die Folgen der Interventionen in Afghanistan, dem Irak, in Libyen oder Syrien.

63 Michael Gahler, Mitglied des Auswärtigen Ausschusses im Europaparlament, im Interview des Deutschlandfunks am 29.8.2013 http://www.deutschlandfunk.de/ukraine-konflikt-wir-muessen-eine-angemessene-antwort-geben.694.de.html?dram:article_id=295938.

64 Johannes J. Reich: Die neue Weltordnung, In: Manager-Magazin 25.5.2003 http://www.manager-magazin.de/finanzen/artikel/a-249860.html.

Matthias Rude: Die gekaufte Revolution

1 Uwe Halbach: Wladimir Putins Eurasische Union. Ein neues Integrationsprojekt für den GUS-Raum? In: SWP-Aktuell 51, November 2011, S. 1 www.swp-berlin.org/fileadmin/contents/products/aktuell/2011A51_hlb_ks.pdf.

2 Clinton besorgt über „Resowjetisierung" osteuropäischer Länder – „Rossijskaja Gaseta", In: RIA Novosti 10.12.2012 http://de.ria.ru/politics/20121210/265111126.html.

3 Michel Chossudovsky: IMF Sponsored "Democracy" in The Ukraine, In: Global Research 28.11.2004 http://www.globalresearch.ca/imf-sponsored-democracy-in-the-ukraine-2/5360920.

4 Albrecht Müller: Noch ein Nachtrag zur Ukraine, In: NachDenkSeiten 24.2.2014 http://www.nachdenkseiten.de/?p=20855.

5 Matthias Rude: Im langen Schatten des Antikommunismus. Die „Europäische Demokratiestiftung", In: Hintergrund 3/2013, S. 60–62 http://www.hintergrund.de/201309302827/politik/politik-eu/im-langen-schatten-des-antikommunismus.html.

6 Paul Ronzheimer: Elmar Brok. Brüssels heimlicher Strippenzieher in Kiew, In: Bild.de 18.8.2014 http://www.bild.de/politik/ausland/ukraine/elmar-brok-bruessels-heimlicher-strippenzieher-in-kiew-34471264.bild.html; Elmar Brok ist weniger als Vertreter der Bertelsmann-Stiftung bekannt, die immer wieder mit dezidierten Auftragsstudien zur Entwicklung in der Ukraine Stellung nimmt und für Osterweiterung plädiert: z.B. am 21.2.2014 (EU sollte sich verstärkt der Gesellschaft in der Ukraine zuwenden http://www.bertelsmann-stiftung.de/cps/rde/xchg/bst/hs.xsl/nachrichten_120282.htm) oder am 8.4.2014 (Was ist dran am Mythos der zweigeteilten Ukraine? http://www.bertelsmann-stiftung.de/cps/rde/xchg/bst/hs.xsl/nachrichten_120806.htm).

7 Elmar Brok: Die Europäische Union – Grundlage der deutschen Einheit, In: Werner Münch, Günter Rinsche (Hg.): Europa – unsere Zukunft. Ein Traum wird Wirklichkeit, 1989, S. 104–116, S. 110.

8 European Endowment for Democracy https://democracyendowment.eu 21.2.2014.

9 Forschungsstelle Osteuropa an der Universität Bremen: Ukraine-Analysen, Nr. 39, 13.5.2008, S. 7, Grafik 2 http://www.laender-analysen.de/ukraine/pdf/UkraineAnalysen39.pdf.

10 Uwe Krüger: „Demokratisierung ist eher ein Kollateralnutzen". Die Politikwissenschaftlerin Mária Huber über die US-Einflussnahme in der Ukraine, In: Telepolis 31.7.2014 http://www.heise.de/tp/artikel/42/42382/1.html.

11 ИА REGNUM: Соратник Януковича – США ведут подготовку к разжиганию гражданской войны на Украине 20.11.2013 http://www.regnum.ru/news/polit/1735011.html.

12 http://www.state.gov/statecraft/cs20/index.htm.

13 TechCamp Kyiv 2012 http://www.youtube.com/watch?v=bpIoBUDuL3U.

14 Putins Berater: USA und Nato provozieren antirussische Stimmungen in Ukraine, In: RIA Novosti 31.1.2014 http://de.ria.ru/politics/20140131/267745400.html.

15 US-Diplomatin Nuland bestreitet Einfluss von USA und Nato auf Ukraine, In: RIA Novosti 7.2.2014 http://de.ria.ru/politics/20140207/267783682.html.

16 Victoria Nuland in einem Brief an die U.S.-Ukraine Foundation Conference, 13.12.2013 http://www.state.gov/p/eur/rls/rm/2013/dec/218804.htm.

17 Albrecht Müller: Vom Abbau der Konfrontation in Europa zum Wiederaufbau der Konfrontation. Die Toten von Kiew sind die Opfer dieses Wahnsinns, In: NachDenkSeiten 19.2.2014 http://www.nachdenkseiten.de/?p=20781.

18 Силовой захват власти в Киеве был нужен США, и они нашли для этого провокатора, 19.3.2014 http://www.kp.ru/daily/26208/3093561, Ex-Geheimdienstchef der Ukraine im Interview (Übersetzung): Der Maidan, die EU und die USA, In: Red Globe 22.3.2014 http://www.redglobe.de/europa/ukraine/9593-ex-geheimdienstchef-der-ukraine-im-interview-der-maidan-die-eu-und-die-usa.

19 Paul Craig Roberts: US and EU Are Paying Ukrainian Rioters and Protesters, 17.2.2014 http://www.paulcraigroberts.org/2014/02/17/us-eu-paying-ukrainian-rioters-protesters-paul-craig-roberts.

20 Konrad Adenauer Stiftung: Eine Frage des Teamworks. Box-Weltmeister Vitali Klitschko engagiert sich verstärkt in der ukrainischen Politik, 25.1.2011 http://www.kas.de/wf/de/33.21719.

21 Der Schlag des Boxers, In: German-Foreign-Policy 14.5.2012 http://www.german-foreign-policy.com/de/fulltext/58327.

22 Gabriele Baumann: Die Opposition in der Ukraine sortiert sich. Eine Bilanz vor dem Auftakt zu den Präsidentschaftswahlen 2015, In: KAS-Länderbericht Ukraine Juni 2013, S. 2 http://www.kas.de/wf/doc/kas_34772-1522-1-30.pdf?130619175939.

23 Europäisches Parlament: Entschließung des Europäischen Parlaments vom 13. Dezember 2012 zur Lage in der Ukraine http://www.europarl.europa.eu/sides/getDoc.do?pubRef=-//EP//TEXT+TA+P7-TA-2012-0507+0+DOC+XML+V0//DE.

24 Reinhard Lauterbach: Agenten im Fronteinsatz. Berlin, Washington und Warschau haben auf dem „Maidan“ ihre Leute, In: junge Welt 31.1.2014, S. 3

http://www.jungewelt.de/2014/01-31/039.php.
25 Umsturzpläne mit „Swoboda", In: junge Welt 6.12.2013, S. 3 http://www.jungewelt.de/2013/12-06/047.php.
26 Karsten Grabow, Florian Hartleb: Europa – Nein Danke? Studie zum Aufstieg rechts- und nationalpopulistischer Parteien in Europa, Konrad Adenauer Stiftung 2013, S. 28, S. 40f. http://www.kas.de/wf/doc/kas_36200-544-1-30.pdf.
27 Markus Bernhardt: Ukraine-Politik rächt sich, In: junge Welt 19.7.2014, S. 4 http://www.jungewelt.de/2014/07-19/018.php.
28 Rüdiger Göbel: Mit Brecht gegen Faschisten-Versteher, In: junge Welt 5.6.2014 http://www.jungewelt.de/2014/06-05/065.php; Dağdelen im Wortlaut: Das ist wirklich schändlich, In: junge Welt 6.6.2014 http://www.jungewelt.de/2014/06-06/034.php.
29 Gegen die Verharmlosung von Faschisten: http://www.brecht-hat-recht.de.
30 Brief an Präsident Poroschenko von Gehrcke, Gysi und Anderen, 2.8.2014 http://www.presseportal.de/pm/41150/2798604/brief-an-praesident-poroschenko-von-gehrcke-gysi-und-anderen.
31 Heinrich Böll Stiftung: Euromaidan – Keine extremistische, sondern freiheitliche Massenbewegung, 20.2.2014 http://www.boell.de/de/2014/02/20/euromaidan-freiheitliche-massenbewegung-zivilen-ungehorsams.
32 Forschungsstelle Osteuropa an der Universität Bremen, Ukraine-Analysen, Nr. 133, 27.5.2014, S. 7 http://www.laender-analysen.de/ukraine/pdf/Ukraine Analysen133.pdf.
33 Kyryl Savin: Parlamentswahl 2012 – Prüfung in Demokratie nicht bestanden, Heinrich-Böll-Stiftung, 15.11.2012 http://www.boell.de/de/navigation/europanordamerika-ukraine-parlamentswahl-2012-dsukraine-16019.html.
34 Thomas Eipeldauer: Auf dem rechten Auge blind, In: Hintergrund 8.5.2014 http://www.hintergrund.de/201405083098/politik/inland/auf-dem-rechten-auge-blind.html.
35 Andreas Umland: Sind die rechtsradikalen Minister der ukrainischen Regierung „Faschisten"? Heinrich-Böll-Stiftung 28.3.2014 http://www.boell.de/de/2014/03/28/rechtsradikalen-minister-ukrainischen-regierung-faschisten.
36 Matthias Rude: „Nie wieder Faschismus" – immer wieder Krieg. Ein bürgerliches Trauerspiel in drei Akten, In: Susann Witt-Stahl, Michael Sommer (Hg.): Antifa heißt Luftangriff! Regression einer revolutionären Bewegung, 2014, S. 101–120.
37 Agnieszka Brugger: Investitionen in Kriegswaffen. Wenn Profit über Moral siegt, Heinrich-Böll-Stiftung 2.6.2014 http://www.boell.de/de/2014/05/28/investitionen-kriegswaffen-wenn-profit-ueber-moral-siegt.

38 Andreas Umland: Warum der Westen die Ukraine retten muss, Heinrich-Böll-Stiftung 15.8.2014 http://www.boell.de/de/2014/08/15/warum-der-westen-die-ukraine-retten-muss.

39 Neil Clark: New Statesman Profile – George Soros. The billionaire trader has become eastern Europe's uncrowned king and the prophet of 'the open society', In: New Statesman 2.6.2003 http://www.newstatesman.com/economics/economics/2014/04/ns-profile-george-soros.

40 Robert Slater: George Soros. Sein Leben. Seine Ideen. Sein Einfluss auf die globale Wirtschaft, 2009, S. 141.

41 Benjamin Bidder, Moritz Gathmann: Beschimpfungen statt Diplomatie – Die Pöbler von Kiew, In: Spiegel.de 17.6.2014 http://www.spiegel.de/politik/ausland/kiews-aussenminister-beschimpft-putin-a-975536.html.

42 John Batchelor: World leaders split over Ukraine, In: Al Jazeera 13.2.2014 http://america.aljazeera.com/opinions/2014/2/ukraine-yanukovichkievputineu.html.

43 http://openukraine.org/en.

44 Reinhard Lauterbach: Kanonen statt Butter. Höhere Steuern, vermeintliche Abgaben für Oligarchen – In der Ukraine wird die Finanzpolitik der Kriegführung untergeordnet, In: junge Welt 6.8.2014, S. 9 http://www.jungewelt.de/2014/08-06/055.php.

45 Patrick Coffee: Ukrainian Comms Pros Launch 'Crisis Media Center' as Russian Offensive Proceeds, In: PRNewser 7.3.2014 http://www.mediabistro.com/prnewser/ukrainian-comms-pros-launch-crisis-media-center-as-russian-offensive-proceeds_b87253.

46 Ukraine Crisis media center 8.5.2014 http://uacrisis.org/russia-says-yes-fascism; ebd.: http://uacrisis.org/putinhitler.

47 International Renaissance Foundation: Annual Report 2013 http://www.irf.ua/en/knowledgebase/news/opublikovano_richniy_zvit_mizhnarodnogo_fondu_vidrodzhennya_za_2013_rik/; http://issuu.com/irf_ua/docs/annual_report_2013_en.

48 International Renaissance Foundation: Annual Report 2009, S. 189 http://issuu.com/irf_ua/docs/annual_report_2009_en.

49 George Soros: Helft der Ukraine mit einem Marshall-Plan, In: Süddeutsche.de 27.2.2014 http://www.sueddeutsche.de/politik/machtwechsel-in-kiew-helft-der-ukraine-mit-einem-marshall-plan-1.1899731.

50 Merkel verspricht Ukraine finanzielle Unterstützung, In: Zeit.de 23.8.2014 http://www.zeit.de/politik/ausland/2014-08/merkel-poroschenko-kiew-

ukraine-treffen.

51 Petro Poroshenko thanks George Soros for supporting Ukraine, International Renaissance Foundation 23.8.2014 http://www.irf.ua/en/knowledgebase/news/petro_poroshenko_expressed_gratitude_to_george_soros_for_the_support_to_ukraine.

52 Florian Gathmann: Fischer und Soros über die Ukraine-Krise – Lob für Merkel, Hoffnung für EU, In: Spiegel.de 20.3.2014 http://www.spiegel.de/politik/ausland/joschka-fischer-und-george-soros-diskutieren-ueber-ukraine-krise-a-959809.html.

53 S. Anm. 10.

Thomas Eipeldauer: Euromaidan

1 Euromaidan – Keine extremistische, sondern freiheitliche Massenbewegung, In: Heinrich-Böll-Stiftung 20.2.2014 http://www.boell.de/de/2014/02/20/euromaidan-freiheitliche-massenbewegung-zivilen-ungehorsams.

2 Vgl. zur Rolle der Konrad-Adenauer-Stiftung, Matthias Rude: Die Geister, die sie rufen – Der Westen und die ukrainische Oppositionsbewegung, In: Hintergrund.de 25.2.2014 http://www.hintergrund.de/201402253001/politik/welt/die-geister-die-sie-rufen.html;
Vgl. zu George Soros, Matthias Rude: Der Strippenzieher, In: Hintergrund 3/2014, S. 24–27.

3 Erich Später: Kriegsziel Rassestaat, In: Konkret 2/2014, S. 34 f.

4 "I'll be fighting Jews and Russians till I die": Ukrainian right-wing militants aiming for power, In: Russia Today 23.2.2014 http://rt.com/news/ukraine-right-sector-militants-210.

5 No Gay Parade in Kyiv thanks to nationalists' threats, In: Ukrainian Nationalism. Third Postion (blog) http://un3position.blogspot.de/2014/07/no-gay-parade-in-kyiv-thanks-to.html.

6 Telefon-Leak – Julia Timoshenko will verdammte Russen töten; In: The Huffington Post 25.3.2014 http://www.huffingtonpost.de/ali-s-rad-/telefonleak-julia-timoshe_b_5023642.html.

Sebastian Range: Blutige Wende

1 Moritz Gathmann: Reporter auf dem Maidan - Der Moment des Begreifens, In: Ostpol – Das Europamagazin 21.2.2014 http://ostpol.de/beitrag/3874-reporter_auf_dem_maidan_der_moment_des_begreifens.
2 Rätsel um die Scharfschützen auf dem Maidan, In: Die Welt 9.3.2014 http://www.welt.de/politik/ausland/article125588345/Raetsel-um-die-Scharfschuetzen-auf-dem-Maidan.html.
3 Scharfschützen vom Maidan – Untersuchungsergebnisse sollen demnächst präsentiert werden, In: Hintergrund 7.3.2014 http://www.hintergrund.de/201403073022/kurzmeldungen/aktuell/scharfschuetzen-vom-maidan-untersuchungsergebnisse-sollen-demnaechst-praesentiert-werden.html.
4 Ukraine official: Putin's plans have failed, In: EurActiv.com 21.5.2014 http://www.euractiv.com/sections/europes-east/ukraine-official-putins-plans-have-failed-302260.
5 Tod auf Bestellung, In: Die Welt 16.3.2014 http://www.welt.de/print/wams/politik/article125844338/Tod-auf-Bestellung.html.
6 Правый сектор объявил мобилизацию для "мирного наступления", In: Pravda 17.2.2014 http://www.pravda.com.ua/rus/news/2014/02/17/7014143.
7 Zahl bei Unruhen in Kiew getöteter Polizisten auf 16 gestiegen, In: RiaNovosti 21.2.2014 http://de.ria.ru/politics/20140221/267881726.html.
8 Konflikt mit Russland: Die fatalen Fehler der Regierung in Kiew, In: Spiegel-Online 3.3.2014, http://www.spiegel.de/politik/ausland/krim-krise-die-fatalen-fehler-der-kiewer-regierung-a-956680.html.
9 No Berkut troops among "Maidan snipers", In: Stimme Russlands 3.4.2014 http://rt.com/news/maidan-snipers-arrest-berkut-201.
10 Moritz Gathmann: Reporter auf dem Maidan - Der Moment des Begreifens, In: Ostpol – Das Europamagazin, 21.2.2014 http://ostpol.de/beitrag/3874-reporter_auf_dem_maidan_der_moment_des_begreifens; Ukraine protests: Snipers "firing live rounds at demonstrators" as fresh violence erupts despite truce, In: Mirror 20.2.2014 http://www.mirror.co.uk/news/world-news/ukraine-protests-snipers-firing-live-3164828.
11 Staatsanwaltschaft hat 12 mutmaßliche Scharfschützen inhaftiert, In: Telepolis 3.4.2014 http://www.heise.de/tp/artikel/41/41415/1.html.
12 No Berkut troops among "Maidan snipers", In: Stimme Russlands 3.4.2014 http://rt.com/news/maidan-snipers-arrest-berkut-201.
13 No evidence of Berkut police behind mass killing in Kiev – probe head, In:

Stimme Russlands 14.5.2014, http://rt.com/news/158864-kiev-snipers-not-berkut.
14 Tod auf Bestellung? Die Auftragskiller vom Maidan, In: Die Welt 17.3.2014 http://www.welt.de/politik/ausland/article125858476/Tod-auf-Bestellung-Die-Auftragskiller-vom-Maidan.html.
15 Neue Hinweise auf Maidan-Schützen, In: tagesschau.de 10.4.2014 http://www.tagesschau.de/ausland/maidan-schuesse102.html.
16 Captured Conversation Between the Snipers on the Roofs above Maidan in Kyiv Ukraine, In: Euromaidan Press 23.2.2014 http://euromaidanpress.com/2014/02/23/captured-conversation-between-the-snipers-on-the-roofs-above-maidan-in-kyiv-ukraine.
17 Kolossaler Skandal - Suche nach den Mördern von Kiew dauert an, In: dpa 6.3.2014.
18 Tod auf Bestellung? 17.3.2014 http://www.welt.de/politik/ausland/article125858476/Tod-auf-Bestellung-Die-Auftragskiller-vom-Maidan.html.
19 Ukraine Protests: "Sniper" fires from Ukraine media hotel, In: BBC News 21.2.2014 http://www.youtube.com/watch?feature=player_detailpage&v=zQhuD4F1yJ0.
20 Ukraine: Snipers target police in Independence Square, In: RuptlyTV 20.2.2014 http://www.youtube.com/watch?v=n2PTeUBCPAQ.
21 Interview mit Wladimir Kraschewski, In: Rossija 1 12.3.2014 http://www.vesti.ru/doc.html?id=1368925.
22 Todesschüsse von Kiew, In: Monitor 10.4.2014 http://www.youtube.com/watch?v=xriJ3x4IeD0.
23 Rätsel um die Scharfschützen auf dem Maidan, In: Die Welt 9. 3.2014 http://www.welt.de/politik/ausland/article125588345/Raetsel-um-die-Scharf-schuetzen-auf-dem-Maidan.html.
24 Kolossaler Skandal - Suche nach den Mördern von Kiew dauert an, In: dpa 6.3.2014.
25 Neue Hinweise auf Maidan-Schützen, In: tagesschau.de 10.4.2014 http://www.tagesschau.de/ausland/maidan-schuesse102.html.

Susann Witt-Stahl: Daily Terror des Faschismus

1 Susann Witt-Stahl: Kommunisten leben gefährlich in der Ukraine, In: Hintergrund 27.2.2014 http://www.hintergrund.de/201402273006/politik/welt/todeslisten-und-molotow-cocktails.html.

2 Turtschinow fordert von Justizministerium sofortiges Verbot der Kommunistischen Partei, In: Russische Staatliche Rundfunkgesellschaft Stimme Russlands 19.5.2014 http://german.ruvr.ru/2014_05_19/Turtschinow-fordert-von-Justizministerium-sofortiges-Verbot-der-Kommunistischen-Partei-8216.

3 Blutiges Spielzeug für Poroschenko, Obama, Kolomoiskiy - von Kindern im Donbass 6.8.2014 (Окровавленные игрушки для Потрошенко Обамы и Коломойского от детей Донбасса) https://www.youtube.com/watch?v=YOAgD6zHlYk.

4 Überfall auf das Büro von Borotba in Charkow, In: Labournet Austria 18.4.2014 http://www.labournetaustria.at/ao-17-4-2014-uberfall-auf-das-buro-von-borotba-in-charkow.

5 Activists Statement of the Union Borotba Struggle http://borotba.org/ukraine_junta_launches_repressions_against_borotba_activists_statement_of_the_union_borotba_struggle.html; siehe auch: Ukraine: Linke Organisation BOROTBA ruft auf, in den Untergrund zu gehen 17.5.2014 http://nemetico.wordpress.com/2014/05/17/ukraine-linke-organisation-borotba-ruft-auf-in-den-untergrund-zu-gehen.

6 Charkow: Terror gegen Regimekritiker, In: hintergrund.de 24.4.2014 http://www.hintergrund.de/201405243106/politik/welt/charkow-terror-gegen-regimekritiker.html.

7 Life News https://www.youtube.com/watch?v=mEc51EIRaGw.

8 Rechte Söldner in Ukraine Kiews – Problem in den eigenen Reihen, In: n-tv Online 25.7.2014 http://www.n-tv.de/politik/Kiews-Problem-in-den-eigenen-Reihen-article13305646.html.

9 Boris Kagarlitski: The ashes of Odessa, In: Links International Journal of Socialist Renewal 7.5.2014 http://links.org.au/node/3841.

10 Football ultras attack anti-govt protesters in eastern Ukraine, In: TV-Novosti/RT TV 27.4.2014 http://rt.com/news/155224-ukraine-football-fans-clashes.

11 Tom Parfitt: Ukraine crisis - the neo-Nazi brigade fighting pro-Russian separatists, In: The Telegraph 11.8.2014 http://www.telegraph.co.uk/news/worldnews/europe/ukraine/11025137/Ukraine-crisis-the-neo-Nazi-brigade-fighting-pro-Russian-separatists.html.

12 Ann-Dorit Boy: Innenministerium in Kiew will mit Radikalen kooperieren,

In: FAZ.net 18.8.2014 http://www.faz.net/aktuell/politik/ausland/europa/ukraine-innenministerium-in-kiew-will-mit-radikalen-kooperieren-13104401.html.

Thomas Eipeldauer: Im Griff der Oligarchen

1 Christina Plank: Management der Oligarchen, In: junge Welt 18.8.2014 http://www.jungewelt.de/2014/08-18/001.php.
2 Andrej Hunko: Das ist ein Tabubruch, In: Hintergrund 2/2014, S. 36f.
3 Liva http://liva.com.ua/class-analysis-ukraine.html.
4 Thomas Eipeldauer: Der Ausverkauf beginnt, In: Hintergrund 5.3.2014 http://www.hintergrund.de/201403053018/wirtschaft/welt/der-ausverkauf-beginnt.html.
5 Forbes http://www.forbes.com/profile/petro-poroshenko.
6 Roshen Confectionery Corporation http://www.roshen.com/en/about/general.
7 Raider-Politik von Oligarch Kolomoiski, In: Stimme Russlands 4.6.2014 http://german.ruvr.ru/2014_06_04/Raider-Politik-von-Oligarch-Kolomoiski-5708.
8 Nina Jeglinski: Der Stern des Oligarchen sinkt, In: Tagesspiegel 6.8.2014 http://www.tagesspiegel.de/politik/ukraine-der-stern-des-oligarchen-sinkt/10300380.html.
9 Eduard Steiner: In der Ukraine tobt der Krieg der Oligarchen, In: Die Welt 23.8.2014 http://www.welt.de/wirtschaft/article131480672/In-der-Ukraine-tobt-der-Krieg-der-Oligarchen.html.
10 Fred Schmid: Der Zuckerzar, In: isw-information 7/2014 http://www.isw-muenchen.de/download/ukraine-poroschenko-fs-20140714.pdf.
11 siehe Dimitrij Kolensik: In einem ruinierten Land, In: Hintergrund 4/2014, S. 62f.

Sebastian Range: Rückkehr zu Russland

1 Christian Esch: Ukraine: Siegessicherer Verteidigungsminister, In: Berliner Zeitung 3.7.2014 http://www.berliner-zeitung.de/politik/ukraine-siegessicherer-verteidigungsminister,10808018,27701584.html.
2 John McCain In: Fox News-Sendung Hannity 17.7.2014 http://www.foxnews.com/on-air/hannity/transcript/2014/07/18/exclusive-sen-mccain-calls-obama-awol-downed-airliner-and-ukraine-russia.
3 Erklärung des Parlaments der Autonomen Republik Krim: „Über die politische Situation" 22.1.2014, http://www.rada.crimea.ua/news/22_01_2014_8.
4 Pavel Polityuk und Richard Balmforth: Rechtsradikale übernehmen die Macht 25.1.2014 http://www.t-online.de/nachrichten/specials/id_67600106/proteste-in-der-ukraine-rechtsradikale-uebernehmen-die-macht.html.
5 Hubertus Volmer: Die Option der Spaltung: Krim droht mit Austritt aus Ukraine, In: n-tv 21.2.2014 http://www.n-tv.de/politik/Krim-droht-mit-Austritt-aus-Ukraine-article12322536.html.
6 Rioters seize over 1,500 guns in Ukraine mayhem - security services, In: Russia Today 19.2.2014 http://rt.com/news/weapons-protesters-kiev-police-745.
7 Minsk über Verschwinden von Waffen in Ukraine besorgt, In: Ria Novosti 28.2.2014 http://de.ria.ru/politics/20140228/267943289.html.
8 Ukrainische Großstadt Lwiw erklärt sich für autonom, In: n-tv 19.2.2014 http://www.n-tv.de/politik/Janukowitsch-und-Opposition-vereinbaren-Waffenruhe-article12311986.html.
9 Aktuelle Ereignisse aus der Ukraine - Die Chronik vom 27. Januar bis 11. Februar 2014, In: Bundeszentrale für politische Bildung http://www.bpb.de/internationales/europa/ukraine/178904/chronik-27-januar-9-februar-2014.
10 Ukrainisches Militär drängt Janukowitsch zum Handeln, In: RTL Luxemburg 1.2.2014 http://www.rtl.lu/international/die-welt/506795.html.
11 Anders Fogh Rasmussen: per Twitter 31.1.2014 https://twitter.com/AndersFoghR/statuses/429215888710328321.
12 EU, Russia wrangle over Ukraine's new government, In: Deutsche Welle 24.2.2014 http://www.dw.de/eu-russia-wrangle-over-ukraines-new-government/a-17454406; B92: EU recognizes legitimacy of new government in Kiev 28.2.2014 http://www.b92.net/eng/news/world.php?yyyy=2014&mm=02&dd=28&nav_id=89483.
13 Russland lässt Muskeln spielen – Nato springt Kiew bei, In: RTL Aktuell 26.2.2014 http://www.rtl.de/cms/news/rtl-aktuell/ukraine-krise-russland-laesst-muskeln-spielen-nato-springt-kiew-bei-381b9-51ca-14-1819436.html.
14 Harper - Ukraine's Territorial Integrity Must Be Respected, In: The Canadian

Press 28.2.2014, http://www.huffingtonpost.ca/2014/02/28/stephen-harper-ukraine-moscow_n_4875091.html.

15 Presse- und Informationsamt der Bundesregierung 23.2.2014, http://www.bundesregierung.de/Content/DE/Pressemitteilungen/BPA/2014/02/2014-02-23-telefonat-putin.html.

16 Von der Leyen warnt vor Spaltung der Ukraine, In: Die Zeit 27.2.2014 http://www.zeit.de/politik/ausland/2014-02/ukraine-krim-von-der-leyen-nato.

17 „The right sector“ will send to the Crimea „the friendship train“, In: Russia News 26.2.2014 http://rupaper.com/post/21101.

18 Stones, bottles thrown as pro-, anti-Russian protesters clash in Crimea, In: Russia Today 26.2.2014 http://rt.com/news/crimea-ukraine-protest-clashes-840.

19 Ann-Dorit Boy: Die Furcht vor den Islamisten, In: FAZ 10.3.2014 http://www.faz.net/aktuell/politik/ausland/konflikt-um-die-krim-die-furcht-vor-den-islamisten-12839050.html.

20 Uwe Klußmann: Krim-Krise: Nationalisten stiften Tataren zu Anschlägen an, In: Spiegel-Online 28.2.2014 http://www.spiegel.de/politik/ausland/krim-krise-nationalisten-stiften-tataren-zu-anschlaegen-an-a-956033.html.

21 Ukraine nationalist leader calls on „most wanted“ terrorist Umarov „to act against Russia“, In: Russia Today 1.3.2014 http://rt.com/news/yarosh-nationalist-address-umarov-380;
Interpol-Haftbefehl http://www.interpol.int/notice/search/wanted/2014-16549.

22 Reinhard Lauterbach: Meuterei auf der Krim, In: junge Welt 28.2.2014 http://www.jungewelt.de/2014/02-28/027.php.

23 Benjamin Bidder: Janukowitschs Sturmtruppen: ‚Wir sind die Berkut, unser Schlag ist hart‘, In: Spiegel-Online 27.2.2014 http://www.spiegel.de/politik/ausland/ukraine-janukowitschs-spezialeinheit-berkut-a-955958.html.

24 Ukraine: 2000 russische Soldaten auf der Krim gelandet, In: Die Welt 28.2.2014
http://www.welt.de/newsticker/news1/article125315529/Ukraine-2000-russische-Soldaten-auf-der-Krim-gelandet.html.

25 Andreas Ross: Russland am New Yorker Pranger, In: FAZ 2.3.2014 http://www.faz.net/aktuell/politik/ausland/un-sicherheitsrat-russland-am-new-yorker-pranger-12827849.html.

26 Krise auf der Krim: „Intervention wird Beginn eines Krieges sein“, In: Frankfurter Rundschau 2.3.2014 http://www.fr-online.de/ukraine/krise-auf-der-krim--intervention-wird-beginn-eines-krieges-sein-,26429068,26436624.html.

27 Kiew ordnet Kampfbereitschaft an, In: Neue Zürcher Zeitung 2.3.2014 http://www.nzz.ch/aktuell/startseite/kiew-ordnet-kampfbereitschaft-an-1.18254373.

28 Ukraine ordnet Rückzug von der Krim an, In: Spiegel-Online 24.3.2014 http://www.spiegel.de/politik/ausland/krim-krise-ukraine-ordnet-truppen-rueckzug-von-der-krim-an-a-960387.html.

29 Ukrainian special forces regiment joins other units in refusal to march against Crimea, In: Russia Today 2.3.2014 http://rt.com/news/crimea-russian-special-forces-560.

30 Alle Militärstützpunkte auf der Krim in russischer Hand, In: Neue Zürcher Zeitung 26.3.2014 http://www.nzz.ch/aktuell/startseite/alle-militaerstuetzpunkte-auf-der-krim-in-russischer-hand-1.18270909.

31 Umfragen zur kulturellen Orientierung der Bevölkerung der Krim, In: Bundeszentrale für politische Bildung http://www.bpb.de/internationales/europa/ukraine/154462/tabellen-und-grafiken-umfragen-zur-kulturellen-orientierung-der-bevoelkerung-der-krim.

32 Reinhard Merkel: Kühle Ironie der Geschichte, In: FAZ 7.4.2014 http://www.faz.net/aktuell/feuilleton/debatten/die-krim-und-das-voelkerrecht-kuehle-ironie-der-geschichte-12884464.html?printPagedArticle=true#page Index_2.

33 Merkel: Russland hat Krim „geraubt", In: Die Welt 11.3.2014 http://www.welt.de/newsticker/news1/article125695208/Merkel-Russland-hat-Krim-geraubt.html.

Kai Ehlers: Und immer noch die Ukraine

1 Vorschläge von Präsident Poroschenko – Der Friedensplan für die Ostukraine, In: tagesschau.de 21.6.2014 http://www.tagesschau.de/ausland/friedensplan-ukraine-100.html.

2 Florian Rötzer: Die Inszenierung des Ukraine-Konflikts durch die USA, In: Telepolis 5.8.2014 http://www.heise.de/tp/artikel/42/42451/1.html.

3 Das Mandat im Wortlaut: „In Verbindung mit der außerordentlichen Situation, die sich in der Ukraine entwickelt hat, der Lebensgefahr für die Bürger der Russischen Föderation, unserer Landsleute und der Angehörigen der Einheiten der russischen Streitkräfte, die nach internationalem Recht auf dem ukrainischen Territorium (autonome Republik der Krim) eingesetzt sind, unterbreite ich hiermit dem Obersten Föderalen Sowjet (entsprechend der Verfassung, Anm. d. Verf.) den Vorschlag zum Einsatz bewaffneter Truppen Russlands auf

dem Territorium der Ukraine, bis die soziale und politische Situation in diesem Lande sich normalisiert hat." (www.kremlin.ru)

4 So auf der Website „Der Präsident Russlands": http://www.kremlin.ru/news/46385.

5 Interview des Verfassers mit Boris Kagarlitzki: „Es ist das erste Mal seit 1991, dass Russland wieder bei irgendetwas Erfolg hat", In: Eurasisches Magazin http://www.eurasischesmagazin.de/ticker/Interview-mit-Boris-Kagarlitzki-zu-Russland-und-der-Ukraine/140.

6 Siehe dazu Konferenz des Widerstands in Jalta am 7.7.2014, Kai Ehlers: Manifest der Volksbefreiungsfront der Ukraine, 10.7.2014 http://kai-ehlers.de/texte/artikel-zur-lage/2014-07-28-manifest-der-volksbefreiungsfront-der-ukraine.

7 Chronologie des Strategic Arms Redtuction Treaty bis 2001 http://fas.org/nuke/control/start1/chron.htm.

8 Moskau mahnt Kiew – Sechs Millionen ukrainische Gastarbeiter in Russland berücksichtigen, In: RIA Novosti 20.6.2014 http://de.ria.ru/politics/20140620/268810063.html.

9 Aus eigenen Gesprächen.

10 Victoria Nuland in einem Brief an die US-Ukraine Foundation Conference, 13.12.2013 http://www.state.gov/p/eur/rls/rm/2013/dec/218804.htm.

11 Siehe dazu als Beispiel dieses Video einer Straßenszene: Ukrainische Mütter verbrennen Einberufungsbefehle der Generalmobilmachung, In: meta-info.de 30.7.2014 www.meta-info.de?site=metainfo&lid=33811.

12 Kai Ehlers: Russland. Herzschlag einer Weltmacht, Pforte, 2009, S. 89.

13 Manifest der Volksbefreiungsfront der Ukraine, 10.7.2014 http://kai-ehlers.de/texte/artikel-zur-lage/2014-07-28-manifest-der-volksbefreiungsfront-der-ukraine.

14 Wilhelm Neurohr http://stoptafta-ttip.tumblr.com/docs.

15 Zbigniew Brzeziński: Die einzige Weltmacht. Amerikas Strategie der Vorherrschaft, Fischer, 1999, (engl.: The Grand Chessboard. American Primacy and Its Geostrategic Imperatives, 1997).

16 Ebd., S. 74.

17 Zbigniew Brzeziński: The Second Chance. Three Presidents and the Crisis of American Superpower, Basic Books, 2006, S. 119.

18 Zbigniew Brzeziński: Strategic Vision. America and the Crisis of Global Power, Basic Books, 2013, S. 131 ff.

19 Ebd., S. 150 ff.

20 Interview mit Timothy Snyder; Ann-Dorit Boy: Timothy Snyder über die Ukraine-Krise – Rechte schließen sich zusammen, Putin führt sie an, In:

FAZ.net 17.5.2014 http://www.faz.net/aktuell/feuilleton/debatten/interview-timothy-snyder-ueber-die-ukraine-12943382.html.

21 Brzeziński in einem Interview mit der französischen Zeitschrift „Le Nouvel Observateur" vom Januar 1998. Nach Angaben Brzezińskis setzte die US-amerikanische Unterstützung der fundamentalistischen Mudschahedin schon am 3. Juli 1979 ein, also fast ein halbes Jahr vor der russischen Invasion. Präsident Carter unterschrieb an diesem Tag die von Brzeziński vorgeschlagene Direktive für eine geheime Unterstützung der Mudschahedin. Gefragt, ob er sein damaliges Eingreifen bedauere, antwortete Brzeziński: „Bedauern, wieso? Diese verdeckte Operation war eine hervorragende Idee. Sie bewirkte, dass die Russen in die afghanische Falle tappten... An dem Tag, an dem die Russen offiziell die Grenze überschritten, schrieb ich Präsident Carter: Jetzt haben wir die Möglichkeit, der UdSSR ihren Vietnamkrieg zu liefern. Und tatsächlich sah sich Moskau während der folgenden zehn Jahre gezwungen, einen Krieg zu führen, den sich die Regierung nicht leisten konnte, was wiederum die Demoralisierung und schließlich den Zusammenbruch des sowjetischen Herrschaftsgebiets zur Folge hatte."

Christoph Jehle: Da stimmt etwas nicht

1 Der Beitrag basiert auf dem Informationsstand vom 9. September 2014, 12 Uhr.

2 Krise bei Malaysia Airlines – „Unfähig, sich dem Wettbewerb zu stellen", In: Handelsblatt 14.3.2014 http://www.handelsblatt.com/unternehmen/handel-dienstleister/krise-bei-malaysia-airlines-unfaehig-sich-dem-wettbewerb-zu-stellen/9616804.html.

3 Richard Falk: Kuala Lumpur tribunal – Bush and Blair guilty, In: Al Jazeera America 28.11.2011 http://www.aljazeera.com/indepth/opinion/2011/11/20111128105712109215.html.

4 Protokoll des Boeing-Absturzes – 70 Minuten bis zur ersten Schuldzuweisung, In: Süddeutsche Zeitung 18.7.2014 http://www.sueddeutsche.de/politik/protokoll-des-boeing-absturzes-minuten-bis-zur-ersten-schuldzuweisung-1.2052455.

5 Ukraine – Verkehrsflugzeug über Ostukraine abgeschossen, In: Reuters Deutschland 17.7.2014 http://de.reuters.com/article/topNews/idDEKBN0FM2BT20140717.

6 Emma Rapaport: Malaysia Airlines responds to criticism of MH17 flight path,

In: NL Times 18.7.2014 http://www.nltimes.nl/2014/07/18/flight-path-mh17-questioned.

7 Ukrainische Flugsicherung http://uksatse.ua.

8 Manju V.: Air India flight was 90 seconds away when missile struck Malaysia Airlines Flight MH17, In: The Times of India 20.7.2014 http://timesofindia.indiatimes.com/india/Air-India-flight-was-90-seconds-away-when-missile-struck-Malaysia-Airlines-Flight-MH17/articleshow/38702536.cms.

9 Boing 777 http://www.boeing.com/boeing/commercial/777family/pf/pf_200product.page.

10 Map of a Tragedy: How MH17 Came Apart Over Ukraine http://graphics.wsj.com/mh17-crash-map.

11 ARMS Defence Technologies Review http://www.interarms.ru/arhiv/n2_2010/buk_air_defense_missile_system_old_friends_are_best.

12 MH-17-Abschuss – „Todesfinger“ im Verdacht, In: Tagesanzeiger 18.7.2014 http://www.tagesanzeiger.ch/wissen/technik/MH17Abschuss-Todesfinger-im-Verdacht/story/12231292.

13 Nadja Rohner: Radarspezialist: „Abschuss war gewollt – man wusste, auf was man schiesst“, In: Aargauer Zeitung 18.7.2014 http://www.aargauerzeitung.ch/ausland/radarspezialist-abschuss-war-gewollt-man-wusste-auf-was-man-schiesst-128185859.

14 Margaret Coker, Andam Entous, Robert Wall und Alan Cullison: USA sehen Verbindung Russlands zum Abschuss von MH17, In: The Wallstreet Journal Deutschland 20.7.2014 http://www.wsj.de/nachrichten/SB1000142405270230405840458040994252695772?mg=reno64-wsjde.

15 Hans Springstein: MH17 von Kampfflugzeug abgeschossen? In: der Freitag 7.8.2014 https://www.freitag.de/autoren/hans-springstein/mh17-von-kampf-flugzeug-abgeschossen; Haris Hussain: US analysts conclude MH17 downed by aircraft, In: The Straits Times Online 7.8.2014 http://www.nst.com.my/node/20925.

16 EU-Sanktionen gegen Russland – Kein Selbstzweck, sondern unvermeidbar 1.8.2014 http://www.bundesregierung.de/Content/DE/Artikel/2014/07/2014-07-29-eu-sanktionen.html.

17 Nina Jeglinski und Matthias Meisner: OSZE-Mission beklagt chaotische Zustände am Absturzort, In: Der Tagesspiegel 19.7.2014 http://www.tagesspiegel.de/politik/newsticker-zum-abschuss-von-mh17-in-der-ukraine-osze-mission-beklagt-chaotische-zustaende-am-absturzort/10223718.html.

18 Serious Conflicts of Interest in MH17 Investigation led by Dutch Safety Board, In: nsnbc international 14.8.2014 http://nsnbc.me/2014/08/14/serious-conflicts-of-interest-in-mh17-investigation-led-by-dutch-safety-board.
19 Nina Jeglinski und Matthias Meisner: OSZE-Mission beklagt chaotische Zustände am Absturzort, In: Der Tagesspiegel 19.7.2014 http://www.tagesspiegel.de/politik/newsticker-zum-abschuss-von-mh17-in-der-ukraine-osze-mission-beklagt-chaotische-zustaende-am-absturzort/10223718.html.
20 National Bureau of Air Accidents Investigation of Ukraine http://www.nbaai.gov.ua.
21 Pressemitteilung: Dutch Safety Board sends team to Ukraine to investigate crash 18.7.2014 http://www.onderzoeksraad.nl/en/onderzoek/2049/investigation-crash-mh17-17-july-2014/onderzoek/1541/dutch-safety-board-sends-team-to-ukraine-to-investigate-crash#fasen.
22 Security Council Calls for Immediate, Credible Investigation Into Downing of Civilian Aircraft over Ukraine http://www.un.org/News/Press/docs//2014/sc11481.doc.htm.
23 Pressemitteilung: Dutch Safety Board heads investigation: investigation effort in full swing, black boxes currently being read out 23.7.2014 http://www.onderzoeksraad.nl/en/onderzoek/2049/investigation-crash-mh17-17-july-2014/onderzoek/1543/dutch-safety-board-heads-investigation-investigation-effort-in-full-swing-black-boxes-currently-being-read-out.
24 Kiev must publish record of MH17 communications with traffic control – Russia, In: TV-Novosti/RT TV 19.7.2014 http://rt.com/news/181300-mh17-flight-record-public.
25 Pressemitteilung (Dutch Safety Board): Investigation into cause of MH17 plane crash continues in The Hague – The Netherlands 11.8.2014 http://www.onderzoeksraad.nl/en/onderzoek/2049/investigation-crash-mh17-17-july-2014/onderzoek/1555/investigation-into-cause-of-mh17-plane-crash-continues-in-the-hague-the-netherlands#fasen.
26 Pressemitteilung (Dutch Safety Board): Questions and answers concerning the investigation into flight MH17 21.8.2014 http://www.onderzoeksraad.nl/en/onderzoek/2049/investigation-crash-mh17-17-july-2014/onderzoek/1559/questions-and-answers-concerning-the-investigation-into-flight-mh17#fasen.
27 http://www.onderzoeksraad.nl/en/onderzoek/2049/investigation-crash-mh17-17-july-2014/preliminary-report#fasen.
28 Input from various sources in MH17 report, In: New Straits Time Online 31.08.2014 http://www.nst.com.my/node/28537.

29 Pressemitteilung (Dutch Safety Board): Questions and answers concerning the investigation into flight MH17 21.8.2014 http://www.onderzoeksraad.nl/en/onderzoek/2049/investigation-crash-mh17-17-july-2014/onderzoek/1559/questions-and-answers-concerning-the-investigation-into-flight-mh17#fasen.

30 Pepe Escobar: Vanishing point ..., In: Asia Times Online 15.8.2014 http://www.atimes.com/atimes/Central_Asia/CEN-02-150814.html.

Volker Bräutigam: Herrschaft beginnt bei der Sprache

1 Volker Bräutigam: Gniffkes Kniffe, In: Ossietzky, 15/2014, S. 517.

2 www.tagesschau.de/archiv/sendungsarchiv100.html.

3 www.tagesschau.de/multimedia/sendung/ts47936.html.

4 Ebd., Reportage der ARD-Korrespondentin in der Ukraine, Golineh Atai.

5 www.tagesschau.de/multimedia/sendung/tt5420.html, Moderatorin Caren Miosga am 25.4.2014 in den Tagesthemen ab Sendeminute 00:00:52.

6 Ebd., ARD-Korrespondentin Birgit Virnich, Moskau, ab Sendeminute 00:01:06.

7 Das ORF-Interview mit Neukirch ist nicht mehr in der Mediathek des Senders, aber noch bei YouTube abrufbar: https://www.youtube.com/watch?v=mWeU_4UEAq8.

8 Zweck und Ausführungsbestimmungen dieses Vertragswerkes über Vertrauensbildung mittels Transparenz und Rüstungskontrolle hat das Auswärtige Amt Berlin auf seiner Website dargestellt: www.auswaertiges-amt.de/DE/Aussenpolitik/Friedenspolitik/Abruestung/KonvRueKontrolle/WienerDok_node.html.

9 Vgl. http://www.streitkraeftebasis.de/portal/a/streitkraeftebasis.

10 Ebd. Presse- und Informationszentrum Streitkräftebasis

11 Gabi Kautzmann: Militärbeobachter in der Ostukraine – „Sehr überraschende Befunde“, BR-Radiobeitrag vom 23.4.2014 www.br.de/radio/bayern2/sendungen/radiowelt/axel-schneider-ruestungskontrolle-ost-ukraine100.html.

12 Interview mit Wolfgang Gehrcke, stellv. Vorsitzender der Fraktion Die Linke im Deutschen Bundestag. Peter Wolter: „Die Entsendung war unglaublich dumm“, In: junge Welt 29.4.2014 www.jungewelt.de/2014/04-29/012.php.

13 www.tagesschau.de/multimedia/sendung/ts47952.html.

14 http://www.tagesschau.de/multimedia/sendung/tt5422.html, Moderatorin Caren Miosga.

15 Ukraine – Falsche OSZE-Beobachter, In: Informationsstelle Militarisierung e.V. 26.4.2024 www.imi-online.de/2014/04/26/ukraine-falsche-osze-beobachter.

16 Festgesetzte OSZE-Beobachter – Milizenchef betrachtet Deutsche als „Kriegsgefangene", In: Spiegel.de 25.4.2014 www.spiegel.de/politik/ausland/separatisten-in-der-ukraine-halten-osze-militaerbeobachter-fest-a-966266.html.

17 www.tagesschau.de/multimedia/sendung/ts47962.html, in diesem vom Sprecher vorgetragenen Meldungstext ist korrekt und ausnahmsweise nur von „westlichen Militärbeobachtern" – ohne Bezugnahme auf die OSZE – die Rede.

18 www.tagesschau.de/multimedia/sendung/tt5426.html, Moderatorin Caren Miosga ab Sendeminute 00:03:55.

19 Ebd., Reportage der ARD-Korrespondentin Birgit Virnich.

20 www.tagesschau.de/multimedia/sendung/ts47978.html, korrekt wird hier auf das Kürzel OSZE verzichtet, es ist nur von „Beobachtern" die Rede.

21 Ebd., Marion von Haaren, ARD-Hauptstadtbüro Berlin, in einer Reportage über den Besuch der Verteidigungsministerin beim Zentrum für Verifikationsaufgaben der Bundeswehr, ZVBw, in Geilenkirchen sowie über die Reaktionen von Regierung und Opposition auf die Festnahme der Bundeswehroffiziere in der Ostukraine. Die Reportage enthält von Sendeminute 00:03:47 bis 00:03:57 den eingebauten Lambsdorff-Originalton.

22 www.tagesschau.de/multimedia/sendung/ts48006.html, ARD-Korrespondentin Birgit Virnich verzichtet hier auf das Kürzel OSZE.

23 www.tagesschau.de/multimedia/tt5432.html, Moderator Thomas Roth ab Sendeminute 00:01:20.

24 www.tagesschau.de/multimedia/tt5434.html, Moderator Thomas Roth ab Sendeminute 00:00:12.

25 www.tagesschau.de/multimedia/ts48030.html, Reportage der ARD-Korrespondentin, Golineh Atai, ab Sendeminute 00:03:28.

26 www.tagesschau.de/multimedia/tt5438.html, Moderator Thomas Roth ab Sendeminute 00:00:18.

27 Vertrag über Konventionelle Streitkräfte in Europa (KSE-Vertrag) http://www.auswaertiges-amt.de/DE/Aussenpolitik/Friedenspolitik/Abruestung/KonvRueKontrolle/KSE-Vertrag_node.html.

Sabine Schiffer: Einspruch unerwünscht

1 Thore Barfuss: Der Spott der Putin-Flüsterin Krone-Schmalz, In: welt.de 1.5.2014 http://www.welt.de/fernsehen/article127491573/Der-Spott-der-Putin-Fluesterin-Krone-Schmalz.html.

2 Ihr ausführliches Interview für das ZAPP-Medienmagazin (NDR) vom 16.4.2014 wurde vielfach auf YouTube hochgeladen und allein auf der Plattform Die Bananenrepublik an die 15 000 Mal aufgerufen 8.8.2014 http://www.youtube.com/watch?v=ossG2_Ioltw.

3 Vgl. auch Sabine Schiffer: Alles richtig gemacht, In: hintergund.de 14.7.2014 http://www.hintergrund.de/201407143167/hintergrund/medien/alles-richtig-gemacht.html.

4 Helmut Schmidt wirft EU Größenwahn vor, In: Zeit Online 16.5.2014 http://www.zeit.de/politik/deutschland/2014-05/helmut-schmidt-ukraine-eu-weltkrieg; Helmut Schmidt warnt vor Weltkriegsszenario, In: Handelsblatt 16.5.2014 http://www.handelsblatt.com/politik/deutschland/ukraine-krise-helmut-schmidt-warnt-vor-weltkriegsszenario/9903252.html; Altkanzler Schmidt verteidigt Putins Ukraine-Kurs, In: Spiegel Online 26.3.2014 http://www.spiegel.de/politik/ausland/helmut-schmidt-verteidigt-in-krim-krise-putins-ukraine-kurs-a-960834.html.

5 Helmut Schmidt wirft EU Größenwahn vor: In: Spiegel Online 16.5.2014 http://www.spiegel.de/politik/ausland/ukraine-krise-helmut-schmidt-wirft-eu-groessenwahn-vor-a-969773.html; Verheugen zur EU-Russlandpolitik - Warum Helmut Schmidt irrt, In: Spiegel Online 19.5.2014 http://www.spiegel.de/politik/deutschland/ukraine-krise-helmut-schmidt-von-ex-eu-kommissar-verheugen-kritisiert-a-970150.html; Thomas Frankenfeld, Egbert Nießler, Christian Unger: Kopfschütteln über Putin-Bemerkungen von Helmut Schmidt, In: abendblatt.de 28.3.2014 http://www.abendblatt.de/politik/ausland/article126298566/Kopfschuetteln-ueber-Putin-Bemerkungen-von-Helmut-Schmidt.html.

6 Marion von Haaren: Umgang des Westens mit Russland – Welcher Weg ist der richtige? In: ARD tagesschau.de 24.6.2014 http://www.tagesschau.de/ausland/ukrainekrise-101.html.

7 Albrecht Müller: Alarmstufe „Rot" – ein weiterer Denkanstoß von Willy Wimmer, In: NachDenkSeiten 14.7.2014 http://www.nachdenkseiten.de/?p=22379; Ken Jebsen: Willy Wimmer – Krieg wird konsequent vorbereitet, In: NRhZ-Online 30.7.2014 http://www.nrhz.de/flyer/beitrag.php?id=20615.

8 Eugen Ruge: Nicht mit zweierlei Maß messen! In: Zeit Online 7.3.2014 http://www.zeit.de/2014/11/pro-russische-position-eugen-ruge/komplettansicht.

9 Interview mit Stefan Slaby, Ukraine-Berichterstattung - Programmbeschwerde beim Rundfunkrat – „Ich hätte nie gedacht, dass so eine schrille Art der politischen Kommunikation 100 Jahre nach Ausbruch des 1. Weltkrieges möglich ist“, In: hinergrund.de 5.6.2014 http://www.hintergrund.de/201406053116/feuilleton/zeitfragen/ukraine-berichterstattung-programmbeschwerde-beim-rundfunkrat.html.

10 Katja Döhne: Berichterstattung über die Ukraine – unausgewogen, schablonenhaft? In: Goethe-Institut 5.2014 https://www.goethe.de/de/kul/med/20394415.html.

11 Niki Müller: Systematische Verdummung und Gehirnwäsche, In: NRhZ-Online 6.8.2014 http://www.nrhz.de/flyer/beitrag.php?id=20626.

12 Albrecht Müller: Noch ein Nachtrag zur Ukraine, In: NachDenkSeiten 24.2.2014 http://www.nachdenkseiten.de/?p=20855; ebd., Die US-nah organisierte Gleichschaltung wichtiger Leitmedien (Teil II zur Putin-Rede, Ukraine etc.) 21.3.2014 http://www.nachdenkseiten.de/?p=21155.

13 Ebd., Jens Berger: Getroffene Hunde bellen – wie der SPIEGEL auf Kritik reagiert, 30.7.2014 http://www.nachdenkseiten.de/?p=22574#more-22574.

14 Florian Rötzer: Ukraine - Wirrwarr im Propagandakrieg, In: Telepolis 15.7.2014 http://www.heise.de/tp/artikel/42/42263/1.html; ebd., Mathias Bröckers: Lüge in Kriegszeiten, 29.7.2014 http://www.heise.de/tp/artikel/42/42386/1.html; ebd., Florian Rötzer: Die Inszenierung des Ukraine-Konflikts durch die USA, 5.8.2014 http://www.heise.de/tp/artikel/42/42451/1.html.

15 Ulrich Gellermann: „Mutmaßlich“ war es Putin, In NRhZ-Online 21.7.2014 http://www.nrhz.de/flyer/beitrag.php?id=20583; ebd., Wann erschießt sich Putin? 30.7.2014 http://www.nrhz.de/flyer/beitrag.php?id=20597; ebd., Jeder Schuss ein Russ‘, 6.8.2014 http://www.nrhz.de/flyer/beitrag.php?id=20623.

16 Neue Hinweise auf Maidan-Schützen – Todesschüsse in Kiew, In: Monitor (tagesschau.de) 10.4.2014 http://www.tagesschau.de/ausland/maidan-schuesse102.html.

17 Der Kampf um das Erdgas in der Ukraine, In: Monitor (veröff. 14.3.2014) https://www.youtube.com/watch?v=JGbRqM0ef7I.

18 Stephen Bierman: Ukraine Crisis Endangers Exxon's Black Sea Gas Drilling – Energy, In: Bloomberg 11.3.2014 http://www.bloomberg.com/news/2014-03-10/ukraine-crisis-endangers-exxon-s-black-sea-gas-drilling-energy.html.

19 Vgl. Fred Schmid: Ukrainischer Ressourcen-Poker - Von der „Kornkammer Europas“ zur Tankstelle der EU!? In: kommunisten.de 28.3.2014 http://www.kommunisten.de/index.php?option=com_content&view=article&id=4937:ukrainischer-ressourcen-poker-von-der-kornkammer-europas-zur-

tankstelle-der-eu.

20 Vgl. Doro Schreier: Agrar-Monopoly in Ukraine – Monsanto realisiert Großprojekt, In: netzfrauen.org 12.12.2013 http://netzfrauen.org/2013/12/12/agrar-monopoly-ukraine-monsanto-und-co-realisieren-grossprojekte; allgemeine Daten zur ukrainischen Landwirtschaft: http://www.agrar-ukraine.com.

21 Vgl. Titelblätter vom 21.07.2014, In: MEEDIA http://meedia.de/2014/07/21/titelblaetter-vom-21-07-2014/01-bild-95; vgl. außerdem Wer ist der Kriegstreiber? In: SPIEGELblog 29.7.2014 http://www.spiegel.de/spiegel/spiegel-titel-zu-putin-in-eigener-sache-a-983484.html;
vgl. auch Stefan Niggemeier: Wie der „Spiegel" mit dem Vorwurf der „Kriegshetze" umgeht, In: Niggemeier (stefan-niggemeier.de) 30.7.2014 http://www.stefan-niggemeier.de/blog/18500/wie-der-spiegel-mit-dem-vorwurf-der-kriegshetze-umgeht.

David Goeßmann: Berichterstattung mit Schlagseite

1 Nikolaus Blome / Erich Follath et. al.: Bis jenseits der Grenze, In: Spiegel.de 10.3.2014 http://www.spiegel.de/spiegel/print/d-125443787.html.

2 Statement by the Government of Cuba to the National and international Public Opinion, In: Granma International 14.1.2002 http://www.latinamericanstudies.org/cuba/guantanamo-statement.htm.

3 UN: General Assembly demands End to Cuba Blockade for 22nd Year, 29.10.2013: „The General Assembly, voting nearly-unanimously, adopted its twenty-second consecutive resolution calling for an end to the United States' decades-long economic, commercial and financial embargo against Cuba. (…) Introducing the text, Bruno Rodríguez Parrilla, Cuba's Minister for Foreign Affairs, said the human damages caused by the blockade were incalculable, with 76 per cent of Cubans living under its devastating effects since the day they were born. The resulting economic damages accumulated after half a century amounted to more than $1 trillion. The embargo was also the main obstacle to broader access to the Internet, the free circulation of persons, the exchange of ideas and the development of cultural, sport and scientific relations." http://www.un.org/News/Press/docs/2013/ga11445.doc.htm.

4 Einige Völkerrechtler verteidigen die territoriale US-Kontrolle über Guantánamo, andere sehen die Rechtswidrigkeit der Angliederung der Krim an Russland nicht unbedingt als gegeben, obwohl sie partielle Verstöße gegen Völkerrecht, Gesetze und Verträge durchaus konstatieren. Jede rechtliche Diskussion startet mit der Prämisse, dass der angewandte Standard universalisierbar sein muss. Die angewandte Rechtsinterpretation muss daher für alle Staaten in ähnlichen Fällen Geltung haben. Nehmen wir nur den Fall der Krim. Dürfte Kanada sich die Insel Arcadia in Maine also aneignen – ohne Invasion, gegen den Willen der US-Regierung, wenn die Mehrheit der dortigen Bewohner dafür ist? Oder stellen wir uns vor, ein kleiner Teil von Mexiko an der Grenze zu Arizona würde per Volksbefragung an das US-Territorium angegliedert (ein positives Votum ist aus ersichtlichen Gründen nicht unwahrscheinlich), während US-Sicherheitskräfte, die dort im „Drogenkrieg" stationiert sind, in ihren Jeeps durch die Dorfstraßen fahren und aus Washington unterstützende Signale kommen. Das Ganze findet gegen den Willen der mexikanischen Regierung statt. Eine Sezession oder ein krimineller Aneignungsakt?

5 Für die Beendigung des Pachtvertrages zwischen Kuba und den USA über Guantánamo Bay, Antrag Linke-Fraktion im Bundestag, 8.3.2007 http://dip21.bundestag.de/dip21/btd/16/046/1604628.pdf.

6 Julian Borger: Supreme court blow for Bush on Guantánamo, In: The Guardian 29.6.2004 http://www.theguardian.com/world/2004/jun/29/guantanamo.politics.

7 Ergebnis einer Genios-Pressedatenbankabfrage.

8 Guantánamo: kurioser Aussenposten der USA auf Kuba, In: Neue Zürcher Zeitung 28.7.2007 http://www.nzz.ch/aktuell/startseite/guantanamo--kurioser-aussenposten-der-usa-in-der-karibik-1.546973.

9 Genios-Pressedatenbankabfrage.

10 Die Positionierung der politischen, ökonomischen und kulturellen Eliten im Ukraine-Konflikt war durchaus nicht einheitlich. Vor allem die Wirtschaftsverflechtungen zwischen Deutschland und Russland dämpften lange ein hartes Vorgehen gegen Moskau. Legendär ist das ZDF-Heute-Journal-Interview von Claus Kleber am 26.3.2014 mit Joe Kaeser, dem Vorstandsvorsitzenden von Siemens, der vor dem Hintergrund der Krim-Krise von „kurzfristigen Turbulenzen" sprach. Siemens hat rund 800 Millionen Euro insbesondere in die russische Bahn investiert. Kaeser traf bei seiner Russland-Reise auch Russlands Bahn-Chef Wladimir Jakunin, der auf der Sanktionsliste der EU und der USA steht.

11 Frank Pöpsel: Warum pachtet Putin nicht die Krim?, In: Focus 23.4.2014 http://www.focus.de/finanzen/news/money-inside-warum-pachtet-putin-nicht-die-krim_id_3792212.html.

12 Noam Chomsky: Red Lines in Ukraine and Elsewhere, In: Truthout 2.5.2014 http://www.truth-out.org/opinion/item/23448-noam-chomsky-red-lines-in-ukraine-and-elsewhere.

13 Putin hat eine rote Linie überschritten, In: Wirtschaftswoche 2.3.2014 http://www.wiwo.de/politik/europa/krise-in-der-ukraine-putin-hat-eine-rote-linie-ueberschritten/9557646.html.

14 Tschechiens Präsident bringt Nato-Einsatz ins Spiel, In: Die Welt 7.4.2014 http://www.welt.de/politik/ausland/article126638840/Tschechiens-Praesident-bringt-Nato-Einsatz-ins-Spiel.html.

15 Michael Thumann: Das Europa, das wir kannten, In: Die Zeit 14.3.2014 http://www.zeit.de/politik/ausland/2014-03/krim-referendum-russland-anschluss.

16 Thanassis Cambanis: Why Putin's Crimean move crosses the line, In: The Boston Globe 30.3.2014 http://www.bostonglobe.com/2014/03/29/intlist-putin/98YckIxm3BAREdSsb6F7nM/story.html.

17 Julian Hans: Propaganda aus Russland. Putins Trolle, In: Süddeutsche Zeitung 13.6.2014 http://www.sueddeutsche.de/politik/propaganda-aus-russland-putins-trolle-1.1997470.

18 Herausgegeben von der Arbeitsgemeinschaft Media-Analyse e.V. https://www.agma-mmc.de.

19 Jens Schröder: Zeitungs-MA – Süddeutsche verliert 10% Leser, F.A.Z. und Welt noch mehr, In: MEEDIA 23.7.2014 http://meedia.de/2014/07/23/zeitungs-ma-sueddeutsche-verliert-10-f-a-z-und-welt-noch-mehr/?utm_campaign=NEWSLETTER_MITTAG&utm_source=newsletter&utm_medium=email; sowie Arbeitsgemeinschaft Media-Analyse https://www.agma-mmc.de/nachrichten/aktuelles/detail/artikel/ma-2014-pressemedien-ii-veroeffentlicht.html.

20 David Goeßmann: Rebellion der Leser, In: Deutschlandfunk 10.5.2014 http://www.deutschlandfunk.de/ukraine-berichterstattung-rebellion-der-leser.761.de.html?dram:article_id=285010.

21 Debate: Is Ukraine's Opposition a Democratic Movemet or a force of Right-Wing Extremism? In: Democracy Now 30.1.2014 http://www.democracynow.org/2014/1/30/debate_is_ukraines_opposition_a_democratic.

22 Bastian Berbner, Sandra Aïd: Ukraine – Berichterstattung durch die West-Brille? In: NDR, ZAPP – Das Medienmagazin, 5.3.2014.
„Allgemein kommen in den Nachrichten nur Regierungsgegner zu Wort. ZAPP hat stellvertretend für die Berichterstattung deutscher Medien die Tagesschau und Tagesthemen ausgewertet, je eine Woche im November, Januar und Feb-

ruar. Ergebnis: Fast 80 Prozent der Interviewpartner waren Regierungsgegner.“ Darauf antwortete der erste Chefredakteur von ARD-aktuell, Kai Gniffke: „Unsere Aufgabe ist es, journalistisch zu bewerten und journalistisch zu gewichten. Wir sind nicht diejenigen, die mit dem Rechenschieber Politikberichterstattung machen.“ Siehe auch die ZAPP-Sendung vom 16.4.2014, Bastian Berbner: Immer auf Putin? – Breite Kritik an Medien http://www.ndr.de/fernsehen/sendungen/zapp/zapp7203.html.

23 Stefan Kornelius: Revolution, Teil I, In: Süddeutsche Zeitung 24.2.2014.

24 Kathrin Hile: Ukraine serves Vladimir Putin a foreign policy triumph, In: Financial Times Deutschland 21.11.2014 http://www.ft.com/cms/s/0/681d7b48-52d9-11e3-8586-00144feabdc0.html#axzz3930M5Uso; Putin: Russia willing to hold tripartite talks with Ukraine, EU, but before Kyiv, Brussels sign association deal; In: Kyiv Post 21.11.2014 http://voiceofrussia.com/news/2013_11_29/Barroso-rules-out-possibility-of-EU-Ukraine-Russia-tripartite-negotiations-3665.

25 Siehe u.a. Ein historischer Tag für die Ukraine, In: tagesschau.de 27.6.2014 http://www.tagesschau.de/ausland/eu-ukraine-100.html;
Poroschenko beim EU-Gipfel: Wichtigster Tag seit Unabhängigkeit, In: Die Welt 27.6.2014
http://www.welt.de/newsticker/news2/article129520241/Poroschenko-beim-EU-Gipfel-Wichtigster-Tag-seit-Unabhaengigkeit.html.

26 Ukrainischer Präsident Poroschenko unterzeichnet EU-Assoziierungsabkommen, In: Spiegel Online 27.6.2014 http://ml.spiegel.de/article.do?id=977823.

27 Siehe Interview mit Joseph Stiglitz, Johann Hari, 10.11.2003 http://johannhari.com/2003/11/10/joseph-stiglitz-an-interview.

28 Alec Luhn: Will the IMF Bailout Turn Ukraine Into Another Greece, In: The Nation 7.4.2014 http://www.thenation.com/article/179212/will-imf-bailout-turn-ukraine-another-greece.

29 Bericht der UN, Büro des Hohen Kommissars der Vereinten Nationen für Menschenrechte, OHCHR, “Report on the human rights situation in Ukraine“, S. 6: „Most notable among these, in terms of the large numbers involved, were the firing of 17,000 law enforcement offices and of 1,500 employees of the Office of the General Prosecutor, although the latter appeared to be more an austerity measure. It is essential that in undertaking such action, the rights of the individuals be fully respected.”
http://www.ohchr.org/Documents/Countries/UA/Ukraine_Report_15July2014.pdf.

30 Alec Luhn: Will the IMF Bailout Turn Ukraine Into Another Greece, In: The Nation 7.4.2014 http://www.thenation.com/article/179212/will-imf-bailout-turn-ukraine-another-greece.

31 OHCHR-Bericht, siehe oben, S. 33.

32 Ebd.

33 Alec Luhn: Will the IMF Bailout Turn Ukraine Into Another Greece, In: The Nation 7.4.2014 http://www.thenation.com/article/179212/will-imf-bailout-turn-ukraine-another-greece.

34 Christian Stücker, Hakan Tanriverdi: Facebook-Kritik – „Tagesschau" streitet mit ihren „lieben Fans", In: Spiegel Online 29.9.2012 http://www.spiegel.de/netzwelt/web/shitstorm-kritik-an-der-tagesschau-wegen-spanien-berichterstattung-a-858397.html; Zu den Protesten am 15.9.2012 siehe Democracy-Now-Sendung vom 26.9.2014, Thousands Surround Spanish Parliament in Bid to "Occupy Congress" and Stop Austerity http://www.democracynow.org/2012/9/26/thousands_surround_spanish_parliament_in_bid.

35 Siehe z.B. Mit Schlagstöcken gegen „Occupy Congress", In: Süddeutsche Zeitung 26.9.2014. Im Artikel heißt es: „Steine und Flaschen werden geworfen, die Polizei geht mit Schlagstöcken gegen die Demonstranten vor. (…) Maskierte Demonstranten setzten sich für mehr Demokratie ein. (…) Die Proteste bleiben allerdings nicht lange friedlich: Am Abend eskaliert die Situation, es kommt zu gewaltsamen Auseinandersetzungen zwischen Polizei und Demonstranten. (…) Wütende Demonstranten reißen Barrikaden nieder und schleudern Absperrgitter gegen die Polizei. Auch Steine und Flaschen werden geworfen."

36 Spain: Protests and the suffocating embrace of the law, Amnesty International 24.4.2014 http://www.amnesty.org/en/news/spain-protests-and-suffocating-embrace-law-2014-04-24.

37 Robert Parry: Ukraine – The Danger of False Narrative, In: Common Dreams 27.3.2014 http://www.commondreams.org/views/2014/03/27/ukraine-danger-false-narrative.
"The NED (National Endowment for Democracy, d. Verf.), which was founded in 1983 to do in relative openness what the CIA had long done in secret, listed 65 projects that it was financing in Ukraine, using U.S. taxpayers' money. In other words, Gershman's op-ed reflected U.S. policy – at least inside the State Department's still-neocon-dominated bureaucracy – which viewed the EU's snatching of Ukraine from Russia's embrace as a way to weaken Russia and hurt Putin. Later, as the Ukrainian crisis unfolded, another neocon, Assistant Secretary of State for European Affairs Victoria Nuland, reminded Ukrainian businessmen that the United States had invested $5 billion in their "'European aspirations',", implying that the U.S. expected something for all this money."

Zur Unterstützung von Jazenjuk und Klitschko durch Stiftungen und Ministerien in den USA, die EU oder die Konrad-Adenauer-Stiftung siehe auch Daniela Dahn: Nationaltheater Weimar: Emanzipiert Euch! Über die Selbstermächtigung der Bürger – vom Widerspruch zwischen Notwendigem und Machbarem, 30.3.2014, S. 14 http://www.kontext-tv.de/sites/default/files/Emanzipiert%20Euch.pdf.

38 Die realen Proteste und das brutale Vorgehen der griechischen Polizei wurden von den Medien heruntergespielt, indem man sich auf „Krawalle" und Ausschreitungen konzentrierte. Siehe z.B. Griechen protestieren auch gegen Papademos, In: Die Zeit 17.1.2011 http://www.zeit.de/politik/ausland/2011-11/griechenland-proteste-sparprogramm. „(S)päter kam es zu Krawallen vor dem Parlament und der amerikanischen Botschaft. Dort waren etwa 300 vermummte Demonstranten zusammengekommen. Brandflaschen wurden gegen die Polizei geschleudert, Mülleimer angezündet, Schaufenster eingeschlagen. Die Beamten setzten Tränengas ein, um die Randalierer auseinanderzutreiben. Auch in der westgriechischen Hafenstadt Patras kam es zu Randalen. Vermummte versuchten, die Fassade einer Bank zu zerstören. Die Polizei setzte auch hier Tränengas ein."

39 Anton Maegerle: Die Rechten vom Maidan, In: Kontext Wochenzeitung 12.3.2014 http://www.kontextwochenzeitung.de/ueberm-kesselrand/154/die-rechten-vom-maidan-2075.html.

40 Hannah Beitzer: Umbruch in der Ukraine – Russland erklärt sich zum antifaschistischen Schutzwall, In: Süddeutsche Zeitung 28.2.2014 http://www.sueddeutsche.de/politik/umbruch-in-der-ukraine-russland-erklaert-sich-zum-antifas chistischen-schutzwall-1.1898638.

41 Jonathan Marcus: Ukraine crisis: Transcript of leaked Nuland-Pyatt call, In: BBC 7.2.2014 http://www.bbc.com/news/world-europe-26079957.

42 Siehe die Nachrichtenagentur ITAR-TassASS, zitiert in: UN Says 'No Hard Evidence' of Russia Supporting Ukraine Insurgency, In: The Moscow Times 31.7.2014 http://www.themoscowtimes.com/news/article/un-says-no-hard-evidence-of-russia-supporting-ukraine-insurgency/504384.html. "The United Nations has not received any hard evidence that Russia supplied pro-Russian separatists in eastern Ukraine with weapons, the United Nations High Commissioner for Human Rights said Thursday. ,We were unable to get hard evidence of the supply of weapons,' Pillay said in comments carried by ITAR-Tass."

43 Sandra I. Erwin: Pentagon Takes New Actions to Boost Ukraine's Military, Defense Industry, In: National Defense Magazine 9.7.2014 http://www.nationaldefensemagazine.org/blog/Lists/Posts/Post.aspx?ID=1551.

44 Damir Fras: USA wollen Militärhilfe für die Ukraine ausweiten, In: Kölner Stadt-Anzeiger 27.7.2014 http://www.ksta.de/politik/raketenabwehr-usa-wollen-militaerhilfe-fuer-die-ukraine-ausweiten,15187246,27960214.html.

45 Silvia Engels im Gespräch mit Karl-Georg Wellmann (Mitglied im Auswärtigen Ausschuss und Vorsitzender der deutsch-ukrainischen Parlamentariergruppe): „Russland will weiter destabilisieren", In: Deutschlandfunk 15.7.2014 http://www.deutschlandfunk.de/ukraine-konflikt-russland-will-weiter-destabilisieren.694.de.html?dram:article_id=291781.

46 OHCHR-Bericht, siehe oben.

47 Cathrin Kahlweit: Ein unmoralisches Angebot, In: Süddeutsche Zeitung 26.1.2014 http://www.sueddeutsche.de/politik/machtkampf-in-der-ukraine-ein-unmoralisches-angebot-1.1871955.

48 Robert Parry: Ukraine's 'Dr. Strangelove' Reality, In: Consortiumnews.com 5.5.2014 http://consortiumnews.com/2014/05/05/ukraines-dr-strangelove-reality.

49 Stefan Kornelius: Revolution, Teil I, In: Süddeutsche Zeitung 24.2.2014. „Janukowitsch ließ es zu, dass ukrainische Sicherheitskräfte auf ukrainische Bürger schossen. Die Toten vom Maidan machten die Revolution unumkehrbar."; siehe auch Monitor: „Wer waren die Schützen auf dem Maidan?" (im Beitrag von Sabine Schiffer in diesem Buch).

50 OHCHR-Bericht, siehe: oben, S. 22.

51 Dietmar Neuerer: Ukraine-Eskalation alarmiert deutsche Wirtschaft, In: Handelsblatt 16.4.2014 http://www.handelsblatt.com/politik/deutschland/schaerfere-sanktionen-befuerchtet-ukraine-eskalation-alarmiert-deutsche-wirtschaft/9770034.html.

52 Siehe u.a. Sanktionen gefährden deutsche Milliarden-Investitionen in Russland, In: Deutsche Wirtschaftsnachrichten 30.7.2014 http://deutsche-wirtschafts-nachrichten.de/2014/07/30/sanktionen-gefaehrden-deutsche-milliarden-investitionen-in-russland.

53 Robert Parry: Blaming Russia as "Flat Fact", In: Common Dreams 29.7.2014 http://www.commondreams.org/views/2014/07/29/blaming-russia-flat-fact.

54 David E. Sanger, Eric Schmitt: Pentagon Plan Would Help Ukraine Target Rebel Missiles, In: The New York Times 27.7.2014 http://www.nytimes.com/2014/07/27/world/europe/ukraine-rebels.html.

55 Deutscher Wirtschaftsverband fordert Härte gegen Putin, In: Handelsblatt 28.7.2014 http://www.handelsblatt.com/politik/deutschland/cordes-will-sanktionen-mittragen-deutsche-wirtschaft-fordert-haerte-gegen-putin/10247446.html.

56 Ende der Feigheit – Europa muss Putin für den Abschuss von Flug MH17 zur

Rechenschaft ziehen, In: Der Spiegel, 31/2014; siehe http://www.spiegel.de/spiegel/spiegel-titel-zu-putin-in-eigener-sache-a-983484.html.

57 Ben Judah: Behind the Scenes in Putin's Court: The Private Habits of a Latter-Day Dictator, In: Newsweek 1.8.2014 http://www.newsweek.com/2014/08/01/behind-scenes-putins-court-private-habits-latter-day-dictator-260640.html.

58 Siehe Monitor-Sendung vom 31.7.2014 http://www1.wdr.de/daserste/monitor/videos/videotodesflugmhignoriertewarnungen100.html.
Moderator Georg Restle: „Höchst wahrscheinlich sind diese Separatisten auch verantwortlich für den Abschuss der malaysischen Passagiermaschine."

59 Siehe auch Noam Chomsky: Outrage, In: ZCommunications 2.8.2014 http://zcomm.org/znetarticle/outrage.

60 Noam Chomsky: Failed States. The Abuse of Power and the Assault on Democracy, 2007 S. 5 ff.

61 Noam Chomsky: Outrage, In: ZCommunications 2.8.2014 http://zcomm.org/znetarticle/outrage.

62 Der Journalist Jakob Augstein hat zwar auf den Abschuss des iranischen Passagierflugzeuges hingewiesen und zur Deeskalation aufgerufen. Doch er bezeichnet den Abschuss durch die USA als einen „Unfall", ohne mitzuteilen, dass das die wenig plausible Erklärung der US-Regierung ist. Siehe Jakob Augstein: Im Zweifel links: Warum die Schuldfrage nicht weiterführt, In: Spiegel Online 24.7.2014 http://www.spiegel.de/politik/ausland/malaysia-airlines-mh17-und-putin-jakob-augstein-ueber-die-schuldfrage-a-982680.html.

Mirjam Zwingli

Fakten zur „Bedrohung“

Ein Einblick

Die folgenden Angaben stammen überwiegend von der Webseite der Arbeitsgemeinschaft Friedensforschung (AGF) an der Universität in Kassel. Die AGF ist Veranstalter der seit 1994 jährlich in Kassel stattfindenden „Friedenspolitischen Ratschläge“ und wird unterstützt vom „Bundesausschuss Friedensratschlag“. Die Mitarbeiter vertreten unterschiedliche Fachrichtungen und leiten ihr wissenschaftliches Selbstverständnis von der Entstehung der Teildisziplin „Internationale Beziehungen“ innerhalb der angelsächsischen und amerikanischen Politischen Wissenschaft ab. Sie treten ein für Gewaltfreiheit und Einhaltung der Prinzipien des Völkerrechts. Die Webseite der AGF zitiert führende Institute aus aller Welt. [1]

Rüstungsausgaben

Als Erstes die Daten über Rüstungsausgaben der USA und Russland. Das Stockholmer Friedensforschungsinstitut SIPRI nannte als weltweiten Spitzenreiter im Jahr 2011 die USA mit Militärausgaben von 711 Milliarden Dollar. Es folgt an zweiter Stelle China mit 143 Milliarden Dollar und den dritten Platz belegt Russland mit 71,9 Milliarden Dollar.[2]

Rüstungsexporte

Bezüglich der Rüstungsexporte der USA berichtete die Defense Security Cooperation Agency (DSCA) eine Steigerung der Verkäufe in 2011 um fast 50 % auf mehr als 46 Milliarden Dollar. Alle US-amerikanischen Rüstungsexporte müssen durch die DSCA genehmigt werden, die direkt dem Pentagon untersteht. An zweiter Stelle kommt Russland, wobei die Angaben schwanken und sich um etwa 11 Milliarden Dollar bewegen.[3]

Hierzu noch ein aufschlussreicher Artikel aus dem Jahr 2010, zitiert von der AGF:

„Obama plant den größten Waffendeal der USA – Regierung will Kongress-Zustimmung für Lieferung an Saudi-Arabien“

Die Regierung von Barack Obama hat jetzt den Washingtoner Kongress offiziell um die Genehmigung für ein milliardenschweres Waffengeschäft mit Saudi-Arabien gebeten – es ist das größte in der Geschichte der USA (...), in den Kassen von Boeing und Sikorsky Aircraft, einer United-Technologies-Tochter, wird es auf Jahre hinaus kräftig klingeln. Allein der Boeing-Konzern rechnet nach eigenen Angaben für die Gesamtdauer des Geschäfts mit einem Gewinn von ‚rund 24 Milliarden Dollar‘ (...) Der geplante Verkauf an Saudi-Arabien habe ein ‚beträchtliches‘ Volumen, sagte jetzt ein Vertreter des Washingtoner Außenministeriums und sprach von bis zu 60 Milliarden Dollar."[4]

Militärstützpunkte

Nun zu den amerikanischen Militärstützpunkten. Vorab sei jedoch ein 1997 vom außenpolitischen Berater Obamas, Zbigniew Brzeziński, verfasster Text mit dem Titel „Die einzige Weltmacht" zitiert, indem festgestellt wird, dass „der Geltungsbereich der heutigen Weltmacht Amerika einzigartig [ist]. Nicht nur beherrschen die Vereinigten Staaten sämtliche Ozeane und Meere, sie verfügen mittlerweile auch über die militärischen Mittel, die Küsten mit Amphibienfahrzeugen unter Kontrolle zu halten, mit denen sie bis ins Innere eines Landes vorstoßen und ihrer Macht politisch Geltung verschaffen können. Amerikanische Armeeverbände stehen in den östlichen und westlichen Randgebieten des eurasischen Kontinents und kontrollieren außerdem den Persischen Golf." (860 Militärstützpunkte weltweit, mit 93 Staaten Verträge über Militärstützpunkte.) „Wie die Karte zeigt, ist der gesamte Kontinent von amerikanischen Vasallen und tributpflichtigen Staaten übersät, von denen einige allzu gern noch fester an Washington gebunden wären."[5]

Nach eigenen offiziellen Angaben verfügten die USA im Jahr 2003 über mehr als 700 militärische Einrichtungen im Ausland sowie 96 in amerikanischen Überseeterritorien. Militärbasen, etwa in Afghanistan und im Irak sowie Nutzungsrechte in zahlreichen Ländern sind in dieser Statistik jedoch nicht enthalten. Experten gehen daher davon aus, dass die Gesamtzahl der Stützpunkte, auf die die USA jederzeit zurückgreifen können, bei rund 1 000 liegt[6] Seit dieser Veröffentlichung hat sich im Wesentlichen nichts verändert. Unter Obama ist unter anderem eine weitere Raketenbasis in Japan geplant.

Über die russischen Militärbasen kann man sagen, dass sich laut Dr. Zdzislaw Lachowski, dem Leiter der Abteilung für globale Sicherheit bei SIPRI, schätzungsweise 25 russische Militärstützpunkte in neun ehemaligen Sowjetrepubliken befinden.[7]

Kriege

Hier nun die Daten über militärische Interventionen seit dem Zweiten Weltkrieg. Es gab seitens der USA bis zum Jahr 1999 110 bewaffnete Einsätze im Ausland und seitdem noch Operation „Enduring Freedom" in Afghanistan, Operation „Iraqi Freedom" im Irak, den Libanonkrieg mit US-Unterstützung sowie die aktuellen Einsätze.[8]

Unter der Sowjetunion kam es zu einer Militärintervention in Afghanistan im Jahr 1979 und dem Einmarsch in die Tschechoslowakei zur Beendigung des Prager Frühlings. Seit Bestehen der russischen Föderation kam es zu den zwei Tschetschenieneinsätzen 1994 und 1999, den Einsätzen in Südossetien und Georgien 2008 sowie zur Beteiligung an 13 UN-Friedensmissionen 2008, wobei nur ein Einsatz mit der

Bereitstellung von Soldaten erfolgte. Das bedeutet also sieben bewaffnete Einsätze der UdSSR sowie Russischen Föderation seit dem Zweiten Weltkrieg.

Der folgende Passus paraphrasiert – teilweise wörtlich – eine Webseite der AG Friedensforschung:

Unter den vier Staaten, die seit dem Zweiten Weltkrieg am häufigsten Krieg geführt haben, befinden sich die drei hoch entwickelten Industriestaaten und „Musterdemokratien“ Großbritannien, USA und Frankreich (das vierte Land ist Indien). Dann erst folgen mit Irak, Kongo, China und Indonesien Staaten, denen der vorurteilsbeladene zivilisierte Mitteleuropäer schon eher eine inhärente Kriegslüsternheit unterstellt. (Die im Warschauer Pakt organisierten kommunistischen Staaten tauchen übrigens in der Liste der kriegführenden Länder erst auf den hintersten Plätzen auf.)[9]

Auszug aus der Bachelor-Arbeit von Mirjam Zwingli zum Thema: „Tendenziöse Attributierung in deutschen Printmedien: Putin vs. Obama – eine linguistische Analyse“ (vollständiger Text: http://www.medienverantwortung.de/wp-content/uploads/2009/07/2014-Zwingli_BA_Putin-Obama.pdf).
Siehe: http://weltnetz.tv/video/560.

1 www.ag-friedensforschung.de/impressum.html.
2 www.ag-friedensforschung.de/themen/export/sipri2012b.html.
3 www.ag-friedensforschung.de/themen/export/nf.html.
4 www.ag-friedensforschung.de/regionen/USA/saudi.html.
5 www.ag-friedensforschung.de/themen/Voelkerrecht/paech5.html.
6 www.ag-friedensforschung.de/themen/Standorte/stuetzpunkte.html; http://www.acq.osd.mil/ie/bei/disdi.shtml.
7 Zdzislaw Lachowski: Foreign Military Bases in Eurasia, In: SIPRI Policy Paper No. 18 Juni 2007.
8 www.ag-friedensforschung.de/regionen/USA/kriege.html.
9 www.ag-friedensforschung.de/themen/neuekriege/strutynski.html.